LE POULET
200 RECETTES
DU MONDE ENTIER

LE POULET
200 RECETTES
DU MONDE ENTIER

KÖNEMANN

Hamburger au poulet sauce mayonnaise à l'ail, page 138

Tagliatelle aux foies de volaille et à la crème, page 118

Nouilles frites au poulet (Mee Grob), page 96

Sommaire

Tout sur le poulet	6–13
Soupes	14–35
Hors-d'œuvre et entrées	36–59
Garnitures de sandwichs et de canapés	60–61
Salades	62–77
Sautés et fricassées	78–115
Riz et pâtes	116–135
Grillades et barbecues	136–155
Marinades et glaçages	156–157
Plats rôtis	158–177
Tourtes et feuilletés	178–201
Plats en cocotte	202–229
Plats au curry	230–249
Accompagnements de currys	250–251
Index	252–254

Tourte au poulet et au jambon, page 182

Le degré de difficulté des recettes est indiqué par un dessin symbolisant une cocotte.

Une cocotte désigne une recette simple, à portée des débutants.

Deux cocottes signalent une recette à laquelle on doit consacrer un peu plus de soin et de temps.

Trois cocottes signifient que le plat à réaliser est d'un niveau de difficulté plus élevé, demandant un certain effort et de la patience, mais le résultat en vaut la peine.

Riz de Hainan au poulet, page 52

Soupe de poulet au maïs, page 33

Salade vietnamienne au poulet et à la papaye verte, page 66

Crêpes fourrées au poulet et aux artichauts, page 172

Tout sur le poulet

Le poulet possède une chair qui se prête à une grande variété de plats, de modes de cuisson et de traditions culinaires. Ce guide de la préparation du poulet sous toutes ses formes, qui donne également des informations sur l'achat, la manière de découper la volaille et sa conservation, permettra de réussir un grand nombre de recettes délicieuses.

Les différentes tailles de poulet (de gauche à droite) : poule ; poulet à rôtir ; petit poulet ou coquelet.

Cet ouvrage révèle comment tirer le meilleur parti du poulet : quel type de volaille acheter, comment la conserver et la préparer avant de l'accommoder.
On trouvera également dans ces pages la manière de préparer un bouillon ou une sauce, de désosser et de découper le poulet cuit ou cru.

L'ACHAT

Il existe un choix étendu de catégories de poulet et de morceaux de poulet, en boucherie ou en grande surface.

Les jeunes volatiles à chair tendre conviennent le mieux aux grillades, aux sautés et aux rôtis. Les poulets pesant plus de 1,8 kg, de chair plus ferme, quoique savoureuse, seront de préférence pochés ou braisés ; ceux que l'on trouve sous la dénomination de poule donnent d'excellents bouillons. À moins d'avoir besoin d'une très grosse pièce, on achètera plutôt deux volailles plus petites.

Les très jeunes poulets, appelés poussins en cuisine, pèsent environ 500 g ; mais on utilise le plus souvent un animal un peu plus gros, le coquelet, qui suffit pour une ou deux personnes. Les volailles n'atteignant pas 1,5 kg feront de deux à quatre parts. Celles d'un poids supérieur doivent convenir pour un repas d'au moins quatre personnes.

Les poulets se vendent le plus souvent effilés, c'est-à-dire débarrassés des intestins, le cou coupé ou rentré. Selon la catégorie, ils contiennent les abattis, foie, cœur, gésier. On veillera à les retirer avant cuisson ou congélation.

En France, les volailles entières se distinguent par leur élevage, lequel correspond à une catégorie de poids. Les poulets dits « quatre quarts » sont abattus jeunes et pèsent 1 kg ; les poulets de grain, dits « de marque » ou encore « de classe B », élevés en batterie, pèsent de 1,2 kg à 1,8 kg ; enfin, les poulets « de classe A », ou portant un label, atteignent ou dépassent 2 kg ; dans les meilleurs élevages, notamment en Bresse, les volailles sont élevées en plein air.

En grande surface, les poulets sont la plupart du temps complètement vidés, sans abats ; en boucherie, on aura le choix entre une volaille vidée ou effilée ; à l'achat, les abattis, qui pèsent environ 175 g, doivent être pris en compte dans l'évaluation des portions.

LE POULET FRAIS

Les poulets frais, de boucherie ou conditionnés en grande surface, sont plus savoureux que les sujets surgelés. À l'examen, une volaille fraîche doit présenter une peau rosée et à peine humide, mais non moite ou, au contraire, sèche. Elle sera intacte, exempte de toute meurtrissure. La poitrine doit être dodue ; sur un sujet jeune, la pointe du bréchet reste flexible.

On trouvera dans les bonnes boucheries ou, mieux, chez le volailler, des poulets de qualité, dits fermiers, ou protégés par une appellation (Loué, Bresse...), élevés au grain, à pattes noires, ou à chair jaune lorsqu'il sont nourris au maïs.

On peut encore acheter le poulet cuit. Il existe maintenant d'innombrables rôtisseries offrant à une clientèle pressée des repas bon marché sans préparation. Les grandes surfaces et les épiceries fines proposent également des poulets cuits fumés, entiers ou réfrigérés.

Les morceaux de poulet débités comprennent les blancs, avec ou sans peau, filets compris (la partie la plus tendre de part et d'autre du bréchet) ; les cuisses entières (haut de cuisse et pilon) ; les cuisses avec la carcasse

Découpage des pattes (de gauche à droite) : cuisse (vue du dessous), cuisse, pilon, cuisse désossée, cuisse entière.

Découpage des ailes (de gauche à droite) : aileron, blanc entier, filet, aile et blanc.

(appelées « côtelettes » en cuisine) ; les hauts de cuisse seulement, avec os ou désossées ; les ailes ; les pilons. On choisira le type de morceau approprié selon le plat à réaliser. Mais la chair de poulet s'adapte à toutes les préparations, et il n'est pas nécessaire de rechercher les volailles les plus fines pour réussir un plat. On trouvera ci-dessous le descriptif des morceaux les plus utilisés dans ce livre de recettes.

À rôtir
Volaille entière à rôtir, coquelets, blancs, ailes, cuisses entières, cuisses et pilons séparément.

À griller
Demi-poulets ou quarts de poulet, ailes, pilons, cuisses entières, cuisses en côtelette (avec la carcasse).

Au barbecue
Demi-poulets, blancs, ailes, pilons, cuisses entières, côtelettes, filets.

À poêler
Blancs, hauts de cuisses, filets, foies.

À sauter
Cuisses entières, blancs, filets, foies.

À frire
Pilons, ailes, cuisses, morceaux divers.

À braiser, en sauce
Volaille entière, morceaux divers, cuisses, côtelettes, pilons, ailes.

À pocher
Volaille entière, blancs, cuisses, pilons.

Pour le fond de volaille
Carcasses, cous, abattis, poules.

CONSERVER LE POULET FRAIS

Le poulet doit être mis au frais aussitôt après l'achat. Ne pas l'exposer à la chaleur. Plus ce type de viande sera exposée à des températures situées entre 5 °C et 60 °C, plus rapidement les bactéries s'y développeront, augmentant les risques d'intoxication.

Éloigner la chair de poulet de toute source d'odeur importante, telle celle que dégagent les produits d'entretien ou l'essence qui pourraient être entreposés dans le coffre d'un véhicule ; la volaille absorbe ces odeurs.

En faisant son marché, on prendra l'habitude d'acheter la viande et la volaille en dernier. Par temps chaud, utiliser un sac réfrigérant pour entreposer ces denrées.

La conservation de la volaille dans des conditions d'hygiène irréprochable s'impose pour éviter toute contamination par la salmonelle, qui provoque des intoxications sérieuses. Toujours se laver les mains et nettoyer le matériel de cuisine, les couteaux, les planches à découper à l'eau savonneuse très chaude après avoir manipulé de la volaille crue. On tiendra séparés poulet cru et poulet cuit.

Avant d'entreposer la volaille entière crue, on la débarrassera de tout emballage de plastique qui l'enveloppait et on éliminera le jus qui s'y serait écoulé.

Vider le poulet de ses abattis. Ceux-ci doivent être cuits aussitôt ou conservés à part. On les utilisera, ainsi que le cou, pour préparer du bouillon ; hacher le foie pour lier une sauce ou garnir une farce.

On conserve le poulet au réfrigérateur en l'emballant dans du plastique alimentaire et en le rangeant dans le bas de l'appareil. Ne jamais poser de poulet cru dans un endroit du réfrigérateur où il pourrait couler sur une autre denrée ou être en contact avec elle. Un poulet frais bien emballé peut être gardé au froid jusqu'à 48 heures.

Conserver le poulet cuit
Après cuisson, le poulet ne devrait pas attendre plus d'une heure à la température ambiante. S'il n'est consommé dans l'immédiat, le couvrir et le laisser au froid trois jours au maximum. Le poulet cuit n'a pas besoin d'être complètement refroidi lorsqu'on le garde au réfrigérateur. S'il s'agit d'un plat en sauce ou d'une volaille farcie, on les consommera dans les 24 heures après leur cuisson. Conserver si possible sauces et farces à part.

LE POULET SURGELÉ

On s'assurera que la volaille surgelée achetée en grande surface est absolument dure et se présente dans un emballage scellé intact. Ne pas acheter de poulet dans un bac ouvert, qui ne résisterait pas au toucher ou qui baignerait dans son jus, car ce sont là des signes de péremption ou de mauvaise conservation.

Pour congeler du poulet cru, l'emballer dans des sachets de plastique épais.

La volaille crue (sans les abattis) congelée chez soi dans de bonnes conditions se conservera jusqu'à neuf mois. Les abattis doivent être séparés car ils se détériorent au bout de huit semaines.

Si un emballage est en partie décongelé, ne jamais le recongeler. Dans ce cas, laisser décongeler complètement au réfrigérateur et consommer dans les plus brefs délais. Les volailles farcies ne doivent pas être surgelées, car la farce, qui ne peut atteindre la température souhaitable, risque de laisser se développer des bactéries toxiques.

Congeler le poulet frais
Le congélateur sera maintenu à -15 °C au moins. Pour emballer la volaille fraîche, utiliser du film plastique et des sacs à surgelés épais.

Indiquer sur les emballages la nature de leur contenu et la date à laquelle le produit a été congelé, éventuellement le nombre de portions ou son poids avant congélation. Utiliser une encre indélébile, feutre ou stylo bille.

On veillera à chasser le maximum d'air de l'emballage, car l'oxygène accélère l'oxydation des matières grasses, ce qui, au terme d'une conservation prolongée, donne un goût déplaisant à la viande. Si l'on utilise beaucoup le congélateur, il peut être intéressant d'investir dans une pompe à vide pour chasser efficacement l'air des emballages.

Fermer hermétiquement les sachets en entortillant leur ouverture et en la pinçant par du ruban adhésif, préférable aux habituels liens de plastique armés de fil de fer. Il existe aussi des clips métalliques que l'on pose à l'aide d'un ustensile adéquat.

Emballer le poulet dans des sachets de plastique solides pour surgelés ou dans du film résistant, puis dans du papier d'aluminium en chassant le maximum d'air. Étique-

Pour congeler des plats préparés, utiliser des boîtes de plastique ou des barquettes d'aluminium.

FARCIR ET BRIDER

Préparer la farce comme le prévoit la recette et en remplir la cavité de la volaille, sans tasser pour que l'apprêt puisse gonfler à la cuisson. Pincer l'ouverture par une brochette métallique, ou brider la volaille comme indiqué ci-dessous. Une farce peut encore être glissée sous la peau de la poitrine et dans la cavité du cou. Cette garniture doit cuire à fond pour éviter le développement toxique de la salmonelle.

Le bridage consiste à ficeler un poulet avec de la ficelle de cuisine pour lui maintenir les pattes et les ailerons contre le corps, ce qui permet de contenir une farce à l'intérieur, d'empêcher que les cuisses ne cuisent trop vite, enfin de faciliter la manipulation de la volaille.

Une fois le poulet garni de sa farce, rabattre la peau au-dessus du croupion pour fermer la cavité. Retourner le poulet sur la poitrine et passer une bonne longueur de ficelle autour des ailes repliées en les enserrant. Remettre le poulet sur le dos et passer la ficelle le long des flancs au-dessus des pattes, la croiser sous le poulet, la repasser devant les pattes; rentrer le croupion et attacher les pattes en serrant bien le nœud. Après avoir cuit la volaille, attendre une dizaine de minutes et enlever toute la ficelle avant de découper.

Remplir de farce l'intérieur du poulet, sans la tasser, pour qu'elle puisse gonfler à la cuisson.

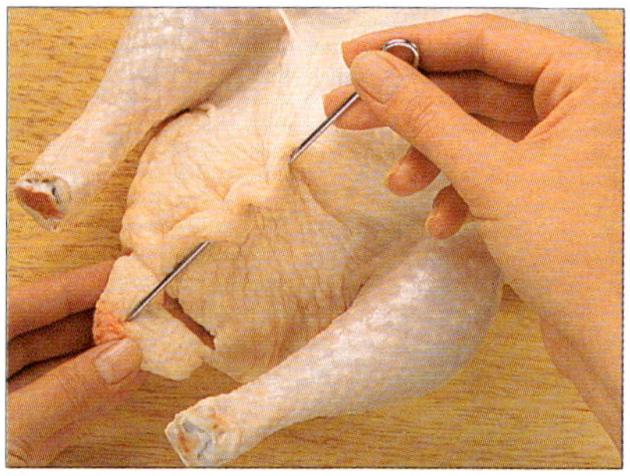
Fermer la cavité par une brochette métallique passée sous la peau ou brider la volaille.

Tirer la peau pour fermer la cavité, mettre le poulet sur la poitrine et serrer la ficelle autour des ailes.

Retourner le poulet sur le dos et passer la ficelle au-dessus des pattes.

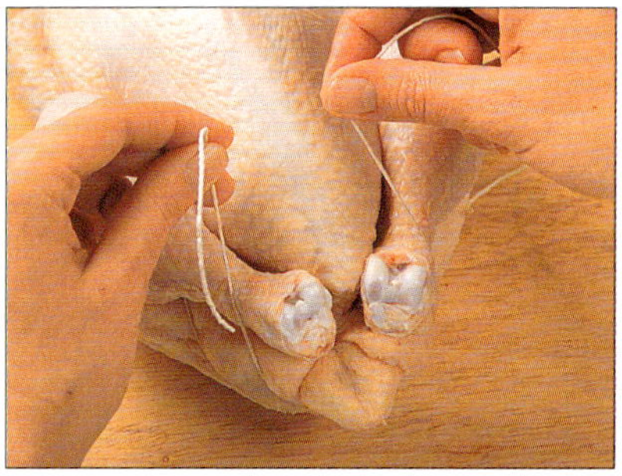
Croiser la ficelle sous la volaille et la ramener autour des pattes.

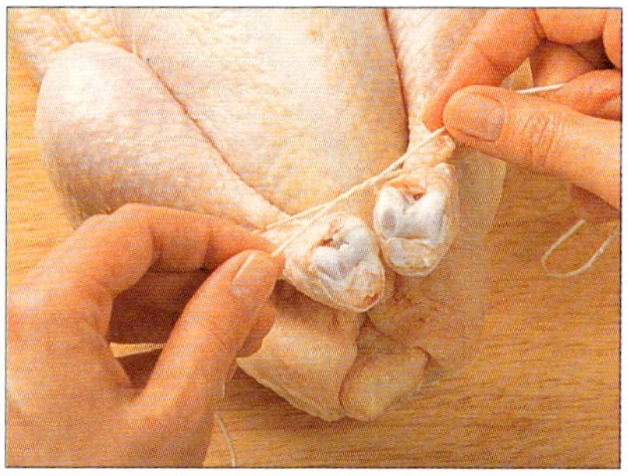
Rentrer le croupion et attacher les pattes par un nœud serré.

Avant de cuire le poulet, enlever les dépôts de graisse qu'il renferme.

ter et congeler. Emballer à part les abattis, y compris le cou, qui serviront à préparer du bouillon.

Les poulets surgelés entiers, sans abattis, achetés dans le commerce peuvent se conserver neuf mois, ou conformément à leur mode d'emploi. Si la volaille est restée congelée après l'achat, la remettre au congélateur sans attendre, telle quelle et dans son emballage. Si elle a commencé à dégeler, la mettre au réfrigérateur pour la laisser décongeler complètement. La cuire aussitôt et la refroidir rapidement, l'emballer et la recongeler. Mais on ne recongèlera jamais une volaille décongelée crue.

On peut brider un poulet que l'on a l'intention de congeler; ainsi, une fois dégelé, il sera prêt à cuire. Pour prévoir des portions et gagner de la place, couper le poulet en quatre, huit ou dix morceaux avant de le mettre au congélateur. Envelopper séparément chaque portion dans un sachet ou du film plastique, en chasser l'air, puis les rassembler dans un même sac à surgelés. Fermer hermétiquement, étiqueter et congeler.

Les morceaux de poulet tels que pilons ou ailes peuvent se congeler dans des sachets séparés ou être rassemblés dans un même emballage pour composer un repas de plusieurs personnes. On préparera les sacs de la même manière que les précédents.

Les morceaux de poulet désossés peuvent être coupés en lamelles ou en cubes avant d'être congelés. Répartir ces morceaux en fonction du nombre de portions souhaité et en remplir des sacs à surgelés; bien aplatir les emballages (ils se décongèleront plus facilement) et en chasser l'air. Fermer, étiqueter et congeler.

On traitera le poulet haché de la même manière.

Congeler le poulet cuit

Le poulet cuit entier ou en morceaux, avec sa carcasse ou désossé, peut rester congelé jusqu'à deux semaines. Passé ce délai, il aura tendance à se dessécher.

Les plats de volaille en sauce ou au bouillon, tels que les sautés, les ragoûts, les currys et les potages peuvent se congeler. Commencer par abaisser rapidement la température des plats en les laissant au réfrigérateur ou plonger le fond du récipient qui les contient dans de l'eau glacée, puis les laisser refroidir complètement au réfrigérateur. Tapisser de sacs à surgelés des récipients tels que les moules à cake, y verser les portions et chasser l'air. Fermer hermétiquement, étiqueter et congeler. Mettre le sachet dans le moule au congélateur ; le plat, une fois complètement durci au froid et mis en forme, sera dégagé de son récipient.

On peut aussi verser directement le plat cuit dans son sachet ou sa barquette d'aluminium. D'une manière générale, les plats de poulet en sauce congelés se conservent jusqu'à deux mois.

Décongeler

Le poulet cru surgelé doit décongeler complètement au réfrigérateur avant d'être préparé. Compter 2 à 3 heures par livre. La volaille surgelée doit être cuite dans les 12 heures après sa décongélation. Ne pas décongeler le poulet à la température ambiante et, d'une manière générale, ne jamais garder de denrées périssables à la température ambiante au-delà de 2 heures, notamment par temps chaud. Ce délai comprend le temps de préparation, le service et le repas.

Il n'est pas recommandé de décongeler des volailles entières au four à micro-ondes car le processus s'opère de manière irrégulière. Toutefois, de petits sachets de morceaux de poulet ou des portions de plats préparés pourront être décongelés en utilisant la fonction adéquate de l'appareil. On déballera toujours le poulet avant de le décongeler et on remuera les plats préparés de temps en temps pour uniformiser le processus. Séparer les morceaux au fur et à mesure qu'ils se réchauffent.

HABILLER LE POULET

Avant de cuire un poulet, on le débarrassera de ses abattis, du cou et des dépôts de graisse importants à l'intérieur de la cavité. Jeter la graisse et utiliser les abattis, cou compris, pour préparer un fond de volaille. Dégraisser et dénerver les morceaux du poulet découpé.

Avant de le cuire, on nettoiera le poulet avec un linge humide, plutôt qu'à l'eau courante. Absorber l'excédent d'humidité du poulet en l'épongeant au papier absorbant.

Employer un couteau de cuisine pour découper la volaille à cru. Le sécateur de cuisine ou le coupe-volaille sont d'une grande utilité pour découper les poulets entiers en morceaux, notamment avec leur carcasse, ou pour détacher la colonne vertébrale.

DÉCOUPER À CRU

Découper une volaille à cru ne présente pas de difficulté, une fois la méthode apprise. Les grosses pièces se découpent en quatre, six, huit ou dix morceaux. Utiliser un couteau de cuisine lourd et tranchant, du modèle dit « chef », ou un coupe-volaille.

Pour découper un poulet en six morceaux, commencer par dégager la cuisse en passant la lame autour de l'articulation ; déboîter celle-ci en ouvrant la cuisse et trancher. Tourner la volaille et procéder de la même façon pour l'autre cuisse. Prélever les ailes en les ouvrant au niveau de l'articulation de l'épaule, et sectionner celle-ci. Couper longitudinalement la partie dorsale de la carcasse. Enfin, couper la poitrine de chaque côté du bréchet pour détacher les blancs.

Pour découper la volaille en huit morceaux, séparer la cuisse du pilon. On obtient dix morceaux en coupant les blancs en deux.

On gardera toujours à l'esprit que les morceaux les plus rouges du poulet, cuisses et pilons, mettent plus de temps à cuire que les blancs.

Ouvrir la cuisse pour déboîter l'articulation et trancher celle-ci.

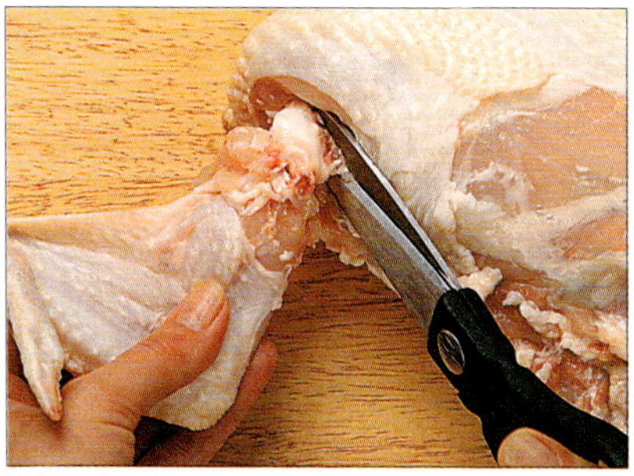

Prélever les ailes en les ouvrant au niveau de l'articulation de l'épaule, et sectionner celle-ci.

Couper longitudinalement la partie dorsale de la carcasse.

Couper la poitrine de chaque côté du bréchet pour détacher les blancs.

Pour découper la volaille à cru en huit morceaux, séparer la cuisse du pilon.

Pour découper la volaille à cru en dix morceaux, couper les blancs en deux.

Verser la marinade sur le poulet, disposer dans un plat non métallique.

Farcir un poulet avant de le cuire rend sa chair plus savoureuse et lui donne un aspect plus dodu. Mais on ne garnira pas la volaille plus de trois heures avant de la rôtir, et, si l'on emploie une farce chaude, on cuira le poulet sans attendre. Les poulets farcis, ou farcis et bridés, mettent plus de temps à cuire que les poulets vides. Le jus s'écoulant à l'intérieur de la volaille sur la farce, cette dernière devra être cuite à fond pour éviter tout risque d'intoxication par la salmonelle.

Certaines personnes préfèrent le poulet sans la peau. De fait, la chair consommée ainsi est très allégée en matières grasses, une couche de graisse s'accumulant en effet sous l'épiderme du poulet. Le plus souvent, c'est au moment du service que l'on retire la peau ou que l'on s'abstient de la manger à table, mais on peut cuire les cuisses ou les pilons dépouillés. Pour enlever la peau de ces derniers, on la détache avec soin de la partie la plus charnue du morceau, du côté de la cuisse; on la tire, retournée, d'un seul coup et on la coupe à l'extrémité de l'os. Certains volaillers vendent des pilons sans peau.

Désosser une volaille à cru est une opération délicate que l'on réalise pour des repas de fête. Le poulet ainsi préparé forme une enveloppe charnue que l'on garnit de farce fine, et la ballottine, souvent présentée froide, se découpe très facilement. On peut aussi réaliser des jambonneaux de volaille, c'est-à-dire des cuisses farcies; les ailes apprêtées de cette manière se servent en apéritif ou en buffet.

Le poulet mariné gagne en saveur et en moelleux. La marinade doit comporter au moins un élément acide, tel que le vin, le vinaigre, le jus de citron, le yaourt, qui attendrit la chair, et d'autres ingrédients qui l'aromatisent et la colorent.

Ce mode de préparation convient tout particulièrement aux cuissons rapides. La volaille surgelée sera toujours décongelée avant d'être marinée.

Disposer le poulet dans un plat de céramique ou de verre (non métallique) et l'arroser de marinade. Tourner les morceaux pour qu'ils soient bien enrobés, couvrir de film plastique et laisser macérer au réfrigérateur entre 2 et 8 heures, voire tout une nuit, en retournant la viande de temps en temps.

Égoutter le poulet avant de le cuire et réserver la marinade (ou la jeter, selon la recette retenue) pour en arroser la viande en cours de cuisson ou pour préparer une sauce d'accompagnement. À cet égard, on veillera à ce que les sauces aient bouilli avant de les servir. Le miel et le sucre seront utilisés avec

DÉSOSSER À CRU

Utiliser pour ce travail un petit couteau tranchant. Commencer par fendre le dos le long de la colonne vertébrale. Détacher la chair d'un côté jusqu'au bréchet, en prenant soin de ne pas percer la peau. Continuer en dégageant les os de la cuisse, du pilon et de l'aile. Trancher l'articulation entre la cuisse et le pilon et couper l'extrémité de l'aileron. Procéder de la même façon pour l'autre côté, puis soulever la cage thoracique en ne laissant que la chair, les pilons restant attachés au corps. Racler les os des cuisses et des ailes, les retirer et ramener la chair des membres à l'intérieur du corps. Le poulet désossé, côté peau en dessous, est prêt à être farci et roulé en ballottine.

Avec un petit couteau tranchant, fendre le dos le long de la colonne vertébrale.

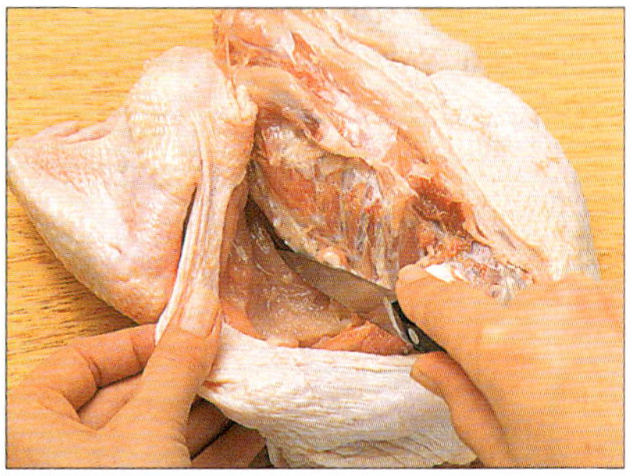

Détacher la chair d'un côté jusqu'au bréchet, en prenant soin de ne pas percer la peau.

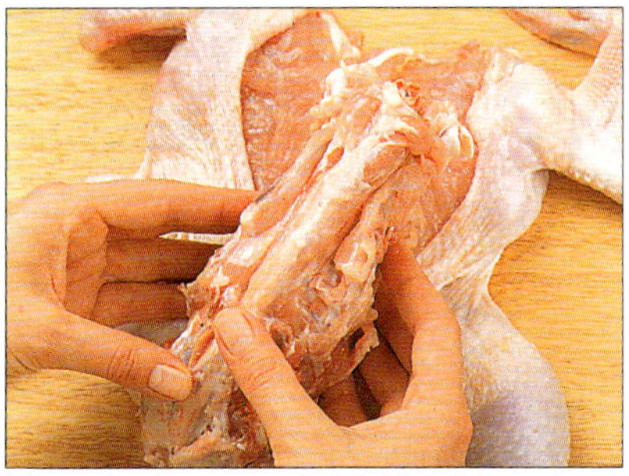

Dégager la cuisse, couper l'extrémité de l'aileron et soulever la cage thoracique.

Mettre à nu les os des cuisses et des ailes, trancher les articulations et retirer les os.

Les ailes désossées, ramener la chair à l'intérieur du corps.

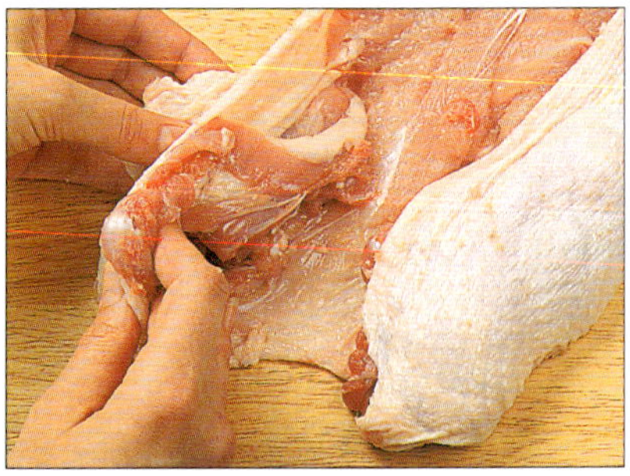

Ramener la chair des pilons à l'intérieur du corps et étaler la volaille, côté peau au dessous.

DÉSOSSER LES AILERONS

Les ailerons de poulet désossés peuvent se farcir avec une grande variété d'ingrédients ; préparés de cette manière, ils sont également plus faciles à manger qu'au naturel. Sautées ou grillées, les petites pièces constituent d'excellentes entrées. En plat de résistance, on servira des ailerons plus charnus.

Avec un petit couteau affûté, commencer à désosser l'aileron par l'épaule ; en prenant soin de ne pas percer la peau, glisser la pointe du couteau le long de l'os jusqu'à la première articulation ; la briser et retirer l'os. Continuer précautionneusement jusqu'à la deuxième articulation et en retirer les deux petits os. Reformer l'aileron, prêt à être farci.

Glisser la pointe du couteau le long du premier os en dégageant les chairs.

Briser l'articulation et retirer l'os en veillant à ne pas percer la peau.

Dégager les deux petits os suivants, les retirer et reformer la chair des ailerons.

parcimonie dans les marinades, car ces ingrédients caramélisent, voire brûlent, à la cuisson.

MODES DE CUISSON

Le poulet se sert toujours bien cuit dans toute sa masse. On vérifie très simplement cette cuisson, pour les rôtis ou les grillades, en piquant le gras de la cuisse (avec une brochette par exemple) : si le jus qui perle reste incolore, la viande est à point. On peut aussi tourner délicatement la cuisse en la tenant par l'os du pilon : si l'on sent que l'articulation se déboîte, le poulet est cuit. Quant aux sautés et aux fricassées de volaille, on les arrête lorsque la chair, piquée avec une fourchette, est prête à se détacher des os.

Il existe deux modes de cuisson principaux, l'un à chaleur directe, ou sans mouillement, l'autre avec un liquide, ou mouillement.

Cuisson à chaleur directe

Elle comprend les rôtis, les grillades (au four ou au barbecue), les poêlées, les sautés et les fricassées dans un corps gras. Le temps de cuisson joue ici un rôle essentiel si l'on ne veut pas obtenir une chair dure ou sèche.

Cuisson avec mouillement

Elle comprend les bouillis, les pochages, la cuisson à la vapeur, les braisés et tous les plats en sauce. Ces apprêts s'accommodent de viandes moins tendres, car les cuissons longues attendrissent les chairs.

Le rôti

Farcir et brider la volaille selon la recette. Préchauffer le four avec un poulet prêt à cuire à température ambiante. Utiliser un plat à four à bords bas dans lequel la volaille tienne à l'aise, ou poser celle-ci sur la grille d'une plaque à rôtir. Verser éventuellement au fond du plat un peu de vin ou d'eau pour éviter que les chairs ne se dessèchent. Badigeonner le poulet d'huile ou de beurre fondu. Si la poitrine prend une coloration trop foncée, protéger la volaille en posant simplement une feuille de papier d'aluminium. Cuire en suivant la recette, et arroser de temps en temps. La cuisson achevée, avant de découper le poulet, le tenir au chaud sous une feuille de papier d'aluminium pendant une dizaine de minutes.

Le barbecue

Consacrer tout le temps qu'il faut à préparer le feu, pour que le poulet grille sur des braises et non à la flamme. Le temps de cuisson dépendra de l'épaisseur des morceaux. L'extérieur de la viande a tendance à cuire trop vite au barbecue. Si c'est le cas, éloigner du feu, ou griller l'extérieur des morceaux et continuer leur cuisson en les enveloppant dans du papier d'aluminium. Les présenter enveloppés pour que la viande reste juteuse. Les morceaux non enveloppés seront arrosés de marinade, ou, de temps en temps en cours de cuisson, badigeonnés d'huile ou de beurre pour empêcher la chair de se dessécher.

Les sautés

Le sauté est la méthode de cuisson traditionnelle de la cuisine asiatique, où les éléments coupés en menus morceaux, sans graisse ni tendon, sont cuits rapidement. Détailler le poulet en lamelles égales pour

Disposer le poulet à rôtir sur la grille d'une plaque et le badigeonner d'huile ou de beurre fondu.

Si le jus qui perle de la cuisse piquée avec une brochette est incolore, le poulet est à point.

Disposer les morceaux à griller sur le gril chaud et les badigeonner de marinade.

DÉCOUPER LE POULET CUIT

Laisser la volaille attendre une dizaine de minutes dans un endroit chaud, simplement couverte d'une feuille de papier d'aluminium. Ainsi, la viande reposera après cuisson et sera plus facile à découper. Poser le poulet sur une planche à découper ou un plan de travail stable. À l'aide d'une fourchette à deux dents pour maintenir la volaille et d'un couteau à découper bien affûté, commencer par couper la peau autour de la cuisse et trancher l'articulation de la pointe la lame. Détacher ensuite l'aile en tranchant la poitrine de biais et sectionner l'articulation. Séparer le haut de cuisse du pilon. Détailler les blancs en fines escalopes transversales et obliques. Présenter les morceaux sur un plat de service chaud, entourés de leur garniture de légumes, ou servir directement dans les assiettes. Prévoir un morceau de choix et un morceau de blanc par personne.

Couper la peau autour de la cuisse et trancher l'articulation de la pointe la lame.

Détacher l'aile en tranchant la poitrine de biais et sectionner l'articulation.

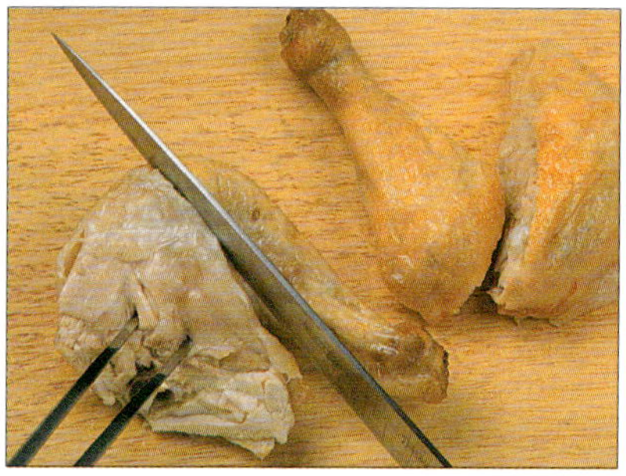

Séparer le haut de cuisse du pilon.

Détacher les blancs et les tailler en fines escalopes transversales.

que les morceaux aient exactement le même temps de cuisson. Faire chauffer un peu d'huile dans un wok ou dans une sauteuse et en enduire la paroi en faisant tourner l'ustensile. Mettre le poulet à sauter à feu vif en plusieurs fois, le temps de le cuire à point.

Faire sauter dans un wok ou une sauteuse, à feu vif, le poulet coupé en lamelles égales.

Les fricassées

Cette méthode convient pour la cuisson de petits morceaux de poulet à chair fine. Faire chauffer à feu vif l'huile ou le beurre dans une sauteuse ou une cocotte ; y mettre à dorer les morceaux de poulet 2 à 3 minutes sur chaque côté ; la viande doit être saisie pour rester juteuse, et on la tourne avec des pinces ou en remuant le récipient. Baisser le feu, couvrir si nécessaire et cuire le temps demandé par la recette. Éviter de cuire une trop grande quantité de poulet à la fois, car toute la viande ne pourrait être saisie et rendrait de l'eau. Utiliser un grand récipient à fond épais, ou deux plus petits dans lesquels on répartira les morceaux. Si le poulet rissole sans être fariné, bien l'essuyer au papier absorbant avant cuisson. On mettra les morceaux comportant un os, les cuisses notamment, à revenir d'abord côté chair, parce que le côté qui cuit en premier a le plus bel aspect.

Le gril

Préchauffer le gril du four et disposer les morceaux de poulet sur la grille froide huilée, côté peau en dessous. Griller à environ 10 cm de la source de chaleur pendant 15 à 20 minutes ; retourner les morceaux et griller l'autre côté jusqu'à ce que le jus qui perle reste incolore lorsqu'on pique la viande. Arroser de marinade en cours de cuisson pour empêcher la chair de se dessécher. Si l'on n'a pas prévu de marinade, badigeonner le poulet de beurre fondu ou d'huile, ou de beurre persillé par exemple, en cours de cuisson.

La friture

Faire chauffer un fait-tout à demi rempli d'huile de friture. Vérifier la température de l'huile en y trempant un croûton de pain : si le pain brunit en 15 secondes et que l'huile bouillonne et grésille, le bain de friture est prêt. Les morceaux à frire doivent être de taille égale pour avoir le même temps cuisson. Les fariner ou les paner, puis les déposer dans le bain de friture. En fin de cuisson, retirer le poulet avec des pinces ou une écumoire et égoutter sur du papier absorbant.

Les braisés et les plats en sauce

Ces modes de cuisson lents tirent le meilleur parti de la chair de poulet ; ils transformeront même la poule la plus coriace en viande

Pour une fricassée, faire revenir le poulet sur tous les côtés.

Plonger les morceaux de poulet à frire dans le bain d'huile, les retirer lorsqu'ils sont à point et les égoutter.

Pour préparer un plat en cocotte, on commence par saisir le poulet.

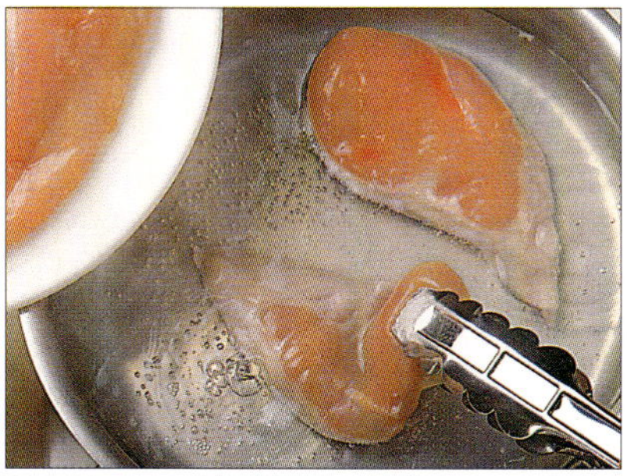
On poche une volaille à l'eau, au bouillon ou au vin en laissant frémir le liquide.

fondante. La volaille doit mijoter à petit frémissement, sans jamais bouillir dans son mouillement, sinon la chair durcirait. Faire d'abord revenir dans de l'huile ou du beurre le poulet entier ou en morceaux. S'il s'agit d'un plat au four, on transférera la volaille dans le récipient adéquat. S'il s'agit d'un plat en cocotte, la recette prévoira une cuisson sur le feu ou une cuisson au four et l'on aura fait revenir le poulet dans le même récipient, muni d'un couvercle. Au four, la cuisson doit se faire à feu très doux, sans bouillir. Sur le feu, on porte à ébullition, on couvre et on laisse mijoter; le mouillement doit simplement frémir.

Le pochage

Le pochage consiste à laisser le poulet cuire dans un liquide qui le recouvre entièrement, eau, fond de volaille ou vin, sans jamais le laisser bouillir. Ce mouillement peut être simplement aromatisé aux herbes ou comporter des légumes. Ce mode de cuisson convient à de grosses pièces, notamment les poules. Pour une volaille plus petite, on réduira le temps de pochage. Le bouillon est passé après la cuisson; il est employé dans la préparation d'une sauce, servi tel quel ou réservé pour un autre usage. La faible teneur en matières grasses de ce type d'apprêt, surtout si la volaille est débarrassée de sa peau, donne des plats très diététiques.

SAUCE POUR VOLAILLE

On prépare facilement une sauce délicieuse qui accompagnera le poulet rôti. Les proportions prévoient un repas de 4 à 6 personnes. On peut agrémenter la recette de vin blanc, de marsala, d'herbes ou de champignons. Conserver ce qu'il en reste à part, au réfrigérateur.

Saupoudrer une plaque à rôtir de 2 cuil. à soupe de farine et la faire roussir au gril. Verser cette farine sur le jus de cuisson d'un poulet rôti et tourner 2 minutes à feu doux. Ajouter peu à peu 185 ml de bouillon de volaille en tournant jusqu'à ce que le mélange se fasse. Sans cesser de tourner, laisser la sauce bouillir et épaissir pendant 5 minutes, à feu modéré. Laisser bouillir 1 minute puis retirer du feu. Verser la sauce dans une saucière chaude et la servir avec le poulet.

BOUILLON DE VOLAILLE

Au fil de ces pages, de nombreuses recettes font appel au bouillon de volaille. Cet ingrédient de base de la cuisine ménagère est facile à préparer et apporte une saveur particulière à tous les plats qui l'utilisent.

Le bouillon de volaille peut être conservé au réfrigérateur, ou congelé en portions jusqu'à huit semaines. On en remplira par exemple un bac à glaçons qu'on utilisera au fur et à mesure des besoins. Pour les recettes demandant des volumes plus importants, tels que les soupes ou les ragoûts, répartir le bouillon dans des sachets au contenu mesuré, les étiqueter et les congeler.

On peut se procurer des carcasses de volaille chez les bouchers, les volaillers et dans certaines grandes surfaces (spécialisées notamment dans l'alimentation asiatique). Les abattis et le cou retirés d'un poulet à rôtir compléteront avantageusement les ingrédients.

Si la recette fait appel à un bouillon de volaille léger, diluer le fond préparé d'un tiers d'eau environ, selon la force souhaitée.

À défaut de bouillon de volaille frais, les solutions de remplacement sont le consommé en boîte, le bouillon cube ou l'extrait en poudre.

Bouillon de volaille

Pour 1 litre

500 g de carcasses de poulet
1 gros oignon, haché
2 feuilles de laurier
6 grains de poivre
1 carotte, hachée
1 branche de céleri avec ses feuilles, hachée
1 à 1,25 litre d'eau

1 Préchauffer le four à température modérée (180 °C). Disposer les carcasses et l'oignon dans un plat à four ou une plaque à rôtir. Cuire au four 50 minutes, jusqu'à ce que le contenu du plat soit bien doré. Verser dans un fait-tout ou une marmite.

2 Préparer un bouquet garni avec les feuilles de laurier et le poivre ficelés dans un carré de mousseline. Mettre ces aromates dans le fait-tout avec les autres ingrédients. Amener à ébullition, baisser le feu et cuire 40 minutes à découvert, en ajoutant un peu d'eau en cours de cuisson si nécessaire. Passer le bouillon, jeter les os et les légumes. Faire refroidir rapidement, puis conserver au réfrigérateur ou congeler. Dégraisser le bouillon froid.

Faire dorer au four les carcasses de poulet et l'oignon pendant 50 minutes.

Ajouter dans le fait-tout la carotte, le céleri, l'eau et le bouquet garni aux carcasses et à l'oignon.

Soupes

LAKSA DE POULET AU CURRY

Préparation : 30 minutes
Cuisson : 25 minutes
Pour 4 personnes

- 500 g de blanc de poulet
- 1 gros oignon, concassé
- 5 cm de gingembre frais, haché
- 8 cm de galanga, pelé et haché
- 1 tige de citronnelle, le bulbe seulement, concassée
- 2 gousses d'ail
- 1 piment rouge, épépiné et haché
- 2 cuil. à café d'huile
- 2 cuil. à soupe de pâte de curry doux
- 500 ml de bouillon de volaille
- 60 g de vermicelles de riz
- 50 g de pâtes aux œufs sèches
- 400 ml de lait de coco
- 10 pois gourmands, coupés en deux
- 3 oignons nouveaux, hachés fin
- 90 g de germes de soja
- 15 g de feuilles de coriandre fraîche

1 Couper le poulet en gros dés. Hacher finement au mixeur, l'oignon, le gingembre, le galanga, la citronnelle, l'ail et le piment. Ajouter l'huile et passer au mixeur pour obtenir une pâte. Mettre ce mélange dans un grand wok, ajouter la pâte de curry et tourner, à feu doux, pendant 1 à 2 minutes jusqu'à ce que les arômes se dégagent. Prendre garde à ne pas brûler la préparation.

2 Augmenter la chaleur à feu modéré, ajouter le poulet et remuer 2 minutes le temps que les cubes de volaille soient bien enrobés. Verser le bouillon de volaille et bien mélanger. Amener lentement à ébullition, laisser frémir 10 minutes jusqu'à ce que le poulet soit bien cuit.

3 Entre-temps, couper avec des ciseaux les vermicelles en longueurs plus petites. Faire cuire séparément pendant 5 minutes les vermicelles et les nouilles aux œufs dans deux grandes casseroles remplies d'eau bouillante. Égoutter et rincer à l'eau froide.

4 Juste avant de servir, ajouter à la préparation le lait de coco et les pois gourmands. Faire chauffer. Au moment de servir, répartir les vermicelles et les nouilles dans quatre bols de service chauds. Verser dessus le laksa chaud, puis garnir avec les oignons nouveaux, les pousses de soja et la coriandre.

VALEUR NUTRITIONNELLE PAR PORTION : protides 30 g ; lipides 8 g ; glucides 4,5 g ; fibres 3 g ; cholestérol 65 mg ; 945 kJ (225 cal)

CONSEIL : si l'on préfère un laksa plus épicé, employer une pâte de curry forte ou augmenter la quantité de piment.

Mélanger à feu doux la pâte de curry avec la préparation aux oignons, jusqu'à ce que les arômes se développent.

Au moment de servir, incorporer le lait de coco au potage.

SOUPE DE POULET AUX ÉPINARDS À LA CRÈME

Préparation : 40 minutes
Cuisson : 55 minutes
Pour 6 personnes

1 cuil. à soupe d'huile
1 kg de morceaux de poulet
1 carotte, hachée
2 branches de céleri, hachées
1 oignon, haché
6 grains de poivre noir
2 gousses d'ail, hachées
1 bouquet garni
800 g de patates douces, hachées
500 g de feuilles d'épinards
125 ml de crème fleurette

1 Faire chauffer l'huile dans une cocotte, ajouter les morceaux de poulet en plusieurs fois et les laisser dorer. Égoutter sur du papier absorbant. Verser l'excédent de gras et n'en laisser dans le récipient qu'une cuillerée à soupe. Remettre le poulet avec la carotte, le céleri, l'oignon, les grains de poivre, l'ail, le bouquet garni et ajouter 1, 5 litre d'eau.

2 Amener à ébullition, baisser le feu et laisser mijoter 40 minutes. Égoutter en récupérant le bouillon dans la cocotte. Désosser le poulet, émincer finement la chair et réserver.

3 Ajouter la patate douce au bouillon. Amener à ébullition, baisser le feu et laisser mijoter jusqu'à cuisson. Ajouter les feuilles d'épinard et les laisser cuire juste à point. Les mettre dans le bol du mixeur et les hacher fin en plusieurs fois.

4 Remettre les épinards dans la cocotte, ajouter le poulet émincé et la crème. Mélanger et rectifier l'assaisonnement. Réchauffer à feu doux avant de servir, sans laisser bouillir.

VALEUR NUTRITIONNELLE PAR PORTION : protides 40 g ; lipides 15 g ; glucides 25 g ; fibres 4 g ; cholestérol 110 mg ; 1 720 kJ (410 cal)

Pour préparer un bouquet garni, lier ensemble, avec de la ficelle, du persil, du thym et une feuille de laurier.

Faire dorer le poulet en plusieurs fois, et égoutter les morceaux sur du papier absorbant.

Ajouter les feuilles d'épinard au bouillon et les faire cuire à point en les tournant.

COCK-A-LEECKIE AUX POIREAUX

Préparation : 10 minutes + 2 heures de réfrigération
Cuisson : 1 heure 40 minutes
Pour 4 à 6 personnes

1 poulet de 1,5 kg
250 g d'abattis de poulet (facultatifs, voir Note)
1 oignon, émincé
2 litres de bouillon de volaille
4 poireaux, finement émincés
1/4 de cuil. à café de coriandre moulue
1 pincée de noix muscade
1 bouquet garni
12 pruneaux dénoyautés
1 pincée de poivre de Cayenne
3 brindilles de thym frais
Thym frais, pour la présentation

1 Mettre le poulet dans une cocotte, ajouter les abattis, l'oignon et le bouillon. Amener à ébullition et écumer si nécessaire. Ajouter le poireau, la coriandre, la noix muscade et le bouquet garni. Baisser le feu, couvrir et laisser mijoter 1 heure 15 minutes.
2 Retirer le poulet et le bouquet garni et soulever les abattis à l'aide d'une écumoire. Laisser refroidir le bouillon, puis le garder 2 heures au réfrigérateur. Dégraisser la surface. Désosser le poulet et émincer finement la chair. Jeter la peau et la carcasse.
3 Remettre le poulet dans le bouillon avec les pruneaux, le poivre de Cayenne et le thym. Laisser mijoter 20 minutes. Rectifier l'assaisonnement et garnir avec les brindilles de thym.

VALEUR NUTRITIONNELLE PAR PORTION (6) : protides 60 g ; lipides 6 g ; glucides 7 g ; fibres 1 g ; cholestérol 125 mg ; 1 310 kJ (315 cal)

NOTE : les abattis de volaille sont facultatifs, mais ils donneront un bouillon plus savoureux.

Couper les racines des poireaux, émincer le blanc en rondelles fines et une partie du vert.

Verser le bouillon de volaille dans la cocotte, avec le poulet, les abattis (le cas échéant) et l'oignon.

Ajouter au potage le poivre de Cayenne, les pruneaux et le thym, puis bien mélanger les ingrédients.

SOUPE DE POULET À LA THAÏE AUX MAÏS JEUNES

Préparation : 30 minutes
Cuisson : 15 minutes
Pour 4 personnes

150 g de petits épis de maïs (voir Note)
1 cuil. à soupe d'huile
2 tiges de citronnelle, le blanc seulement, très finement hâchées
2 cuil. à soupe de gingembre frais finement râpé
6 oignons nouveaux, hachés
1 piment rouge, haché fin
1 litre de bouillon de volaille
375 ml de lait de coco
250 g de blancs de poulet crus, finement émincés
130 g de purée de maïs
1 cuil. à soupe de sauce de soja
2 cuil. à soupe de ciboulette, finement ciselée, pour la présentation
1 piment rouge, finement émincé, pour la présentation

1 Couper les petits épis de maïs en deux ou en quatre, selon leur taille.
2 Faire chauffer l'huile dans une cocotte à feu modéré. Y mettre la citronnelle, le gingembre, l'oignon nouveau, et le piment et faire revenir 1 minute en tournant. Ajouter le bouillon et le lait de coco. Amener à ébullition, sans couvrir pour que le lait de coco ne tourne pas.
3 Ajouter les petits épis de maïs, le poulet et la purée de maïs. Laisser mijoter 8 minutes ou jusqu'à ce que le maïs et le poulet soient à point. Verser la sauce de soja, bien assaisonner et garnir de ciboulette et de piment.

VALEUR NUTRITIONNELLE PAR PORTION : protides 20 g ; lipides 25 g ; glucides 15 g ; fibres 3 g ; cholestérol 30 mg ; 1 520 kJ (360 cal)

NOTE : utiliser du maïs en boîte à défaut de maïs frais.

Râper le gingembre pelé sur la grille fine de la râpe.

Couper les petits épis de maïs dans la longueur, en deux ou en quatre selon leur taille.

Ajouter dans la cocotte les petits maïs, le poulet et la purée de maïs.

SOUPE DE NOUILLES AU POULET

Préparation : 15 minutes + 1 heure de réfrigération
Cuisson : 1 heure 20 minutes
Pour 4 à 6 personnes

1,25 kg d'ailes de poulet
2 branches de céleri, hachées
1 carotte, hachée
1 oignon, haché
1 feuille de laurier
1 brindille de thym frais
4 tiges de persil frais
45 g de vermicelles aux œufs, délicatement brisés
250 g de blancs de poulet crus, finement émincés
2 cuil. à soupe de persil frais, ciselé
Ciboulette, ciselée, pour la présentation

1 Rincer les ailes de poulet et les placer dans la cocotte avec le céleri, la carotte, l'oignon, la feuille de laurier, le thym, le persil, 1 cuil. à café de sel et 2 litres d'eau. Amener lentement à ébullition en écumant si nécessaire. Laisser mijoter 1 heure à couvert et retirer du feu pour abaisser la température. Passer, jeter les ailes de poulet et les légumes.

2 Laisser refroidir le bouillon, couvrir et réfrigérer au moins 1 heure, ou jusqu'à ce que la graisse se fige en surface et puisse être enlevée.

3 Verser le bouillon dans une cocotte et amener à ébullition. Ajouter les nouilles, laisser reprendre l'ébullition et cuire 8 minutes, ou jusqu'à la cuisson. Ajouter le poulet émincé et le persil, laisser cuire encore 4 à 5 minutes, ou jusqu'à ce que le poulet soit bien cuit. Servir avec la ciboulette.

VALEUR NUTRITIONNELLE PAR PORTION : protides 45 g ; lipides 8 g ; glucides 8 g ; fibres 2 g ; cholestérol 135 mg ; 1 205 kJ (290 cal)

Écumer le bouillon à l'aide d'une écumoire.

Dégraisser à la cuillère le bouillon réfrigéré.

Ajouter les vermicelles brisés et laisser cuire 8 minutes, ou jusqu'à ce qu'elles soient cuites.

SOUPE DE POULET AUX LÉGUMES

Préparation : 1 heure + réfrigération
Cuisson : 1 heure 25 minutes
Pour 6 à 8 personnes

- 1 poulet de 1,5 kg
- 2 carottes, concassées
- 2 branches de céleri, concassées
- 1 oignon, coupé en quatre
- 4 tiges de persil frais
- 2 feuilles de laurier
- 4 grains de poivre noir
- 50 g de beurre
- 2 cuil. à soupe de farine
- 2 pommes de terre, hachées
- 250 g de courge musquée (ou de potiron), détaillée en gros dés
- 2 carottes coupées en bâtonnets
- 1 poireau, taillé en bâtonnets
- 3 branches de céleri, taillées en bâtonnets
- 100 g de haricots verts, détaillés
- 200 g de brocolis, coupés en petits bouquets
- 100 g de pois gourmands, effilés
- 50 g d'épinards, en lanières
- 125 ml de crème fleurette
- 15 g de persil frais, haché

1 Placer le poulet dans une cocotte avec la carotte, le céleri, l'oignon, le persil, les feuilles de laurier, 2 cuil. à café de sel et les grains de poivre. Ajouter 3 litres d'eau. Amener à ébullition, réduire le feu et laisser mijoter 1 heure en écumant si nécessaire. Laisser refroidir au moins 30 minutes. Passer et réserver le bouillon.

2 Retirer le poulet et le laisser refroidir suffisamment pour le manipuler. Enlever la peau, désosser et émincer finement la chair. Réserver.

3 Faire fondre le beurre dans une cocotte, à feu modéré ; lorsqu'il mousse, ajouter la farine. Faire cuire 1 minute en remuant. Retirer du feu et incorporer le bouillon peu à peu. Remettre sur le feu et amener à ébullition en tournant constamment. Ajouter les pommes de terre, la courge, les carottes et faire cuire 7 minutes. Mettre ensuite le poireau, le céleri, les haricots verts et laisser cuire 5 minutes. Ajouter enfin le brocoli et les pois gourmands. Laisser mijoter le tout encore 3 minutes.

4 Juste avant de servir, ajouter le poulet, les épinards, la crème et le persil haché. Réchauffer doucement sans laisser bouillir. Remuer jusqu'à ce que les feuilles d'épinard, juste ramollies, soient à peine cuites. Saler, poivrer au moulin et servir aussitôt.

VALEUR NUTRITIONNELLE PAR PORTION : protides 50 g ; lipides 15 g ; glucides 15 g ; fibres 6 g ; cholestérol 130 mg ; 1 700 kJ (400 cal)

CONSEIL : veiller à ne pas trop cuire les légumes, qui doivent rester légèrement croquants.

NOTE : le bouillon de volaille peut être préparé la veille et entreposé à couvert dans le réfrigérateur. Il sera ainsi dégraissé plus facilement avant de le réchauffer.

Découper le céleri dans la longueur et le retailler en bâtonnets.

Couper au couteau les extrémités des pois gourmands et tirer vers le bas pour en retirer les fils.

Ajouter dans la cocotte le bouquet garni de persil et de laurier au poulet et aux légumes.

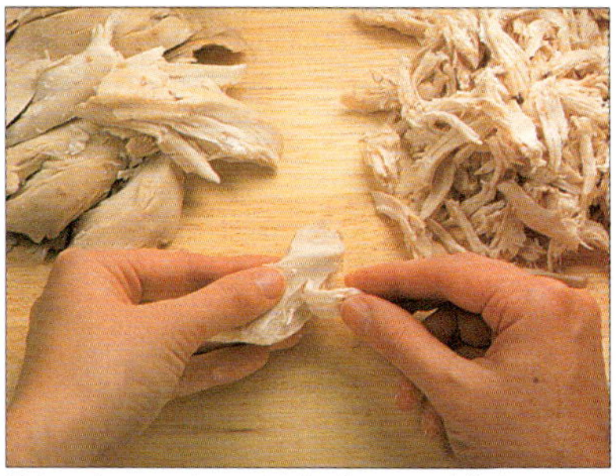

Enlever la peau du poulet, le désosser et émincer finement la chair.

Ajouter au bouillon les pommes de terre, la courge et les carottes.

Verser la crème et mélanger jusqu'à ce que les feuilles d'épinards soient à peine cuites.

SOUPE DE POULET AU CITRON

Préparation : 10 minutes
Cuisson : 10 minutes
Pour 4 personnes

2 blancs de poulet crus
1 citron
1 litre de bouillon de volaille (voir Conseil)
2 brindilles de thym citron frais, et plus, pour la présentation (voir Note)

1 Retirer l'excédent de graisse de la volaille. Prélever au couteau économe deux zestes de citron et enlever le blanc de l'écorce. Verser le bouillon dans une sauteuse avec les zestes de citron et le thym, et amener lentement à une température proche de l'ébullition. Réduire le feu à petit frémissement, ajouter le poulet et faire cuire à couvert 7 minutes, jusqu'à ce que la viande soit tendre.
2 Retirer le poulet, le mettre dans un plat recouvert d'une feuille d'aluminium.
3 Filtrer le bouillon dans une casserole propre à travers une passoire garnie de deux couches de mousseline humide. Émincer finement la chair de poulet et la remettre dans le bouillon. Réchauffer doucement, saler et poivrer avec du poivre noir du moulin. Servir aussitôt, en garnissant de thym citron.

VALEUR NUTRITIONNELLE PAR PORTION : protides 25 g ; lipides 3 g ; glucides 0 g ; fibres 0 g ; cholestérol 55 mg ; 535 kJ (130 cal)

NOTE : utiliser du thym ordinaire à défaut de thym citron.

CONSEIL : si le temps manque pour préparer soi-même le bouillon de volaille, les bouchers en proposent parfois. Ils auront plus de saveur et seront moins salés que les préparations à base de concentré.

Enlever la peau blanche des zestes de citron avec un petit couteau.

Filtrer le bouillon à travers une passoire garnie de mousseline humide.

Émincer finement la chair de poulet et la remettre dans le bouillon.

SOUPE DE POULET RAPIDE AUX NOUILLES

Préparation : 20 minutes
Cuisson : 20 à 25 minutes
Pour 4 à 6 personnes

2,25 litres de bouillon de volaille
235 g de chair de poulet, cuite, émincée
90 g de nouilles plates, brisées
15 g de ciboulette, ciselée
45 g de persil frais, haché fin

1 Verser le bouillon dans une cocotte et amener à ébullition. Ajouter le poulet en lanière.

2 Ajouter les nouilles, la ciboulette et le persil et laisser mijoter 15 à 20 minutes à feu doux, le temps que le poulet et les nouilles soient à point. Saler et poivrer, verser dans des bols et servir aussitôt.

VALEUR NUTRITIONNELLE PAR PORTION : protides 20 g ; lipides 5,5 g ; glucides 8 g ; fibres 1,5 g ; cholestérol 47 mg ; 658 kJ (157 cal)

CONSEILS : cette soupe doit être servie sans tarder pour que les nouilles ne soient ni trop cuites ni détrempées. On peut la préparer plus rapidement encore en utilisant du poulet cuit et des nouilles précuites.

Pour obtenir de très fines lanières de poulet, émincer la chair entre deux fourchettes.

Ajouter les nouilles au bouillon et au poulet.

Laisser cuire le temps que le poulet soit tendre et les nouilles à point.

SOUPE DE POULET AU COUSCOUS

Préparation : 25 minutes
Cuisson : 30 minutes
Pour 6 personnes

1 cuil. à soupe d'huile d'olive
1 oignon, en rondelles
1/2 cuil. à café de cumin en poudre
1/2 cuil. à café de paprika
1 cuil. à café de gingembre frais râpé
1 gousse d'ail, écrasée
2 branches de céleri, en tranches
2 petites carottes, en rondelles
2 courgettes, en rondelles
1 litre de bouillon de volaille
2 blancs de poulet crus, émincés
1 pincée de safran, en filaments (facultative)
95 g de couscous à cuisson rapide
2 cuil. à soupe de persil frais, haché

1 Faire chauffer l'huile dans une casserole à fond épais. Y mettre l'oignon et cuire 10 minutes à feu modéré, en remuant de temps en temps. Ajouter le cumin, le paprika, le gingembre et l'ail. Cuire le tout 1 minute en tournant.
2 Ajouter céleri, carottes et courgettes ; remuer pour que les épices enrobent les légumes. Verser le bouillon, amener à ébullition, réduire le feu et laisser mijoter environ 15 minutes, sans couvrir entièrement.
3 Ajouter le poulet et le safran, cuire environ 5 minutes, le temps que le poulet soit à point ; ne pas prolonger sa cuisson. Verser le couscous et le persil. Servir.

VALEUR NUTRITIONNELLE PAR PORTION : protides 19 g ; lipides 5,5 g ; glucides 12 g ; fibres 2 g ; cholestérol 37 mg ; 712 kJ (170 cal)

CONSEIL : n'ajouter le couscous qu'au dernier moment, car la semoule gonfle très rapidement.

Ajouter les épices à l'oignon dans la casserole, et tourner.

Verser le bouillon sur les légumes épicés.

Mêler le poulet et le safran à cette préparation.

Mettre le couscous et le persil au dernier moment.

SOUPE DE POULET AUX HERBES

Préparation : 30 minutes
Cuisson : 30 minutes
Pour 6 personnes

1 blanc de poulet
1 feuille de laurier
6 grains de poivre noir
1 clou de girofle entier
4 tiges de persil
2 cuil. à soupe d'huile d'olive
1 oignon, haché fin
1 petite carotte, finement hachée
1 branche de céleri, finement hâchée
1 grosse pomme de terre, finement hachée
1 cuil. à café de romarin frais, finement ciselé, ou 1/4 de cuil. à café de romarin sec
1 cuil. à café de thym frais, finement ciselé, ou 1/2 cuil. à café de thym sec
1 cuil. à café d'origan frais, finement ciselé, ou 1/2 cuil. à café d'origan sec
1 litre de bouillon de volaille
310 g de purée de maïs
15 g de persil frais, haché fin

1 Préparer le blanc à cru en le dénervant et en le dégraissant. Verser de l'eau dans une casserole et amener à frémissement. Ajouter le poulet, la feuille de laurier, les grains de poivre, le clou de girofle et le persil. Cuire 5 minutes, le temps que le poulet soit tendre ; le retirer et le laisser tiédir avant de l'émincer. Jeter la feuille de laurier, le poivre, le clou de girofle et le persil ; réserver le jus de cuisson.
2 Faire chauffer l'huile dans une grande casserole à fond épais. Ajouter l'oignon, la carotte et le céleri, cuire 5 minutes à feu modéré, le temps que l'oignon soit revenu. Ajouter la pomme de terre, le romarin, le thym et l'origan ; cuire 1 minute à feu modéré en remuant.
3 Réunir le bouillon de volaille et le jus de cuisson. Saler et poivrer, amener à ébullition. Baisser le feu et laisser mijoter 15 minutes, le temps que la pomme de terre et la carotte soient fondantes. Ajouter la purée de maïs et la chair de poulet. Réchauffer 2 minutes et garnir de persil haché.

VALEUR NUTRITIONNELLE PAR PORTION : protides 11 g ; lipides 7,5 g ; glucides 15 g ; fibres 3 g ; cholestérol 18 mg ; 695 kJ (166 cal)

CONSEIL : on peut également utiliser du blanc de poulet cuit avec davantage de bouillon, pour ajuster la quantité de liquide.

Cuire juste à point le blanc poulet avec la feuille de laurier, les grains de poivre, le clou de girofle et le persil.

Ajouter la pomme de terre et les herbes aux légumes, et cuire à feu modéré.

Ajouter la chair de poulet émincée et la crème de maïs dans le potage.

CONSOMMÉ ÉPICÉ AU POULET ET RAVIOLI À LA CORIANDRE

Préparation : 40 minutes
Cuisson : 50 minutes
Pour 4 personnes

350 g de cuisses ou d'ailes de poulet, sans la peau
2 carottes, finement hachées
2 branches de céleri, finement hachées
2 petits poireaux, hachés fin
3 blancs d'œufs
1,5 litre de bouillon de volaille
Tabasco

RAVIOLI À LA CORIANDRE
60 g de farine
1 œuf
1/2 cuil. à café d'huile de sésame
Petit bouquet de coriandre fraîche

1 Mettre le poulet, la carotte, le céleri et les poireaux dans une cocotte. Repousser le poulet sur le côté et verser les blancs d'œufs sur les légumes. Battre 1 minute au fouet à sauce, jusqu'à ce que le mélange commence à mousser.
2 Réchauffer le bouillon dans une casserole, puis le verser petit à petit dans la cocotte en fouettant constamment pour que les blancs montent. Amener doucement à ébullition sans cesser de fouetter. Faire un trou dans la mousse avec une cuillère et laisser frémir 30 minutes à découvert, sans remuer.
3 Tapisser une grande passoire d'un torchon humide ou d'une double épaisseur de mousseline. Passer le bouillon et le recueillir dans un récipient propre. Jeter le poulet et les légumes. Assaisonner de sel, de poivre noir du moulin et de Tabasco. Réserver.
4 Préparer la pâte des ravioli à la coriandre. Tamiser la farine dans un bol et la disposer en fontaine. Fouetter le jaune d'œuf et l'huile ensemble et verser ce mélange dans le puits. Incorporer les ingrédients, puis pétrir 2 minutes sur une planche légèrement farinée pour former une pâte souple.
5 Diviser la pâte en quatre parties égales. Étendre au rouleau une première abaisse très fine et y répartir des feuilles de coriandre. Étendre une seconde abaisse et la poser sur la première. Répéter ces opérations avec le reste de pâte et de coriandre.
6 Découper des carrés de pâte autour des feuilles de coriandre. S'ils ne servent pas dans l'immédiat, laisser les ravioli reposer et sécher. Avant de servir, réchauffer doucement le consommé de volaille à la casserole. Plonger les ravioli dans le liquide frémissant et cuire 1 minute. Servir aussitôt.

VALEUR NUTRITIONNELLE PAR PORTION : protides 23 g ; lipides 4 g ; glucides 17 g ; fibres 3 g ; cholestérol 80 mg ; 832 kJ (200 cal)

CONSEIL : préparer cette pâte à ravioli si possible à la machine. Un rouleau à pâtisserie ordinaire conviendra, mais il faut étendre des abaisses aussi fines que possible.

NOTE : les blancs d'œufs servent à rendre limpide le fond de volaille qui, à défaut, resterait trouble comme un bouillon ordinaire. C'est ce qu'on appelle clarifier. En filtrant le consommé, on évitera de presser les matières solides déposées au fond de la passoire pour ne pas troubler le liquide. Le trou pratiqué à la surface des blancs d'œufs évite à la préparation de déborder.

Battre les blancs d'œufs au fouet à sauce dans la préparation de légumes.

Pratiquer un trou à la surface des blancs d'œufs avec une cuillère métallique.

Passer le bouillon à travers un torchon humide ou une double épaisseur de mousseline.

Pétrir sur une planche légèrement farinée pour obtenir une pâte souple.

Recouvrir les feuilles de coriandre d'une seconde abaisse très fine.

Découper des carrés de pâte entre les feuilles de coriandre.

TOM KHA GAI (SOUPE DE POULET À LA NOIX DE COCO)

Préparation : 20 minutes
Cuisson : 20 minutes
Pour 4 personnes

1 morceau de galanga de 5 cm (voir Conseil)
500 ml de lait de coco
250 ml de bouillon de volaille
3 blancs de poulet crus, coupés en fines lamelles
1 à 2 cuil. à café de piment rouge haché fin
2 cuil. à soupe de sauce de poisson
1 cuil. à café de cassonade
7 g de feuilles de coriandre fraîche
Tiges de coriandre, pour la présentation

1 Peler le morceau de galanga et le couper en tranches fines. Rassembler le galanga, le lait de coco et le bouillon dans une casserole de taille moyenne. Amener à ébullition, et laisser mijoter 10 minutes à feu doux, sans couvrir et en remuant de temps en temps.
2 Ajouter le poulet coupé en fines lamelles et le piment ; cuire 8 minutes.
3 Verser la sauce de poisson et la cassonade. Ajouter les feuilles de coriandre, garnir de tiges de coriandre et servir aussitôt.

VALEUR NUTRITIONNELLE PAR PORTION : protides 40 g ; lipides 30 g ; glucides 6,5 g ; fibres 2,5 g ; cholestérol 83 mg ; 1 876 kJ (448 cal)

CONSEIL : si l'on ne trouve pas de galanga frais, on peut le remplacer par 5 tranches de galanga sec. Laisser tremper 10 minutes dans un fond d'eau bouillante puis couper le galanga en menus morceaux. Ajouter le liquide de trempage au fond de volaille à raison d'une tasse (250 ml) et utiliser cette préparation pour la recette.

Casser la racine de galanga pour obtenir un morceau de 5 cm environ.

Ajouter les lamelles de poulet et le piment à la préparation de lait de coco frémissante.

Au moment de servir, ajouter les feuilles de coriandre fraîche.

SOUPE DE POULET AUX NOUILLES À L'ASIATIQUE

Préparation : 20 minutes
Cuisson : 25 minutes
Pour 4 personnes

PÂTE DE PIMENT
4 piments séchés, hachés grossièrement
1 cuil. à café de graines de coriandre
1 cuil. à café de gingembre frais râpé
1 oignon nouveau
1/2 cuil. à café de curcuma

750 ml de lait de coco
350 g de blancs de poulet crus, finement émincés
2 cuil. à soupe de sauce de soja
500 ml de bouillon de volaille
400 g de nouilles de blé sèches aux œufs
Huile d'arachide, pour friture
Oignon nouveau, pour la présentation
Piments rouges, pour la présentation

1 Préparer la pâte de piment. Rassembler dans une petite casserole les piments, les graines de coriandre, le gingembre, l'oignon nouveau et le curcuma. Tourner à feu doux pendant 5 minutes, le temps que les arômes se développent. Retirer les ingrédients et les piler dans un mortier ou les réduire en pâte dans le bol d'un robot ménager.

2 Faire chauffer 250 ml de lait de coco dans une casserole. Ajouter la pâte de piment et remuer 2 à 3 minutes. Ajouter le poulet et la sauce de soja, cuire 3 à 4 minutes. Verser le reste de lait de coco et de bouillon. Amener à ébullition et laisser mijoter 10 minutes.

3 Briser le quart des nouilles en gros morceaux. Les frire à l'huile d'arachide, les retirer croquantes et les égoutter sur du papier absorbant. Cuire à point le reste des nouilles dans l'eau bouillante et les égoutter.

4 Disposer les nouilles à l'eau dans des bols et verser dessus la soupe à la louche. Garnir de nouilles frites ; servir avec l'oignon nouveau et les piments.

VALEUR NUTRITIONNELLE PAR PORTION : protides 35 g ; lipides 35 g ; glucides 75 g ; fibres 3 g ; cholestérol 60 mg ; 2 025 kJ (480 cal)

Mettre les épices dans un mortier et les réduire en pâte au pilon.

Ajouter le poulet, la sauce de soja et mélanger les ingrédients.

Frire le quart des nouilles à l'huile d'arachide. Les sortir croquantes et les égoutter sur du papier absorbant.

Cuire à point le reste des nouilles dans l'eau bouillante.

SOUPE DE POULET AU CURRY

Préparation : 30 minutes
Cuisson : 1 heure 20 minutes
Pour 6 personnes

- 1 kg de morceaux de poulet
- 2 cuil. à soupe de farine
- 2 cuil. à café de curry en poudre
- 1/2 cuil. à café de gingembre râpé
- 1 cuil. à café de curcuma en poudre
- 60 g de beurre
- 12 grains de poivre noir
- 6 clous de girofle
- 1,5 litre de bouillon de volaille
- 1 grosse pomme, pelée, épépinée et hachée
- 2 cuil. à soupe de jus de citron
- 125 ml de crème fleurette
- Riz à la vapeur, en garniture

1 Dégraisser et dénerver la volaille. Mélanger la farine, le curry, le gingembre et le curcuma ; en enduire les morceaux de poulet.
2 Mettre le beurre à chauffer dans une cocotte et y faire à peine dorer le poulet. Emballer les grains de poivre et les clous de girofle dans une mousseline et ajouter avec le bouillon au contenu de la cocotte. Amener à ébullition, réduire le feu et laisser mijoter 1 heure à couvert. Ajouter la pomme et cuire encore 15 minutes.
3 Retirer le poulet et jeter la mousseline d'épices. Dépouiller, désosser les morceaux de volaille et en émincer finement la chair. Dégraisser le bouillon.
4 Remettre le poulet dans la cocotte. Verser le jus de citron et la crème, réchauffer doucement et servir avec le riz.

VALEUR NUTRITIONNELLE PAR PORTION :
protides 25 g ; lipides 25 g ; glucides 10 g ; fibres 1 g ; cholestérol 130 mg ; 1 405 kJ (335 cal)

Mélanger dans un bol la farine, le curry en poudre, le gingembre et le curcuma.

Enfermer les clous de girofle et le poivre dans un petit sac de mousseline.

Dépouiller, désosser le poulet et en émincer finement la chair.

Verser le jus de citron et la crème dans le potage, puis réchauffer doucement.

SOUPE DE POULET FUMÉ AUX POIVRONS GRILLÉS

Préparation : 20 minutes
Cuisson : 30 minutes
Pour 6 à 8 personnes

- 4 gros poivrons rouges
- 1 long piment vert
- 1 cuil. à soupe d'huile d'olive
- 1 gros oignon, haché grossièrement
- 2 gousses d'ail, écrasées
- 1/2 cuil. à café de poivre de Cayenne
- 1 cuil. à café de coriandre moulue
- 1 cuil. à café de cumin en poudre
- 2 litres de bouillon de volaille
- 315 g de poulet fumé, en gros dés
- 7 g de feuilles de coriandre fraîche
- Crème fraîche et tostaditas (« chips » de tortillas), pour la présentation

1 Épépiner et enlever les parties blanches des poivrons et du piment. Les ouvrir et les mettre sous le gril, chair en dessous, jusqu'à ce que la peau noircisse et cloque. Sortir du four, laisser refroidir dans un sac en plastique puis enlever la peau. Hacher grossièrement le poivron et tailler le piment en fines lanières.

2 Faire chauffer l'huile d'olive à feu modéré dans une cocotte. Y mettre l'oignon et l'ail ; laisser revenir 2 à 3 minutes. Ajouter le poivre de Cayenne, la coriandre et le cumin ; cuire encore 1 minute en remuant constamment. Verser le bouillon avec les poivrons et le piment. Amener à ébullition, réduire le feu et laisser mijoter 15 minutes.

3 Retirer du feu, laisser tiédir puis passer petit à petit au mixeur pour obtenir un potage homogène. Verser le bol dans la cocotte.

4 Réchauffer la soupe 10 minutes à feu modéré. Ajouter le poulet et poivrer. Le potage prêt, le parsemer de feuilles de coriandre fraîche et le verser à la louche dans des bols. Garnir d'une cuillerée de crème fraîche et servir avec les tostaditas.

VALEUR NUTRITIONNELLE PAR PORTION : protides 35 g ; lipides 30 g ; glucides 20 g ; fibres 5 g ; cholestérol 155 mg ; 2 120 kJ (505 cal)

Le poivron refroidi, en retirer la peau noircie avec les doigts.

Ajouter au contenu de la cocotte le bouillon, le poivron grillé et le piment hachés.

Baisser le feu et laisser mijoter doucement 15 minutes.

Verser la préparation en plusieurs fois dans le bol du mixeur et la réduire en purée.

SOUPE CHINOISE AU POULET ET AUX CHAMPIGNONS

Préparation : 20 minutes + 10 minutes de trempage
Cuisson : 10 minutes
Pour 4 personnes

3 champignons chinois séchés
185 g de gros vermicelles secs aux œufs
1 cuil. à soupe d'huile
4 oignons nouveaux, en julienne
1 cuil. à soupe de sauce de soja
2 cuil. à soupe de vin de riz (mirin) ou de xérès (voir Note)
1,25 litre de bouillon de volaille
1/2 poulet rôti, émincé
50 g de jambon, coupé en lanières
90 g de germes de soja
Feuilles de coriandre fraîche, pour la présentation
Piment rouge finement émincé, pour la présentation

1 Faire tremper les champignons chinois 10 minutes dans l'eau bouillante pour les ramollir. Les presser, couper le pied coriace et émincer finement les chapeaux.
2 Cuire les vermicelles à l'eau bouillante dans une grande casserole pendant 3 minutes, ou selon le mode d'emploi. Les égoutter et les recouper aux ciseaux.
3 Faire chauffer l'huile dans une cocotte. Ajouter les champignons et l'oignon nouveau. Cuire 1 minute puis ajouter la sauce de soja, le vin de riz et le bouillon. Amener lentement à ébullition et cuire encore 1 minute. Baisser le feu puis ajouter les nouilles, le poulet, le jambon et les germes de soja. Chauffer 2 minutes sans laisser bouillir.
4 Répartir les vermicelles dans les bols avec une pince à spaghetti et verser le reste de la préparation. Garnir de coriandre fraîche et de piment émincé.

VALEUR NUTRITIONNELLE PAR PORTION : protides 25 g ; lipides 10 g ; glucides 35 g ; fibres 3 g ; cholestérol 80 mg ; 1 426 kJ (340 cal)

NOTE : on trouve le mirin, vin de riz jaune et doux utilisé en cuisine, dans les magasins d'alimentation asiatiques.

Émincer la viande de poulet cuite à la fourchette.

Couvrir les champignons d'eau bouillante et les laisser tremper.

Recouper les nouilles pour qu'elles soient plus faciles à prendre dans les bols.

SOUPE DE POULET AU MAÏS

Préparation : 15 minutes
Cuisson : 20 minutes
Pour 6 personnes

3 épis de maïs (ou 400 g de grains)
1 cuil. à soupe d'huile
4 oignons nouveaux, hachés fin
2 cuil. à café de gingembre râpé
1 litre de bouillon de volaille
1 cuil. à soupe de vin de riz (mirin) ou de xérès
1 cuil. à soupe de sauce de soja
1/2 petit poulet rôti, en lamelles
1 cuil. à soupe de fécule de maïs
1 cuil. à café d'huile de sésame
420 g de purée de maïs
Thym frais, en garniture

1 Égrener au couteau les épis de maïs. Faire chauffer l'huile dans une cocotte, ajouter les oignons et le gingembre et cuire 1 minute. Ajouter le maïs, le bouillon, le mirin et la sauce de soja. Amener lentement à ébullition, baisser le feu et cuire 10 minutes, le temps que le maïs soit tendre. Ajouter le poulet.

2 Mélanger la fécule de maïs dans un bol avec 3 cuil. à soupe d'eau ou de bouillon, et former une sauce lisse. Verser ce mélange dans la soupe avec l'huile de sésame et la faire légèrement épaissir à feu doux en tournant constamment. Ajouter la purée de maïs et chauffer 2 à 3 minutes sans laisser bouillir. Saler et poivrer, servir chaud en garnissant de brindilles de thym.

VALEUR NUTRITIONNELLE PAR PORTION : protides 14 g ; lipides 8 g ; glucides 30 g ; fibres 5 g ; cholestérol 45 mg ; 1 077 kJ (255 cal)

NOTE : si ce n'est pas la saison du maïs frais, utiliser 400 g de grains en boîte, égouttés.

Émincer la viande de poulet cuite à la fourchette.

Débarrasser les épis de maïs de leurs feuilles et les égrener au couteau.

Mélanger la fécule de maïs et l'eau, ou le bouillon, et former une sauce homogène.

SOUPE DE POULET À L'ANANAS

Préparation : 10 minutes
Cuisson : 35 minutes
Pour 4 personnes

2 cuil. à soupe d'huile
1 oignon moyen, finement haché
225 g de courge musquée (ou de potiron), pelée et coupée en dés
225 g d'ananas ou de mangue, en dés
1 gousse d'ail, écrasée
1 piment rouge, finement émincé
2 cuil. à café de gingembre râpé
1 litre de bouillon de volaille
2 cuil. à café de jus de citron vert
350 g de blancs de poulet crus, coupés diagonalement en fines lamelles
Coriandre fraîche ciselée, pour la présentation
Sauce au piment, pour la présentation

1 Chauffer l'huile dans une cocotte et faire revenir l'oignon 5 minutes à feu modéré. Mettre la courge et cuire encore 5 minutes pour faire dorer. Ajouter l'ananas, l'ail, le piment et le gingembre ; mélanger ces ingrédients.

2 Verser le bouillon et le jus de citron. Amener à ébullition, baisser le feu et laisser cuire 5 minutes, jusqu'à ce que la courge soit à peine cuite.

3 Ajouter le poulet et cuire encore 5 minutes, le temps qu'il soit à point. Garnir de coriandre ciselée et de sauce au piment. Servir aussitôt.

VALEUR NUTRITIONNELLE PAR PORTION :
protides 22 g ; lipides 5 g ; glucides 10 g ; fibres 2,5 g ; cholestérol 44 mg ; 473 kJ (178 cal)

Peler l'ananas et couper la chair en dés.

Ajouter la courge à l'oignon dans la cocotte et laisser dorer.

Mélanger les ingrédients avec deux spatules de bois.

VELOUTÉ AU POULET ET AUX LÉGUMES

Préparation : 20 minutes
Cuisson : 1 heure 45 minutes
Pour 6 personnes

FOND DE VOLAILLE
1 kg de poulet
1/2 branche de céleri, hachée
6 grains de poivre
1 feuille de laurier
1 gousse d'ail, hachée
1 petit oignon, haché

1 cuil. à soupe d'huile
1 oignon, haché
1 carotte, en bâtonnets
200 g de champignons de Paris, émincés
30 g de farine
150 ml de lait
250 ml de crème fleurette
100 g de pois gourmands, finement émincés
3 tomates, pelées, épépinées et concassées
1 cuil. à soupe de sauce de soja

1 Préparer le fond de volaille en débarrassant le poulet de son excès de graisse. L'essuyer au papier absorbant. Couper en 8 morceaux : blancs, cuisses, pilons et ailes. Verser 1,5 litre d'eau dans une cocotte, ajouter le céleri, le poivre, le laurier, l'ail, l'oignon et les morceaux de poulet. Amener à ébullition, baisser le feu et laisser mijoter 1 heure 15 minutes à couvert. Retirer du feu et laisser tiédir. Passer le bouillon, réserver le poulet et jeter les autres ingrédients.

2 Faire chauffer l'huile dans une cocotte. Ajouter l'oignon, la carotte et les champignons. Laisser à feu doux en tournant constamment, le temps que l'oignon soit revenu. Verser un bon litre de bouillon, la farine et le lait. Amener à ébullition, réduire le feu et, sans cesser de remuer, laisser épaissir légèrement le potage.

3 Découper le poulet refroidi en fines lamelles. Les ajouter au potage avec la crème, les pois gourmands, la tomate et la sauce de soja. Réchauffer les ingrédients et assaisonner.

VALEUR NUTRITIONNELLE PAR PORTION : protides 44 g ; lipides 26 g ; glucides 12 g ; fibres 3,5 g ; cholestérol 144 mg ; 1 915 kJ (457 cal)

Découper le poulet au sécateur.

Ajouter l'oignon, la carotte et les champignons, et faire cuire à point.

Verser la sauce de soja et tourner en réchauffant le velouté.

Hors-d'œuvre et entrées

TIKKA DE POULET

Préparation : 30 minutes + 8 heures de marinade
Cuisson : 15 minutes
Pour 10 brochettes

1/4 d'oignon, haché
2 gousses d'ail, écrasées
1 cuil. à soupe de gingembre frais râpé
2 cuil. à soupe de jus de citron
1 cuil. à café de zeste de citron râpé
3 cuil. à café de coriandre moulue
3 cuil. à café de cumin en poudre
3 cuil. à café de garam masala
90 g de yaourt nature
1 cuil. à café de sel
750 g de cuisses de poulet

1 Faire tremper 10 bâtonnets dans l'eau pour les empêcher de brûler à la cuisson.
2 Hacher finement au robot l'oignon, l'ail, le gingembre, le zeste de citron avec le jus, la coriandre, le cumin et le garam masala. Mélanger au yaourt et saler.
3 Couper le poulet en cubes. Enfiler 4 à 5 morceaux de viande sur les brochettes et disposer dans un grand plat. Enrober la viande de la préparation aux épices et laisser mariner plusieurs heures, à couvert, au réfrigérateur.
4 Faire griller les brochettes sur une plaque de fonte, au barbecue ou sous le gril du four, 3 à 4 minutes de chaque côté, le temps qu'elles soient cuites et dorées.

VALEUR NUTRITIONNELLE PAR PORTION : protides 15 g ; lipides 4 g ; glucides 1 g ; fibres 0 g ; cholestérol 55 mg ; 420 kJ (100 cal)

Faire tremper les bâtonnets de brochette dans l'eau pour qu'ils ne brûlent pas à la cuisson.

Hacher finement au robot l'oignon, l'ail, le gingembre, le zeste de citron avec le jus et les épices.

Enfiler 4 à 5 morceaux de poulet sur chaque brochette.

Faire griller les brochettes 3 à 4 minutes de chaque côté, le temps qu'elles soient cuites et dorées.

PÂTÉ DE FOIES DE VOLAILLE AU JAMBON DE PARME ET AUX PISTACHES

Préparation : 20 minutes + 3 heures de réfrigération
Cuisson : 15 minutes
Pour 10 personnes

6 fines tranches de jambon de Parme
2 cuil. à soupe de beurre
60 ml d'huile d'olive
80 g de poitrine fumée en petits dés
1 oignon, finement haché
2 gousses d'ail, écrasées
500 g de foies de volaille
3 feuilles de laurier
80 ml de xérès ou de cognac
125 g de beurre, ramolli
50 g de pistaches, grillées et décortiquées

1 Tapisser de feuille d'aluminium un moule à cake en fer blanc de 1,5 litre. Puis garnir ce moule de tranches de jambon de Parme en les faisant se chevaucher et déborder sur le pourtour. Faire chauffer le beurre et l'huile dans la cocotte ; y jeter la poitrine fumée, l'oignon et l'ail ; faire revenir 5 à 6 minutes, le temps que l'oignon soit cuit, mais sans dorer.

2 Débarrasser les foies de leurs veines et de leur graisse si nécessaire. Les mettre dans la cocotte avec les feuilles de laurier. Augmenter le feu et faire cuire 3 à 4 minutes, le temps que les foies soient bien dorés à l'extérieur, mais encore rosés à cœur.

3 Verser le xérès et laisser mijoter 3 à 4 minutes en tournant, jusqu'à réduction presque totale du liquide. Retirer les feuilles de laurier. Réduire au robot les foies en purée fine. Ajouter le beurre petit à petit et incorporer pour obtenir un mélange très homogène. Assaisonner puis ajouter les pistaches.

4 Remplir le moule de cette préparation et rabattre dessus les tranches de jambon. Laisser au moins 3 heures au réfrigérateur avant de servir. Présenter le pâté en tranches.

VALEUR NUTRITIONNELLE PAR PORTION : protides 4 g ; lipides 20 g ; glucides 2 g ; fibres 0,5 g ; cholestérol 48 mg ; 938 kJ (224 cal)

NOTE : la saveur, la couleur et le moelleux du pâté s'amélioreront au bout de deux jours. Conserver 3 à 4 jours au réfrigérateur.

Garnir le moule de tranches de jambon de Parme en les faisant se chevaucher.

Débarrasser les foies crus de leurs veines et de leur graisse.

Verser le xérès et laisser le liquide réduire presque entièrement.

Mélanger les pistaches au pâté de foies de volaille.

TERRINE DE POULET

Préparation : 15 minutes + 2 heures de réfrigération
Cuisson : 1 heure
Pour 6 personnes

6 cuisses de poulet, sans la peau
1 oignon, émincé
1 carotte, émincée
6 grains de poivre
1 feuille de laurier
1 pincée de macis en poudre
1 pincée de poivre de Cayenne
1/4 cuil. à café de noix muscade râpée
200 g de beurre doux, ramolli

1 Mettre dans une cocotte les cuisses de poulet, l'oignon, la carotte, le poivre et le laurier ; mouiller de 500 ml d'eau. Amener à ébullition et écumer si nécessaire. Baisser le feu, couvrir et laisser mijoter 30 minutes, le temps que le poulet soit cuit à point.

2 Retirer le poulet et faire réduire le fond de cuisson à grand feu jusqu'à ce qu'il en reste 60 ml. Passer ce jus dans une passoire fine et laisser refroidir.

3 Désosser les morceaux de poulet. Placer la chair dans le bol d'un robot avec le jus, et réduire en purée. Ajouter le macis, le poivre de Cayenne, la noix muscade et 150 g de beurre. Saler, poivrer et repasser au mixeur pour obtenir une préparation lisse et homogène.

4 Verser dans une terrine de porcelaine. Faire fondre le reste du beurre. Verser la partie clarifiée sur la surface du pâté. Laisser 2 heures au réfrigérateur ou le temps que le beurre ait pris.

VALEUR NUTRITIONNELLE PAR PORTION : protides 25 g ; lipides 30 g ; glucides 1,5 g ; fibres 0,5 g ; cholestérol 140 mg ; 1 590 kJ (380 cal)

Passer le jus de cuisson à travers une passoire fine et laisser refroidir.

Désosser le poulet refroidi.

Réduire en purée la chair de poulet avec le beurre et les épices.

Verser délicatement le beurre clarifié à la surface de la terrine.

BALLOTINS DE POULET ET DE POTIRON AU PESTO

Préparation : 30 minutes
Cuisson : 50 minutes
Pour 4 personnes

4 blancs de poulet crus
1 cuil. à soupe d'huile d'olive
250 g de potiron
1 pied d'épinard
12 feuilles de brik rectangulaires
100 g de beurre, fondu
25 g de chapelure
100 g de ricotta
90 g de pesto (voir Note)
1 cuil. à soupe de pignons hachés

1 Préchauffer le four à température modérée (200 °C). Saler et poivrer les blancs de poulet. Faire chauffer dans une poêle la moitié de l'huile et y plonger le poulet jusqu'à ce qu'il soit bien doré de tous côtés. Le retirer.

2 Couper le potiron épluché en tranches de 5 mm. Mettre à chauffer le reste de l'huile dans la même poêle et y faire dorer le potiron des deux côtés. Laisser refroidir.

3 Verser les feuilles d'épinard dans un bol et les recouvrir d'eau bouillante pour les ramollir. Bien égoutter et éponger avec du papier absorbant. Étendre 3 feuilles de brik, les enduire au pinceau de beurre fondu et les saupoudrer de chapelure.

4 Envelopper chaque blanc de poulet dans un quart de feuilles d'épinard et disposer le long du plus petit côté des feuilles de brik, à 2 cm du bord. Recouvrir le poulet enveloppé d'un quart de tranches de potiron, puis d'un quart de la ricotta ; terminer par une cuillerée de pesto.

5 Rabattre les côtés de la pâte sur la garniture, puis rouler le ballotin de sorte qu'il repose sur le côté resté ouvert. Disposer les ballotins dans un plat à four, enduire avec le reste de beurre fondu et parsemer de pignons. Enfourner et cuire 15 minutes ; couvrir d'une feuille d'aluminium et continuer la cuisson pendant 20 minutes, jusqu'à ce que les ballotins soient bien dorées.

VALEUR NUTRITIONNELLE PAR PORTION : protides 35 g ; lipides 40 g ; glucides 30 g ; fibres 2,5 g ; cholestérol 132 mg ; 2 635 kJ (630 cal)

NOTE : le pesto en flacon ne convient pas pour cette recette. Soit on le préparera soi-même, soit on s'en procurera du frais chez un traiteur italien.

Retirer les feuilles d'épinard blanchies à l'eau bouillante et les égoutter à fond.

Couvrir chaque blanc de poulet d'un quart du potiron en tranches.

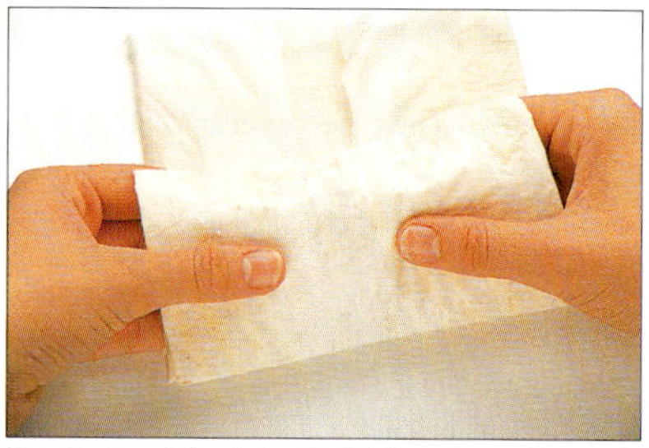

Rabattre les côtés de la pâte à brik sur la garniture, puis rouler le ballotin pour qu'elle repose sur le côté ouvert.

BOULETTES DE POULET À LA THAÏE

Préparation : 20 minutes
Cuisson : 40 minutes
Pour 6 personnes

1 kg de poulet haché
80 g de mie de pain, émiettée
4 oignons nouveaux, émincés
1 cuil. à soupe de coriandre moulue
50 g de coriandre fraîche, ciselée
60 ml de sauce de piment doux
1 à 2 cuil. à soupe de jus de citron
Huile de friture

1 Préchauffer le four à température modérée (200 °C). Mélanger le hachis et la mie de pain dans un grand bol.

2 Ajouter les oignons, la coriandre moulue et la coriandre fraîche, la sauce de piment, le jus de citron ; bien mélanger. Se mouiller les mains et former avec cette préparation des boulettes, soit de la taille d'une bouchée, soit de la taille d'un steak haché.

3 Faire chauffer l'huile dans une grande poêle et mettre les boulettes à rissoler en plusieurs fois. Les disposer dans un plat à four et les cuire à point (les petites boulettes demanderont 5 minutes de cuisson et les grosses de 10 à 15 minutes). Ce hachis fera également une excellente garniture de friands.

VALEUR NUTRITIONNELLE PAR PORTION : protides 40 g ; lipides 8 g ; glucides 10 g ; fibres 1 g ; cholestérol 85 mg ; 1 160 kJ (275 cal)

Mélanger le hachis de poulet avec les oignons, la coriandre, la sauce de piment et le jus de citron.

Les mains humides, former des boulettes égales.

Faire dorer toute la surface des boulettes dans l'huile.

QUESADILLAS AU POULET

Préparation : 45 minutes + 1 heure de marinade
Cuisson : 20 à 30 minutes
Pour 4 personnes

- 4 gros piments verts
- 3 gros piments rouges
- 2 blancs de poulet crus
- 3 cuil. à soupe de moutarde à l'ancienne
- 2 cuil. à soupe de miel
- 4 tortillas de froment
- 375 g d'emmental râpé
- 6 oignons nouveaux, finement émincés (facultatifs)
- Huile d'olive, pour la cuisson

SAUCE AUX PIMENTS VERTS

- 3 longs piments verts, finement émincés
- 2 tomates, pelées, épépinées et concassées
- 1 oignon, finement haché
- 10 g de coriandre fraîche
- 2 cuil. à soupe de jus de citron vert

1 Passer les piments 5 à 8 minutes sous le gril en les retournant plusieurs fois jusqu'à ce que la peau cloque. Les laisser refroidir dans un sac de plastique puis les peler et les épépiner. Les fendre en deux et les émincer finement.

2 Disposer les blancs de poulet dans un plat. Mélanger la moutarde et le miel, verser sur le poulet et retourner les morceaux pour bien les enrober. Couvrir et laisser 1 heure au réfrigérateur. Faire griller la viande 4 minutes de chaque côté. Laisser tiédir puis tailler les blancs en lamelles.

3 Préparer la sauce au piment en mélangeant les piments, les tomates, l'oignon, la coriandre et le jus de citron vert dans un bol ; ajouter un peu de citron vert si nécessaire. Laisser macérer.

4 Graisser légèrement le fond d'une poêle épaisse et faire chauffer à feu modéré. Déposer une tortilla, la parsemer d'un quart de l'emmental râpé, de la moitié des oignons, des piments grillés, du poulet et des piments hachés. Terminer par un tiers du fromage râpé et recouvrir d'une seconde tortilla.

5 Passer un peu d'huile, retourner la galette dans un plat puis la faire glisser dans la poêle sur l'autre côté. Faire cuire encore quelques minutes, le temps que le fromage fonde et que le dessous soit bien doré et croustillant. Glisser la quesadilla dans un plat et tenir au chaud.

6 Faire de même pour la seconde quesadilla. Fourrer une tortilla de la moitié du fromage restant, de la fin des oignons, des piments grillés, du poulet et des piments émincés. Parsemer du reste de fromage et recouvrir de la dernière tortilla. Servir aussitôt les quesadillas coupées en deux ou en triangles, avec la sauce pimentée.

VALEUR NUTRITIONNELLE PAR PORTION : protides 45 g ; lipides 35 g ; glucides 40 g ; fibres 5 g ; cholestérol 125 mg ; 2 665 kJ (635 cal)

NOTE : on trouvera les tortillas de froment en grande surface, au rayon boulangerie ou épicerie fine ; on devra peut-être les retailler pour les faire tenir dans la poêle.

Enlever la peau grillée des piments.

Retourner les blancs de poulet dans la préparation de moutarde et de miel.

Incorporer tous les ingrédients dans un bol.

Parsemer une tortilla du quart de fromage râpé.

Couvrir d'une autre tortilla la garniture de fromage râpé, de poulet, de piment et d'oignon.

Retourner la quesadilla dans un plat, puis la remettre dans la poêle sur l'autre côté.

BROCHETTES DE CITRONNELLE AU POULET

Préparation : 20 minutes + 8 heures de marinade
Cuisson : 15 à 20 minutes
Pour 4 personnes

4 cuisses de poulet en filets (400 g)
1 1/2 cuil. à soupe de cassonade
1 1/2 cuil. à soupe de jus de citron vert
2 cuil. à café de pâte de curry vert
18 feuilles de citronnier kaffir
2 tiges de citronnelle

SAUCE À LA MANGUE
1 petite mangue, en petits dés
1 cuil. à café de zeste de citron vert râpé
2 cuil. à café de jus de citron vert
1 cuil. à café de cassonade
1/2 cuil. à café de sauce de poisson

1 Débarrasser le poulet de tout excès de graisse et couper les morceaux en deux dans la longueur. Incorporer dans un bol le sucre, le jus de citron, la pâte de curry et 2 feuilles de citronnier, détachées en petits fragments. Ajouter le poulet et mélanger. Couvrir et laisser plusieurs heures ou toute une nuit au réfrigérateur.

2 Couper les tiges de citronnelle à 20 cm en laissant le bulbe intact. Tailler chaque tige en quatre, pratiquer une fente dans les feuilles de citronnier restantes et en enfiler une sur chaque tige de citronnelle. Fendre les cuisses de poulet en deux endroits, les passer dans les tiges de citronnelle puis enfiler une seconde feuille de citronnier. Poêler ou griller les brochettes.

3 Préparer la sauce à la mangue en incorporant dans un bol la mangue, le zeste et le jus de citron vert, la cassonade et la sauce de poisson. Servir avec les brochettes de citronnelle.

VALEUR NUTRITIONNELLE PAR PORTION : protides 25 g ; lipides 2,5 g ; glucides 15 g ; fibres 1 g ; cholestérol 50 mg ; 710 kJ (170 cal)

Débarrasser les cuisses de poulet de tout excès de graisse et les couper en deux dans la longueur.

Fendre chaque tige de citronnelle en quatre.

Enfiler sur les tiges de citronnelle une feuille de citronnier, le poulet puis une seconde feuille de citronnier.

FRITTATA DE POULET AUX POMMES DE TERRE NOUVELLES ET AUX ÉPINARDS

Préparation : 30 minutes
Cuisson : 1 heure 50 minutes
Pour 4 à 6 personnes

600 g de pommes de terre nouvelles, non pelées, en tranches de 1 cm d'épaisseur environ
Huile, pour enduire
1 petit poulet rôti
500 g de feuilles d'épinards
125 g de feta, émiettée
50 g de parmesan râpé
14 g de feuilles de basilic hachées
10 œufs, légèrement battus
12 quartiers de tomates mi-sèches

1 Préchauffer le four à température modérée (180 °C). Disposer les pommes de terre dans un plat à four, arroser d'un peu d'huile et cuire une trentaine de minutes. Tourner une ou deux fois les pommes de terre en cours de cuisson. Laisser refroidir.
2 Dépouiller, désosser le poulet et le hacher grossièrement.
3 Laver les épinards, les mettre dans une grande casserole, couvrir et les laisser ramollir 2 minutes. Les égoutter et les laisser refroidir, puis les presser pour en exprimer toute l'eau et les hacher. Mélanger avec le poulet, ajouter la feta, le parmesan et le basilic. Saler et poivrer.
4 Huiler légèrement le fond d'une poêle de 24 cm de diamètre à revêtement antiadhésif. Disposer la moitié des pommes de terre et couvrir d'une couche de chair de poulet. Continuer en alternant pommes de terre et poulet. Saler et poivrer l'œuf battu et le verser dans la poêle. Terminer par les quartiers de tomate. Faire cuire 25 minutes à feu doux, le temps que le centre soit presque cuit. Veiller à ne pas faire brûler le dessous. Faire dorer la frittata 7 minutes au gril préchauffé. Découper en parts et servir.

VALEUR NUTRITIONNELLE PAR PORTION (6) : protides 40 g ; lipides 25 g ; glucides 15 g ; fibres 4 g ; cholestérol 375 mg ; 2 080 kJ (500 cal)

Étuver les épinards pendant 2 minutes et les essorer.

Alterner dans la poêle les couches de pommes de terre et de poulet.

Faire dorer la frittata sous le gril préchauffé.

YAKITORI

Préparation : 20 minutes + trempage
Cuisson : 10 minutes
Pour 25 brochettes

- 1 kg de cuisses de poulet en filets
- 125 ml de saké
- 180 ml de shoyu (sauce de soja japonaise)
- 125 ml de mirin (vin de riz doux)
- 2 cuil. à café de sucre
- 10 oignons nouveaux, coupés en biais sur 2 cm de long

1 Faire tremper dans l'eau 25 bâtonnets de brochettes pendant 20 minutes pour les empêcher de brûler à la cuisson. Les sécher et les réserver.

2 Couper les cuisses de poulet en cubes. Mélanger dans une petite casserole le saké, le shoyu, le mirin et le sucre. Amener à ébullition puis retirer du feu.

3 Enfiler les morceaux de viande sur les bâtonnets en alternant avec des oignons. Placer les brochettes sur une plaque tapissée de papier d'aluminium et les mettre sous le gril préchauffé, en les tournant plusieurs fois et en les arrosant de sauce, pendant 7 à 8 minutes, le temps que le poulet soit cuit à point. Servir aussitôt, en garnissant de quelques morceaux d'oignons nouveaux.

VALEUR NUTRITIONNELLE D'UNE BROCHETTE :
protides 9,5 g ; lipides 1 g ; glucides 3 g ; fibres 0 g ; cholestérol 20 mg ; 270 kJ (64 cal)

NOTE : au Japon, les yakitori sont généralement servis en hors-d'œuvre accompagnés de bière. Ajouter du riz étuvé et vos légumes favoris pour transformer ces brochettes en plat principal.

Tailler les cuisses de poulet en cubes avec un couteau bien affûté.

Enfiler les oignons et le poulet alternativement sur les bâtonnets.

En cours de cuisson, enduire fréquemment les brochettes de sauce.

SATAY DE POULET À LA SAUCE D'ARACHIDE

Préparation : 40 minutes + 30 minutes de marinade
Cuisson : 15 à 20 minutes
Pour 4 personnes

500 g de cuisses de poulet, désossées
1 oignon, haché grossièrement
2 tiges de citronnelle, le bulbe seulement, finement émincées
4 gousses d'ail
2 piments rouges, hachés
2 cuil. à café de coriandre moulue
1 cuil. à café de cumin en poudre
1/2 cuil. à café de sel
1 cuil. à soupe de sauce de soja
60 ml d'huile
1 cuil. à soupe de cassonade
Tranches de concombre, pour la présentation
Cacahuètes grillées hachées, pour la présentation

SAUCE D'ARACHIDE
125 g de beurre de cacahuètes croquant
250 ml de lait de coco
1 à 2 cuil. à soupe de sauce de piment doux
1 cuil. à soupe de sauce de soja
2 cuil. à café de jus de citron

Enfiler un morceau de poulet sur chaque brochette, en l'aplatissant contre le bâtonnet.

Ajouter un peu d'huile à la pâte de citronnelle pour faciliter le hachage.

La sauce d'arachide s'épaissira en reposant.

Asperger les brochettes d'huile et les saupoudrer de cassonade en cours de cuisson.

1 Faire tremper dans l'eau froide 20 bâtonnets de brochettes pendant 30 minutes. Découper le poulet en longues lamelles épaisses. Enfiler un morceau sur chaque brochette en l'aplatissant contre le bâtonnet.

2 Mettre dans le bol du robot l'oignon, la citronnelle, l'ail, le piment, le cumin, le sel et la sauce de soja. Mixer le tout par à-coups pour obtenir un mélange homogène, et faciliter l'opération en ajoutant un peu d'huile. Verser cette préparation sur le poulet, couvrir et laisser 30 minutes au réfrigérateur.

3 Préparer la sauce d'arachide en mélangeant le beurre de cacahuètes, le lait de coco, la sauce de piment doux, la sauce de soja et le jus de citron dans une cocotte. Mouiller de 125 ml d'eau. Cuire à feu doux jusqu'à ébullition, en remuant. Retirer du feu. La sauce épaissira en reposant.

4 Faire chauffer une plaque de fonte à feu vif et la graisser avec l'huile restante. Faire griller les brochettes 2 à 3 minutes de chaque côté, en les arrosant d'un peu d'huile et de cassonade (pour une belle couleur et un fumet délicieux). Verser la sauce d'arachide au moment de servir, garnir de concombre et de cacahuètes hachées. Présenter le reste de sauce d'arachide pour y tremper la viande.

VALEUR NUTRITIONNELLE PAR PORTION : protides 40 g ; lipides 45 g ; glucides 14 g ; fibres 6 g ; cholestérol 60 mg ; 2 600 kJ (620 cal)

RISSOLES DE POULET AU CURRY

Préparation : 1 heure 30 minutes
Cuisson : 35 à 45 minutes
Pour 36 pièces environ

2 cuil. à soupe d'huile
400 g de poulet haché
2 gousses d'ail, écrasées
1 oignon, finement haché
3 racines de coriandre, finement hachées
2 cuil. à café de curcuma, en poudre
1 1/2 cuil. à café de cumin en poudre
3 cuil. à café de coriandre moulue
1 petite pomme de terre, pelée et coupée en très petits dés
1 cuil. à soupe de coriandre fraîche, tiges et feuilles, hachée
3 cuil. à café de cassonade
1/2 cuil. à café de poivre noir fraîchement moulu
2 petits piments rouges, hachés fin
60 ml de sauce de poisson
1 cuil. à soupe de jus de citron vert
Huile de friture
Sauce pimentée ou sauce satay, pour la présentation

PÂTE À RISSOLE
185 g de farine
90 g de farine de riz
1/2 cuil. à café de sel
60 g de beurre
125 ml de lait de coco

1 Faire chauffer l'huile dans un wok de taille moyenne ou une cocotte. Verser le hachis de poulet et le faire revenir 3 minutes à grand feu. Mélanger avec le poulet l'ail écrasé, l'oignon, les racines de coriandre, le curcuma, le cumin, la coriandre moulue et la pomme de terre. Faire cuire environ 5 minutes à feu modéré en remuant, le temps que le hachis et les morceaux de pomme de terre soient cuits.

2 Ajouter la coriandre fraîche, la cassonade, le poivre, le piment, la sauce de poisson et le jus de citron vert. Incorporer tous les ingrédients et retirer du feu lorsque le liquide est presque totalement évaporé. Laisser refroidir.

3 Préparer la pâte. Verser les farines tamisées dans une terrine avec le sel et incorporer le beurre pour obtenir une pâte qui s'effrite sous les doigts. Faire un puits, y verser le lait de coco et incorporer avec la lame d'un couteau pour former une pâte. Pétrir celle-ci le temps qu'elle devienne souple. Couvrir d'un film plastique et laisser 30 minutes au réfrigérateur.

4 Diviser la pâte en deux. Étendre au rouleau une moitié sur une planche légèrement farinée pour former une abaisse de 3 mm d'épaisseur ; couper à l'emporte-pièce des ronds de 8 cm de diamètre.

5 Verser 2 cuil. à café de farce au centre de chaque rond de pâte, humidifier le périmètre et refermer la rissole ; appuyer sur le bord pour le faire adhérer. Répéter les mêmes opérations avec l'autre moitié de pâte jusqu'à ce que toute la pâte et la farce soient utilisées.

6 Faire chauffer l'huile de friture dans un grand wok ou une cocotte. Ne pas en verser trop : le récipient doit n'être qu'à moitié plein. Faire frire les rissoles en plusieurs fois, le temps qu'elles gonflent et soient bien dorées. Les retirer du bain de friture à l'aide d'une écumoire, d'une spatule métallique à trous ou de pinces ; les égoutter sur du papier absorbant. Servir chaud avec une sauce pimentée ou une sauce satay.

VALEUR NUTRITIONNELLE PAR PORTION (6) : protides 3,5 g ; lipides 4 g ; glucides 7 g ; fibres 0,5 g ; cholestérol 10 mg ; 335 kJ (80 cal)

CONSEIL : si le temps fait défaut, utiliser environ 8 feuilles de pâte feuilletée prête à l'emploi.

Écraser la viande qui pourrait s'agglutiner à la cuisson.

Mélanger les ingrédients dans le wok et laisser le liquide s'évaporer.

Ajouter le lait de coco et l'incorporer au couteau pour former une pâte.

Découper à l'emporte-pièce des ronds de pâte de 8 cm de diamètre.

Enfermer la garniture en repliant la pâte et appuyer sur le bord pour la faire adhérer.

Plonger les rissoles dans le bain de friture, quelques-unes seulement à la fois.

SAN CHOY BAU

Préparation : 1 heure + 30 minutes de trempage
Cuisson : 10 minutes
Pour 4 personnes

8 champignons chinois séchés
1 petite laitue iceberg, lavée
500 g de poulet haché
1 cuil. à soupe de sauce de soja
1 cuil. à soupe d'huile
40 g de pignons
1 cuil. à café d'ail haché
4 oignons nouveaux, hachés fin
10 châtaignes d'eau, hachées

SAUCE
3 cuil. à café de sucre en poudre
1 cuil. à soupe de pâte de soja
3 cuil. à café de fécule de maïs
1 cuil. à soupe de sauce d'huître
125 ml de bouillon de volaille ou d'eau

1 Faire tremper 30 minutes les champignons dans de l'eau chaude. Les égoutter et les presser pour en extraire toute l'eau. Couper les pieds et émincer finement les chapeaux. Mettre la salade au réfrigérateur pour qu'elle soit bien croquante.
2 Verser le hachis de poulet dans un bol et y mélanger la sauce de soja. Faire chauffer l'huile dans un wok, y jeter les pignons et les laisser dorer à feu modéré. Les égoutter sur du papier absorbant. Ajouter l'ail et lui faire lentement prendre couleur. Verser le hachis et le saisir à grand feu pendant 5 minutes en écrasant les grumeaux qui se formeraient à la cuisson. Tourner de temps en temps. Ajouter les oignons nouveaux, les champignons et les châtaignes d'eau ; laisser cuire 1 minute.
3 Préparer la sauce en fouettant le sucre, la pâte de soja, la fécule de maïs, la sauce d'huître et le bouillon de volaille jusqu'à ce que le sucre et la fécule de maïs soient dissous. Creuser un puits au centre de la préparation et y verser la sauce, jusqu'à ce que le mélange épaississe et arrive à ébullition. Présenter dans un saladier et parsemer de pignons.
4 Détacher des feuilles de laitue et les disposer dans les bols de service. Verser dessus le hachis, que l'on consomme avec les doigts, roulé dans la salade. Servir aussitôt.

Couper les pieds des champignons épongés et émincer les chapeaux.

Ajouter au hachis les oignons nouveaux, les champignons et les châtaignes d'eau.

Verser la sauce dans le puits creusé au centre du hachis.

Enlever le cœur de la laitue et détacher les feuilles.

VALEUR NUTRITIONNELLE PAR PORTION : protides 32 g ; lipides 20 g ; glucides 70 g ; fibres 2,5 g ; cholestérol 63 mg ; 1 360 kJ (325 cal)

CONSEIL : il existe de nombreuses variantes de pâte de soja, de saveur et de couleur plus ou moins prononcées. On recherchera celle qui convient le mieux à son palais.

AILERONS DE POULET FARCIS

Préparation : 40 minutes
Cuisson : 20 minutes
Pour 6 personnes

6 gros ailerons de poulet

FARCE
3 cuil. à soupe de châtaignes d'eau hachées
1/2 cuil. à café d'ail finement haché
1 cuil. à soupe de feuilles de coriandre fraîche finement hachées
1 1/2 cuil. à soupe de sauce de poisson
1/2 cuil. à café de poivre noir fraîchement moulu
1 oignon nouveau, finement haché
250 g de porc haché

1 Essuyer le poulet au papier absorbant. Pour désosser les ailerons, utiliser un couteau d'office pointu et affûté. En commençant par la jointure, glisser la pointe du couteau le long de l'os jusqu'à la première articulation de l'aileron et la briser en prenant soin de ne pas percer la peau. Continuer avec précaution jusqu'à la seconde articulation.
2 Une fois que le premier os a été tiré, dégager le second en retournant les chairs, puis sectionner l'articulation. Reformer l'aileron.
3 Préparer la farce en mélangeant bien les châtaignes d'eau, l'ail, les feuilles de coriandre, la sauce de poisson, le poivre, l'oignon et le porc. Farcir les ailerons à la petite cuillère, mais sans excès, sinon ils éclateraient à la cuisson.
4 Disposer les morceaux de poulet sur un panier à vapeur légèrement huilé, couvrir et cuire 10 minutes au-dessus d'une eau bouillante. Mettre les ailerons sur une plaque de fonte froide légèrement huilée et les faire griller à feu modéré 5 minutes de chaque côté.

VALEUR NUTRITIONNELLE PAR AILERON : protides 30 g ; lipides 2,5 g ; glucides 1,5 g ; fibres 0,5 g ; cholestérol 62 mg ; 610 kJ (145 cal)

Glisser la pointe du couteau le long de l'os en veillant à ne pas percer la peau.

Dégager les os et retourner les chairs pour briser la dernière articulation ; reformer les ailerons.

Mélanger soigneusement tous les ingrédients de la farce dans un grand bol.

Disposer les ailerons dans un panier à vapeur légèrement huilé et couvrir.

RIZ DE HAINAN AU POULET

Préparation : 30 minutes
Cuisson : 1 heure 30 minutes
Pour 4 personnes

1 poulet de 1,5 kg
1 branche de céleri avec les feuilles
2 oignons nouveaux, hachés grossièrement
1 cuil. à café de sel
Poivre en grains
60 ml d'huile d'arachide
1 cuil. à café d'huile de sésame
1 cuil. à soupe de gingembre finement râpé
2 cuil. à café d'ail finement haché
1 gros oignon, finement émincé
440 g de riz à grains courts
25 g de chou chinois finement émincé
2 cuil. à soupe de feuilles de coriandre fraîche hachées

SAUCES D'ACCOMPAGNEMENT
1 cuil. à soupe de gingembre finement râpé
2 cuil. à soupe de sauce de soja
1 piment rouge, haché

1 Mettre le poulet dans une cocotte avec le céleri, les oignons nouveaux, le sel et quelques grains de poivre. Couvrir d'eau. Amener à ébullition, baisser le feu et cuire 15 minutes à couvert. Éteindre et laisser couvert pendant 45 minutes.
2 Faire chauffer les deux huiles dans une casserole à couvercle très étanche. Ajouter le gingembre, l'ail et l'oignon ; faire dorer. Réserver 1 cuil. à soupe d'huile.
3 Verser le riz et le faire revenir 2 minutes en tournant. Ajouter 750 ml de jus de cuisson du poulet. Amener à ébullition, baisser le feu et cuire jusqu'à ce que de petits trous apparaissent à la surface du riz. Couvrir et cuire encore 15 minutes à feu très doux. Enlever le couvercle et aérer le riz à la fourchette.
4 Pendant la cuisson du riz, retirer le poulet de la cocotte en y laissant le jus. Couper la volaille en morceaux, disposer ceux-ci dans un plat et tenir au chaud.
5 Préparer les deux sauces d'accompagnement en mélangeant, d'une part, le gingembre dans les huiles réservées, d'autre part, le piment dans la sauce de soja.
6 Passer le jus de cuisson et le recueillir dans une casserole. Amener à ébullition, ajouter le chou chinois. Verser ce bouillon dans une soupière et le parsemer de coriandre. Servir le poulet accompagné du riz et des sauces.

VALEUR NUTRITIONNELLE PAR PORTION : protides 65 g ; lipides 25 g ; glucides 84 g ; fibres 4 g ; cholestérol 125 mg ; 3465 kJ (828 cal)

Faire dorer dans les deux huiles le gingembre, l'ail et l'oignon.

Cuire le riz dans le bouillon épicé jusqu'à ce que de petits trous apparaissent à la surface.

Découper le poulet au coupe-volaille juste avant de servir.

TERRINE DE POULET TANDOORI

Préparation : 20 minutes + 8 heures de réfrigération
Cuisson : 1 heure 30 minutes
Pour 6 à 8 personnes

- 8 tranches fines de poitrine fumée, découennée
- 30 g de beurre
- 1 oignon, finement haché
- 2 gousses d'ail, écrasées
- 1 cuil. à café de gingembre râpé
- 1 kg de poulet haché
- 250 g de foies de volaille
- 1 cuil. à café de curcuma moulu
- 1 cuil. à café de paprika doux en poudre
- 1 cuil. à café de garam masala
- 1/2 cuil. à café de cardamome écrasée
- 1 cuil. à café de coriandre moulue
- 2 cuil. à soupe de jus de citron
- 250 g de yaourt nature
- 2 œufs, légèrement battus

1 Préchauffer le four à température modérée (180 °C). Huiler légèrement une terrine ou un moule à cake de 27 x 10 cm et tapisser de tranches de poitrine fumée se chevauchant. Faire fondre le beurre dans une poêle, ajouter l'oignon, l'ail et le gingembre, et laisser dorer 2 à 3 minutes. Retirer du feu.

2 Dans le bol du robot, réduire en purée le poulet haché et les foies de volaille. Verser dans un saladier, ajouter le mélange d'oignon, les épices et le jus de citron.

3 Battre le yaourt et les œufs. Mélanger au hachis et verser celui-ci dans le moule en l'étalant à la cuillère. Rabattre les tranches de poitrine sur la terrine, couvrir d'aluminium et poser le moule sur un plat à four.

4 Verser de l'eau dans le plat jusqu'à mi-hauteur de la terrine. Enfourner et cuire de 1 heure à 1 heure et demie ; une pointe enfoncée dans la terrine doit faire sortir un jus clair.

5 Sortir du four et verser l'excédent de jus. Couvrir d'une feuille d'aluminium et placer un poids sur la terrine pour la tasser. Laisser une nuit au réfrigérateur.

VALEUR NUTRITIONNELLE PAR PORTION (8) : protides 18 g ; lipides 9 g ; glucides 3,5 g ; fibres 0,5 g ; cholestérol 93 mg ; 645 kJ (155 cal)

Tapisser le moule de tranches de poitrine fumée se chevauchant.

Verser le hachis sur la poitrine fumée et étaler fermement à la cuillère.

Verser de l'eau dans le plat, jusqu'à mi-hauteur de la terrine.

TACOS DE POULET À L'HOUMMOS AU CITRON VERT

Préparation : 45 minutes + 30 minutes de réfrigération
Cuisson : 10 à 15 minutes
Pour 4 personnes

500 g de poulet haché
1 oignon rouge, finement haché
3 gousses d'ail, écrasées
2 cuil. à soupe de menthe fraîche ciselée
2 cuil. à soupe de persil frais haché
2 cuil. à soupe de jus de citron vert
2 œufs, légèrement battus
160 g de mie de pain émiettée
2 cuil. à café de bouillon de volaille en poudre
150 g de chapelure
Huile de friture
4 grandes tortillas de froment
Feuilles de laitue, pour la présentation
1 gros avocat bien mûr en tranches

HOUMMOS AU CITRON VERT
300 g de pois chiches en conserve, égouttés
2 ou 3 cuil. à soupe de tahina (pâte de sésame)
2 cuil. à café de d'huile de sésame
2 gousses d'ail, écrasées
60 ml de jus de citron vert
1 cuil. à soupe de menthe fraîche finement hachée
1/2 cuil. à café de paprika doux

1 Mélanger dans un bol le poulet haché, l'oignon, l'ail, les herbes, le jus de citron vert, 1 œuf, la mie de pain, le bouillon de volaille en poudre et du poivre fraîchement moulu. Pétrir tous ces ingrédients. Former des boulettes avec l'équivalent de 2 cuil. à soupe de préparation ; les tremper dans l'œuf battu restant, puis les rouler dans la chapelure en la faisant bien adhérer.

2 Disposer les boulettes dans un plat, couvrir et laisser 30 minutes au réfrigérateur. Au moment de servir, faire rissoler les boulettes à feu modéré, 2 à 3 minutes de chaque côté. Les égoutter sur du papier absorbant.

3 Préparer l'hoummos au citron vert. Réduire en purée au robot les pois chiches, le tahina, l'huile de sésame, l'ail, le jus de citron vert, une pincée de sel et de poivre. On doit obtenir une préparation lisse et épaisse. Ajouter la menthe et le paprika.

4 Faire dorer les tortillas sous le gril ou dans une poêle à sec, sur les deux côtés. Présenter en disposant quelques boulettes et des tranches d'avocat sur des feuilles de laitue et recouvrir d'hoummos.

VALEUR NUTRITIONNELLE PAR PORTION : protides 45 g ; lipides 40 g ; glucides 125 g ; fibres 15 g ; cholestérol 30 mg ; 4 705 kJ (1 124 cal)

Tremper les boulettes dans l'œuf battu, puis les rouler dans la chapelure.

Faire dorer les boulettes pendant 2 à 3 minutes.

Mélanger les pois chiches, le tahina, l'huile, l'ail, le jus de citron vert, le sel et le poivre et réduire en purée.

BRIKS DE POULET TERIYAKI

Préparation : 50 minutes + 30 minutes de trempage
Cuisson : 25 minutes
Pour 24 pièces

- 5 champignons chinois séchés
- 1 cuil. à soupe d'huile
- 2 gousses d'ail, écrasées
- 1 cuil. à café de gingembre finement râpé
- 350 g de poulet haché
- 1 petit poireau, finement émincé
- 1 cuil. à soupe de sauce de soja
- 2 cuil. à soupe de xérès sec
- 1 cuil. à soupe de saké
- 1 cuil. à soupe de sucre
- 1 à 2 cuil. à café de sauce au piment
- 100 g de nouilles de riz fraîches, découpées en fine lamelles
- 15 feuilles de brik
- 90 g de beurre, fondu
- 2 cuil. à soupe de graines de sésame

1 Mettre les champignons chinois dans un bol en pyrex, couvrir d'eau bouillante et laisser tremper 30 minutes. Égoutter et hacher finement. Chauffer l'huile dans une cocotte ; y mélanger l'ail, le gingembre, le hachis de poulet et le poireau. Faire revenir 4 à 5 minutes. Ajouter la sauce de soja, le xérès, le saké, le sucre et la sauce de piment, puis les champignons et les nouilles. Mélanger et retirer du feu. Préchauffer le four à température modérée (180 °C).

2 Étaler la pâte à brik, prélever une feuille et couvrir les autres d'un torchon humide pour les empêcher de dessécher. Étaler un peu de beurre fondu sur la pâte, recouvrir de deux autres feuilles, également beurrées. Découper en bandes de 7 cm de large et garnir chacune, près du bord, de 1 cuil. à soupe de farce. Former un triangle et replier la bande jusqu'au bout. Continuer avec le reste de pâte et de farce.

3 Disposer les briks dans un plat à four légèrement huilé, arroser de beurre fondu et parsemer de graines de sésame. Cuire au four 12 à 15 minutes, le temps que la pâte soit bien dorée.

VALEUR NUTRITIONNELLE PAR BRIK : protides 4,5 g ; lipides 5 g ; glucides 6,5 g ; fibres 0,5 g ; cholestérol 17 mg ; 395 kJ (94 cal)

Ajouter au dernier moment les champignons et les nouilles, et retirer du feu.

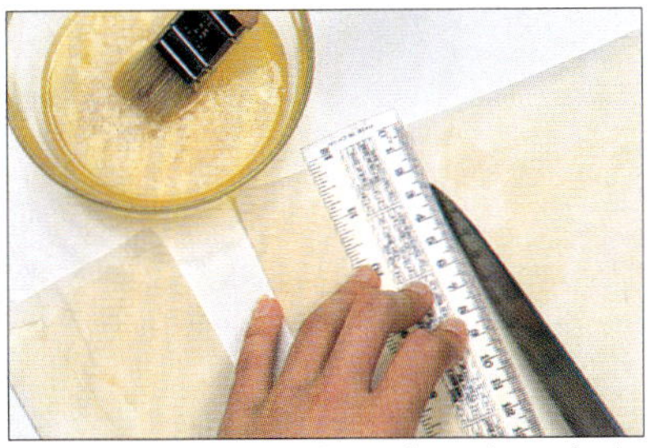

Superposer 3 feuilles de brik passées au beurre fondu et les découper en bandes.

Rabattre les bords en formant un triangle et continuer à replier la bande de pâte jusqu'au bout.

CRÊPE DE POULET AUX LÉGUMES GRILLÉS ET À LA FETA

Préparation : 40 minutes + 30 minutes de marinade
Cuisson : 30 minutes
Pour 4 personnes

LÉGUMES GRILLÉS
1 poivron rouge, en tranches larges
1 poivron jaune, en tranches larges
1 kg de petits pak-choï, feuilles séparées
2 courgettes, coupées en bandes
8 rosés des prés
60 ml d'huile d'olive assaisonnée (sel, poivre, persil et ail hachés)

60 g de farine
350 ml de babeurre
2 œufs
1 cuil. à café d'huile
2 blancs de poulet fumé, finement émincés
150 g de feta
Huile d'olive, pour la présentation

1 Préparer les légumes grillés. Mettre le poivron, le pak-choï, les courgettes et les champignons dans un saladier ; verser la sauce à l'huile d'olive et laisser mariner 30 minutes.

2 Tamiser la farine avec une pincée de sel et faire un puits. Fouetter le babeurre, les œufs et l'huile dans une jatte ; verser ce mélange dans le puits et mélanger au fouet. Ajouter le poulet fumé et incorporer délicatement le tout.

3 Faire chauffer une poêle antiadhésive et graisser le fond d'un peu de beurre fondu ou d'huile. Verser 60 ml de pâte en répartissant rapidement le poulet dans la poêle. Cuire 2 minutes à feu modéré, le temps que le dessous soit bien doré. Retourner la crêpe et cuire l'autre côté. La glisser dans un plat et couvrir pendant que la seconde crêpe cuit. Découper en quartiers.

4 Griller les légumes au barbecue ou sur une plaque de fonte pendant 3 minutes. Les répartir dans quatre assiettes ; surmonter d'une part de crêpe au poulet et d'un peu de feta émiettée. Arroser d'huile d'olive et parsemer de poivre noir concassé avant de servir.

VALEUR NUTRITIONNELLE PAR PORTION : protides 54 g ; lipides 22 g ; glucides 20 g ; fibres 13 g ; cholestérol 179 mg ; 2078 kJ (496 cal)

Couper les poivrons en lanières larges et séparer délicatement les feuilles de pak-choï.

Ajouter à la pâte à crêpe le poulet fumé émincé et mélanger doucement.

Répartir rapidement le poulet dans la poêle.

AUMONIÈRES DE POULET AU CURRY

Préparation : 30 minutes + 30 minutes de repos
Cuisson : 1 heure
Pour 10 paniers

125 g de farine
1 œuf entier
1 jaune d'œuf
315 ml de lait
50 g de beurre, fondu
60 g d'emmental finement râpé

FARCE DE POULET
1 gros blanc de poulet cuit
60 g de beurre
1 oignon rouge, haché
1 à 2 cuil. à café de curry en poudre
2 cuil. à soupe de farine
315 ml de lait
15 g de persil frais haché
2 œufs durs, hachés
60 ml de crème fleurette

1 Mélanger au robot pendant 10 secondes la farine, l'œuf entier, le jaune d'œuf et la moitié du lait. Ajouter le lait restant et 1 cuil. de beurre fondu. Continuer à mixer pour obtenir une préparation homogène. Verser dans une jatte, couvrir et laisser reposer 30 minutes.

2 Préparer la farce de poulet. Couper le blanc en dés. Faire fondre le beurre dans une casserole, ajouter l'oignon et le laisser à feu modéré jusqu'à ce qu'il soit fondant. Verser la poudre de curry et la farine ; cuire 1 à 2 minutes. Ajouter petit à petit le lait et tourner pour obtenir un mélange bien lisse. Laisser 2 à 3 minutes, le temps que la sauce ait bouilli et épaissi. Hors du feu, verser la crème, le poulet, le persil et les œufs durs hachés. Couvrir et réserver.

3 Faire chauffer une petite poêle à crêpe et la graisser légèrement de beurre fondu. Verser environ 60 ml de pâte et la répartir en faisant tourner la poêle. Reverser l'excédent dans la jatte, et diluer d'un peu de lait si la pâte est trop épaisse. Cuire environ 30 secondes, retourner la crêpe et laisser dorer. Réserver dans un plat le temps de cuire la pâte restant.

4 Préchauffer le four à température modérée (180 °C). Garnir le centre des crêpes de 3 cuil. à soupe de farce, puis rapprocher les bords pour former des paniers. Lier ceux-ci par un cordon de papier d'aluminium, de la ficelle de cuisine ou de la ciboulette. Avec un pinceau, graisser de beurre fondu le fond d'un grand plat à four, puis les paniers ; parsemer ces derniers d'un peu de fromage râpé. Cuire 10 à 15 minutes au four, le temps que les paniers soient bien chauds et dorés.

VALEUR NUTRITIONNELLE PAR PORTION : protides 13 g ; lipides 19 g ; glucides 14 g ; fibres 1,6 g ; cholestérol 123 mg ; 1 159 kJ (277 cal)

Hors du feu, verser la crème, le poulet, le persil et les œufs durs hachés.

Retourner la crêpe à l'aide d'une spatule et faire dorer l'autre côté.

Garnir le centre des crêpes de 3 cuil. à soupe de farce.

BRIKS DE POULET AUX POIREAUX

Préparation : 40 minutes
Cuisson : 40 minutes
Pour 20 pièces

- 1 cuil. à soupe d'huile
- 3 cuisses de poulet en filets (330 g)
- 30 g de beurre
- 2 poireaux, finement émincés
- 1 tranche de poitrine fumée, finement hachée
- 1 gousse d'ail, écrasée
- 60 ml de vin blanc
- 60 ml de crème fleurette
- 2 cuil. à café de moutarde à l'ancienne
- 25 g de parmesan râpé
- 10 feuilles de brik
- 80 g de beurre fondu

1 Préchauffer le four à température modérée (180 °C). Graisser le fond d'une plaque à four de beurre fondu ou d'huile. Faire chauffer l'huile dans une cocotte et y laisser les cuisses de poulet 5 minutes de chaque côté, le temps de les dorer et de les cuire à point. Retirer de la cocotte et égoutter sur du papier absorbant. Laisser refroidir, puis hacher finement la volaille.

2 Faire fondre le beurre dans une cocotte. Ajouter les poireaux, la poitrine fumée et l'ail ; cuire 3 à 4 minutes, le temps que les légumes soient tendres et le lard croustillant. Ajouter le poulet, le vin, la crème et la moutarde. Chauffer 4 minutes en tournant constamment jusqu'à ce que la préparation épaississe. Retirer du feu. Saler et poivrer au moulin, ajouter le parmesan. Laisser tiédir hors du feu.

3 Étendre une feuille de brik sur le plan de travail et la beurrer au pinceau. Superposer une seconde feuille et la beurrer de la même manière. Découper en 4 bandes dans la longueur. Garnir la pâte de 1 cuil. à soupe de farce, près du bord. Enfermer cette garniture en formant un triangle, et replier la bande de pâte de la même manière jusqu'au bout. Continuer en utilisant toute la pâte et la farce. Disposer les triangles sur la plaque et les enduire de beurre fondu. Laisser 25 minutes au four ; les briks doivent être bien dorés.

VALEUR NUTRITIONNELLE PAR BRIK : protides 5,5 g ; lipides 6,5 g ; glucides 4 g ; fibres 0 g ; cholestérol 25 mg ; 430 kJ (100 cal)

CONSEIL : les briks crus peuvent être gardés une nuit au réfrigérateur. On peut les congeler dans un récipient hermétique et les conserver jusqu'à 2 mois. Les cuire juste avant de servir.

Faire rissoler le poulet en cocotte et l'égoutter sur du papier absorbant.

Mélanger le poulet, le vin, la crème et la moutarde avec les poireaux et la poitrine fumée ; laisser épaissir sur le feu.

Garnir la pâte d'une cuillerée de farce, près du bord, et replier la feuille en diagonale pour former un triangle.

RISSOLES AU POULET ÉPICÉ

Préparation : 30 minutes
Cuisson : 30 minutes
Pour 20 rissoles

2 cuil. à soupe d'huile
1 petit oignon, finement haché
1 gousse d'ail, écrasée
1/2 cuil. à café de coriandre moulue
1/2 cuil. à café de cumin en poudre
1/4 de cuil. à café de curcuma moulu
1/4 de cuil. à café de poudre de piment
1 cuil. à soupe de feuilles de coriandre fraîche finement hachées
50 g de petits pois surgelés
5 feuilles de pâte feuilletée prêtes à l'emploi
1 œuf, légèrement battu

1 Préchauffer le four à température modérée (180 °C). Tapisser une plaque à four de papier d'aluminium. Faire chauffer l'huile dans une cocotte. Ajouter l'oignon et l'ail et cuire 2 minutes à feu modéré, le temps que l'oignon soit fondant. Verser toutes les épices et chauffer 1 minute.

2 Ajouter le poulet haché et cuire 10 minutes en remuant de temps en temps, jusqu'à ce que le liquide de cuisson soit presque évaporé. Verser les petits pois, la coriandre et saler. Retirer du feu et laisser tiédir.

3 Se servir d'une soucoupe ou d'une petite assiette comme emporte-pièce et découper au couteau des ronds de pâte de 10 cm de diamètre. Garnir le centre d'une cuillerée à soupe rase de farce, l'enfermer en repliant la pâte et froncer le bord des chaussons pour les fermer hermétiquement. Disposer sur une plaque à four et dorer à l'œuf battu. Cuire au four 15 minutes, jusqu'à ce que les rissoles soient bien dorées.

VALEUR NUTRITIONNELLE PAR PORTION : protides 6 g ; lipides 12 g ; glucides 15 g ; fibres 1 g ; cholestérol 27 mg ; 811 kJ (194 cal)

CONSEIL : les rissoles crues peuvent être préparées plusieurs heures à l'avance. Les garder, à couvert, au réfrigérateur. Les cuire juste avant de servir.

Ajouter les épices à la préparation d'ail et d'oignon ; cuire 1 minute en tournant.

Ajouter au hachis de poulet épicé les petits pois, la coriandre et le sel.

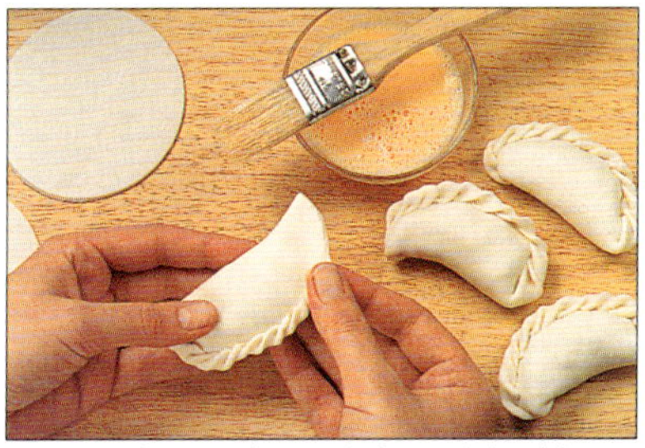

Replier la pâte sur la farce, puis froncer le bord des chaussons et les dorer à l'œuf battu.

Garnitures de sandwichs et de canapés

POULET ET CÉLERI MAYONNAISE

Préparer 300 g de poulet cuit en lamelles, 80 g de mayonnaise, 2 cuil. à soupe de sauce de piment doux, 4 oignons nouveaux hachés fin, 1 branche de céleri en dés, 1 cuil. à soupe de feuilles de coriandre fraîche finement hachées, du sel et du poivre noir fraîchement moulu. Ouvrir 4 petits pains ronds, les toaster, les garnir et les parsemer de pousses de pois gourmands. Pour 4 personnes.

POULET, TOMATES SÉCHÉES ET GRUYÈRE

Beurrer 8 tranches de pain complet. Couper en lamelles 250 g de poulet fumé et répartir sur 4 tranches de pain. Ajouter 100 g de tomates séchées et 100 g de lamelles de gruyère. Saler et poivrer. Superposer la seconde tranche de pain, beurre au-dessus et griller au toaster ou sous le gril pendant 3 minutes jusqu'à ce que les sandwichs soient bien dorés. Servir aussitôt. Pour 4 personnes.

POULET À LA LIBANAISE

Tartiner de 200 g d'hoummos 4 pains ronds libanais. Incorporer 200 g de poulet rôti coupé en lamelles, 125 g de taboulé prêt à l'emploi, 1 cuil. à café de jus de citron et 1/2 oignon rouge émincé (facultatif). Garnir, assaisonner de sel et de poivre fraîchement moulu et rouler les pains. Couper en diagonale et servir aussitôt. Pour 4 personnes.

POULET AU CAMEMBERT ET AUX CANNEBERGES

Préparer 70 g de sauce de canneberges, 4 oignons nouveaux hachés fin, du sel et du poivre fraîchement moulu. Beurrer 8 pains grecs et répartir sur 4 tranches 200 g de poulet émincé passé au hachoir. Napper de sauce de canneberges aux oignons et garnir de 200 g de camembert en tranches fines. Recouvrir de la seconde tranche, beurre au-dessus, et faire griller 3 minutes dans un gaufrier ou sous le gril. Servir aussitôt. Pour 4 personnes.

POULET AU CHUTNEY

Préparer 300 g de poulet fumé haché, 70 g de chutney de mangue, 2 cuil. à café de jus de citron vert, 90 g de yaourt nature, du sel et du poivre fraîchement moulu. Garnir le centre de 4 grands pains ronds libanais, parsemer de roquette et rouler. Couper chaque rouleau en trois et servir aussitôt. Pour 4 personnes.

POULET ET MAÏS

Préparer 200 g de poulet cuit coupé en dés, 35 g de purée de maïs, 60 g de fromage râpé, du sel et du poivre fraîchement moulu. Beurrer 8 tranches de pain et en garnir 4. Superposer la seconde tranche, beurre au-dessus, et faire griller 3 minutes dans un gaufrier ou sous le gril. Servir aussitôt avec des quartiers de citron vert. Pour 4 personnes.

De haut en bas, et de gauche à droite : poulet et céleri mayonnaise ; poulet, tomates séchées et gruyère ; poulet à la libanaise ; poulet au camembert et aux canneberges ; poulet au chutney ; poulet et maïs.

Salades

SALADE CÉSAR AU POULET FUMÉ

Préparation : 25 minutes
Cuisson : 15 minutes
Pour 4 personnes

CROÛTONS À L'AIL
1 baguette fraîche
45 g de beurre doux
125 ml d'huile d'olive
4 gousses d'ail, écrasées

1 romaine, le cœur seulement
1 gros poulet fumé (de 950 g environ)
150 g de parmesan en copeaux

MAYONNAISE
2 œufs
2 gousses d'ail, écrasées
2 cuil. à soupe de jus de citron
2 cuil. à café de moutarde de Dijon
45 g d'anchois en conserve, égouttés
250 ml d'huile d'olive
1/4 de cuil. à café de sel
1 cuil. à café de poivre fraîchement moulu

1 Préparer les croûtons à l'ail. Couper la baguette en tranches obliques de 1 cm d'épaisseur. Faire chauffer dans une grande poêle le beurre et l'huile à feu modéré. Ajouter l'ail. Frire les rondelles de pain, quelques-unes à la fois. Retirer les croûtons et les égoutter sur du papier absorbant.

2 Séparer les feuilles de romaine, laver et essorer. Recouper les plus grandes feuilles et laisser au réfrigérateur pour que la salade reste très croquante. Découper le poulet en morceaux de la taille d'une bouchée. Laisser au réfrigérateur pendant la préparation de l'assaisonnement.

3 Préparer la mayonnaise en mélangeant dans le bol du mixeur les œufs, l'ail, le jus de citron, la moutarde et les anchois. Laisser le moteur tourner et verser l'huile en filet. Faire prendre l'émulsion, saler et poivrer.

4 Mélanger dans un saladier la romaine, le poulet, la moitié des croûtons et la moitié du parmesan. Ajouter la mayonnaise, bien tourner. Disposer dans des bols 2 à 3 feuilles de romaine entières, servir la salade, la garnir des croûtons restants et du parmesan. Répandre généreusement du poivre noir du moulin et servir aussitôt.

VALEUR NUTRITIONNELLE PAR PORTION : protides 45 g ; lipides 120 g ; glucides 10 g ; fibres 2 g ; cholestérol 235 mg ; 5 350 kJ (1 275 cal)

Couper la chair de poulet en morceaux de la taille d'une bouchée.

Faire monter les œufs avec l'ail, le jus de citron, la moutarde, les anchois et l'huile.

SALADE DE POULET AU CURRY ROUGE

Préparation : 30 minutes + 8 heures de marinade
Cuisson : 20 minutes
Pour 4 personnes

500 g de cuisses de poulet en filets, coupées en fines lamelles
2 cuil. à café de pâte de curry rouge thaïe
1 cuil. à café de piment rouge haché
1 gousse d'ail, écrasée
1 tige de citronnelle, le bulbe seulement, finement hachée
Huile de cuisson
1 oignon rouge, finement haché
2 tomates, en quartiers
25 g de menthe fraîche hachée
15 g de coriandre fraîche hachée
400 g de mesclun
2 cuil. à soupe de cacahuètes grillées

ASSAISONNEMENT
1 1/2 cuil. à soupe de cassonade
2 cuil. à soupe de sauce de poisson
2 cuil. à soupe de jus de citron vert
2 feuilles de citronnier kaffir, en lanières
2 cuil. à café d'huile

1 Mélanger le poulet en lamelles, la pâte de curry, le piment, l'ail et la citronnelle. Couvrir et laisser une nuit au réfrigérateur.
2 Graisser légèrement le fond d'une poêle antiadhésive ; y faire dorer et cuire à point le poulet en plusieurs fois. Réserver. Faire revenir 1 minute l'oignon dans la poêle. Remettre le poulet et son jus de cuisson, ajouter les tomates, la menthe et la coriandre ; tourner pendant la cuisson. Laisser tiédir hors du feu.
3 Pour l'assaisonnement, mélanger dans une terrine la cassonade, la sauce de poisson, le jus de citron vert, les feuilles de citronnier et l'huile. Tourner le mesclun et le poulet assaisonnés dans un saladier. Parsemer de cacahuètes avant de servir.

VALEUR NUTRITIONNELLE PAR PORTION : protides 25 g ; lipides 10 g ; glucides 15 g ; fibres 2,5 g ; cholestérol 50 mg ; 1 050 kJ (250 cal)

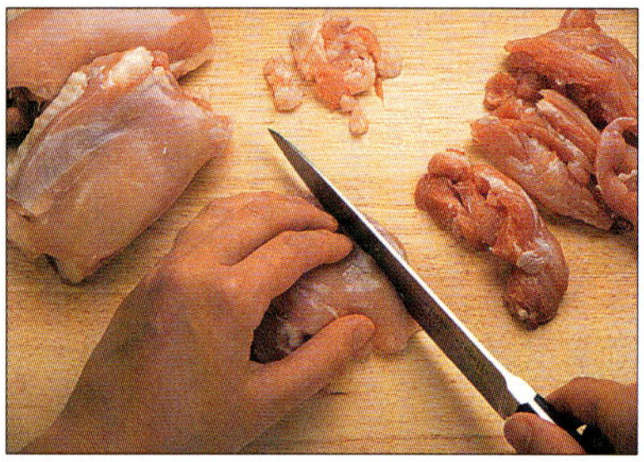

Dégraisser le poulet et le couper en lamelles.

Il peut être plus commode d'enrober à la main le poulet de marinade.

Chauffer les tomates, les herbes et le poulet en tournant la préparation.

SALADE DE POULET AU CRESSON

Préparation : 40 minutes
Cuisson : 10 à 15 minutes
Pour 4 personnes

3 petits blancs de poulet crus (350 g)
1 petit concombre
1/2 poivron rouge
150 g de cresson
10 g de feuilles de menthe fraîche
2 cuil. à soupe de feuilles de menthe fraîche ciselées
2 piments, en fines lanières
2 cuil. à soupe d'oignon frit

ASSAISONNEMENT
60 ml de jus de citron vert
2 cuil. à soupe de lait de coco
1 cuil. à soupe de sauce de poisson
1 cuil. à soupe de sauce de piment doux

1 Tapisser un panier à vapeur de papier sulfurisé, couvrir et cuire le poulet au-dessus d'une eau frémissante pendant 10 minutes environ. Retirer du feu et laisser refroidir. Fendre le concombre et couper les 2 moitiés en fines rondelles. Tailler le poivron en fines lanières.
2 Pendant que le poulet refroidit, éplucher le cresson en le débarrassant de ses tiges. Disposer sur un plat de service les feuilles de menthe entières et de cresson. Déchiqueter le poulet à la main en longues lamelles. Mélanger délicatement dans un saladier le poulet, le poivron et le concombre. En garnir le lit de feuilles de menthe et de cresson.
3 Pour l'assaisonnement, fouetter ensemble le jus de citron vert, le lait de coco, la sauce de poisson et la sauce de piment doux.
4 Arroser la salade de sauce, puis parsemer de menthe ciselée, de piments émincés et d'oignons frits.

VALEUR NUTRITIONNELLE PAR PORTION : protides 40 g ; lipides 6 g ; glucides 3 g ; fibres 2,5 g ; cholestérol 82 mg ; 966 kJ (230 cal)

NOTE : on trouve les oignons frits conditionnés dans les magasins d'alimentation asiatique.

Tapisser un panier à vapeur de papier sulfurisé et cuire le poulet.

Éplucher le cresson en le débarrassant de ses tiges.

Déchiqueter avec les doigts le poulet cuit à la vapeur.

SALADE VIETNAMIENNE AU POULET ET À LA PAPAYE VERTE

Préparation : 30 minutes
Cuisson : 10 minutes
Pour 4 personnes

2 blancs de poulet crus (350 g)
1 grosse papaye verte
20 g de feuilles de menthe (vietnamienne) fraîche
15 g de feuilles de coriandre fraîche
2 piments rouges, épépinés et finement émincés
2 cuil. à soupe de nuoc-mâm
1 cuil. à soupe de vinaigre de riz
1 cuil. à soupe de jus de citron vert
2 cuil. à café de sucre
2 cuil. à soupe de cacahuètes grillées hachées

1 Mettre le poulet dans une poêle et couvrir d'eau en faisant juste affleurer les chairs. Laisser mijoter 10 minutes, le temps d'une cuisson à point. L'eau ne doit pas bouillir : la volaille doit pocher à petit frémissement. Retirer la viande, la laisser refroidir puis la couper en lamelles.

2 Peler la papaye au couteau économe, puis couper la chair en fines lanières. Mélanger délicatement dans un saladier la papaye, la menthe, la coriandre, les piments, le nuoc-mâm, le vinaigre, le jus de citron vert et le sucre.

3 Disposer cette salade dans le plat de service et ajouter dessus la chair de poulet. Parsemer de cacahuètes et servir aussitôt.

VALEUR NUTRITIONNELLE PAR PORTION : protides 22 g ; lipides 6 g ; glucides 6 g ; fibres 1,5 g ; cholestérol 44 mg ; 712 kJ (170 cal)

NOTE : la papaye verte est un fruit qui n'a pas mûri ; on l'apprécie pour sa fraîcheur et son croquant.

Pocher les blancs de poulet à petit frémissement.

Découper la chair de poulet en lamelles avec un couteau bien affûté.

Émincer la chair de papaye verte en fines lanières avec une lame tranchante.

SALADE VIETNAMIENNE AU POULET ET AU CHOU

Préparation : 40 minutes
Cuisson : 5 minutes
Pour 4 personnes

4 cuisses de poulet en filets
125 g de céleri en branche, finement émincé
2 carottes, en lamelles
75 g de chou, finement émincé
1 petit oignon, émincé
7 g de feuilles de coriandre fraîche
15 g feuilles de menthe fraîche, en fines lanières

ASSAISONNEMENT
60 g de sucre en poudre
1 cuil. à soupe de nuoc-mâm
1 cuil. à café d'ail écrasé
2 cuil. à soupe de vinaigre blanc
1 piment rouge, épépiné et finement haché

GARNITURE
2 cuil. à soupe d'huile d'arachide
1 1/2 cuil. à café d'ail haché
50 g de cacahuètes grillées, finement hachées
1 cuil. à soupe de sucre en poudre

1 Couper la volaille en longues lamelles. Mélanger dans un saladier le poulet, le céleri, la carotte, le chou, l'oignon, la coriandre et la menthe.

2 Pour l'assaisonnement, verser dans un bol le sucre, le nuoc-mâm, l'ail, le vinaigre, le piment et 2 cuil. à soupe d'eau. Fouetter jusqu'à ce que le sucre soit dissous et les ingrédients bien mélangés. Arroser le poulet de cette sauce et tourner la salade. Disposer dans un plat de service.

3 Préparer la garniture en faisant chauffer l'huile dans un wok à feu modéré. Ajouter l'ail et laisser blondir en tournant. Verser les cacahuètes et le sucre. Laisser tiédir. Parsemer la salade de cette garniture et servir.

VALEUR NUTRITIONNELLE PAR PORTION : protides 25 g ; lipides 8 g ; glucides 6 g ; fibres 1,5 g ; cholestérol 50 mg ; 815 kJ (270 cal)

Mélanger le poulet, le céleri, la carotte, le chou, l'oignon, la coriandre et la menthe.

Arroser la salade de sauce et tourner délicatement.

Ajouter les cacahuètes et le sucre à l'ail.

SALADE DE POULET TIÈDE

Préparation : 15 minutes
Cuisson : 15 minutes
Pour 4 personnes

2 cuil. à café de graines de cumin
1 cuil. à soupe d'huile d'olive
1 oignon rouge, finement émincé
3 gousses d'ail, finement hachées
2 cuil. à café de piment rouge haché
1 1/2 cuil. à café de paprika doux
600 g de blancs de poulet crus, coupés en gros dés
2 cuil. à soupe de jus de citron
2 cuil. à soupe de feuilles de coriandre fraîche hachées
200 g de mesclun
2 petits concombres, en fines rondelles
12 olives Kalamata
2 cuil. à soupe d'huile d'olive vierge extra

1 Faire griller les graines de cumin dans une poêle sèche, le temps qu'elles dégagent leur arôme. Réserver. Faire chauffer l'huile d'olive dans une poêle, y verser l'oignon et le laisser blondir à feu modéré.
2 Ajouter l'ail, le cumin, le piment et le paprika. Remuer pendant 1 minute. Ajouter le poulet et le cuire 5 minutes en tournant.
3 Retirer du feu et laisser tiédir. Verser le jus de citron et la coriandre, saler. Disposer les feuilles de salade, le concombre et les olives sur un plat de service, arroser d'huile d'olive vierge extra, puis garnir de poulet. Servir tiède.

VALEUR NUTRITIONNELLE PAR PORTION : protides 35 g ; lipides 20 g ; glucides 10 g ; fibres 5 g ; cholestérol 105 mg ; 1 520 kJ (365 cal)

Faire chauffer l'huile dans la poêle et y laisser dorer l'oignon.

Ajouter le poulet en morceaux dans la poêle et mélanger aux oignons épicés.

Verser sur la viande tiède le jus de citron et la coriandre.

SALADE DE POULET AUX ORANGES ET AU CURRY

Préparation : 20 minutes
Cuisson : 15 minutes
Pour 4 personnes

4 filets de poulet entiers
1 cuil. à soupe d'huile d'olive
2 oranges
1 laitue
250 g de cresson
15 g de ciboulette

ASSAISONNEMENT AU CURRY
3 cuil. à café de curry en poudre
2 oignons nouveaux, finement émincés
2 cuil. à soupe d'huile d'olive
2 cuil. à soupe d'huile de tournesol
1 cuil. à soupe de vinaigre balsamique
2 cuil. à café de cassonade
1 cuil. à café de piment vert haché

1 Dégraisser et dénerver les filets de poulet. Faire chauffer l'huile dans une poêle et cuire le poulet environ 7 minutes de chaque côté, à feu modéré, jusqu'à ce qu'il soit bien doré. Laisser tiédir, puis couper la viande en grosses lanières, perpendiculairement au sens des fibres.
2 Pour l'assaisonnement, griller la poudre de curry dans une poêle sèche, le temps qu'elle dégage son arôme. Laisser tiédir puis la verser dans un petit bol avec l'oignon nouveau, les huiles, le vinaigre, la cassonade et le piment. Saler et poivrer au poivre fraîchement moulu. Réserver et laisser tous les parfums se développer.
3 Peler les oranges et les débarrasser des parties blanches. Les couper en quartiers, entre les cloisons, et enlever les pépins.
4 Laver et essorer la laitue ainsi que le cresson. Disposer les feuilles de salade dans un grand plat, garnir de poulet et de quartiers d'orange. Fouetter la sauce et en arroser la salade. Tailler la ciboulette en menus morceaux et en parsemer le plat.

VALEUR NUTRITIONNELLE PAR PORTION : protides 25 g ; lipides 25 g ; glucides 10 g ; fibres 2 g ; cholestérol 55 mg ; 1 590 kJ (380 cal)

Faire dorer les morceaux de poulet des deux côtés.

Griller à sec la poudre de curry, le temps qu'elle dégage son arôme.

Couper avec soin les oranges en quartiers, entre les cloisons.

Bien fouetter l'assaisonnement au curry avant d'en arroser la salade.

SALADE DE POULET AUX CREVETTES ET AU PAMPLEMOUSSE

Préparation : 20 minutes
Cuisson : aucune
Pour 4 à 6 personnes

- 1 petit pamplemousse jaune ou rose
- 1/2 petite papaye verte ou une mangue verte (100 g environ)
- 6 grosses crevettes cuites, décortiquées et éveinées
- 2 tomates olivettes, concassées
- 1 orange, pelée et en quartiers
- 125 g de poulet cuit, émincé ou coupé en gros dés (voir Note)
- 4 oignons nouveaux, émincés
- 2 gousses d'ail, émincées
- 2 cuil. à soupe de feuilles de coriandre fraîche hachées grossièrement
- 1 cuil. à soupe de noix de coco râpée
- 1 cuil. à soupe de cacahuètes grillées, non salées, pilées
- 2 cuil. à café de crevettes séchées, finement hachées

ASSAISONNEMENT
- 2 cuil. à café de cassonade
- 1 1/2 cuil. à soupe de sauce de poisson
- 60 ml de jus de citron vert
- 2 cuil. à café de sauce au piment

1 Peler le pamplemousse, le débarrasser des parties blanches et le couper en quartiers entre les cloisons. Peler la papaye et la couper en longues et fines lanières.
2 Mélanger dans un saladier le pamplemousse, la papaye, les crevettes, les tomates, les quartiers d'orange, le poulet, les oignons, l'ail, la coriandre et la noix de coco.
3 Pour l'assaisonnement, incorporer dans un bol la cassonade, la sauce de poisson, le jus de citron et la sauce au piment ; fouetter pour dissoudre le sucre. Arroser la salade de cette sauce et tourner délicatement. Dresser sur un lit de feuilles de laitue et parsemer de cacahuètes et de crevettes séchées.

VALEUR NUTRITIONNELLE PAR PORTION :
protides 9,5 g ; lipides 1,5 g ; glucides 8,5 g ; fibres 2,5 g ; cholestérol 34 mg ; 376 kJ (98 cal)

NOTE : utiliser des restes de poulet ou faire revenir un blanc cru à la poêle.

Peler le pamplemousse, le débarrasser des parties blanches et le couper en quartiers.

Peler la papaye et la couper en fines et longues lanières.

Mélanger les fruits, le poulet, les oignons, l'ail, la coriandre, la noix de coco et les crevettes.

Fouetter la sauce d'assaisonnement dans un bol jusqu'à ce que le sucre soit dissous.

POULET DU COURONNEMENT

Préparation : 20 minutes
Cuisson : 30 minutes
Pour 4 personnes

- 4 blancs de poulet crus
- 1 carotte, hachée
- 1 branche de céleri, hachée
- 1/2 petit oignon, haché
- 4 grains de poivre noir
- 1 feuille de laurier
- 1 cuil. à soupe d'huile
- 1 oignon, haché
- 2 cuil. à soupe de curry en poudre
- 1 grosse tomate, pelée, épépinée et finement concassée
- 125 ml de vin blanc sec
- 2 cuil. à café de concentré de tomate
- 125 g de yaourt nature épais
- 125 g de mayonnaise
- 2 cuil. à soupe de jus de citron
- 2 cuil. à soupe de chutney à la mangue

1 Disposer dans une grande poêle, en une seule couche, le poulet, la carotte, le céleri, l'oignon, le poivre et la feuille de laurier. Couvrir d'eau ; la viande doit juste affleurer. Amener à ébullition, baisser le feu et cuire 8 minutes, le temps que le poulet soit à point. Laisser tiédir dans le jus, puis retirer la volaille et la couper en lamelles.

2 Faire chauffer l'huile dans une poêle, y mettre l'oignon et la poudre de curry. Cuire quelques minutes en tournant, le temps que l'oignon soit transparent. Ajouter la tomate concassée et le vin. Amener à ébullition, baisser le feu et laisser mijoter 10 minutes.

3 Incorporer le concentré de tomate, le yaourt, la mayonnaise, le jus de citron et le chutney, puis assaisonner de sel et de poivre fraîchement moulu. Ajouter le poulet et bien mélanger le tout. Présenter sur un lit de salade verte.

VALEUR NUTRITIONNELLE PAR PORTION : protides 30 g ; lipides 20 g ; glucides 15 g ; fibres 3 g ; cholestérol 70 mg ; 1 570 kJ (375 cal)

NOTE : le poulet du couronnement est un plat populaire en Grande-Bretagne ; on l'accompagne traditionnellement de salade de riz, mais on peut également en faire une excellente garniture de sandwichs ou de canapés, réalisés avec toutes sortes de pains, agrémentés de pousses de pois gourmands ou de verdure.

Peler, épépiner la tomate et la concasser finement.

Couvrir d'eau le poulet, la carotte, le céleri, l'oignon, le poivre et la feuille de laurier.

Bien mélanger le concentré de tomate, le yaourt, la mayonnaise, le jus de citron et le chutney.

SALADE DE POULET DU PACIFIQUE

Préparation : 20 minutes
Cuisson : 15 minutes
Pour 4 personnes

250 ml de lait de coco
1 cuil. à soupe de sauce de poisson
1 cuil. à soupe de sucre de palme écrasé
4 blancs de poulet crus
2 mangues, en tranches fines
4 oignons nouveaux, émincés
7 g de feuilles de coriandre fraîche
45 g de noix de macadamia grillées, non salées et hachées grossièrement

ASSAISONNEMENT
2 cuil. à soupe d'huile
1 cuil. à café de zeste de citron vert finement râpé
2 cuil. à soupe de jus de citron vert

1 Mélanger dans une poêle le lait de coco, la sauce de poisson et le sucre de palme. Amener à ébullition tout en tournant, baisser le feu et ajouter le poulet. Mijoter 10 minutes à couvert, le temps que le poulet soit à point. Laisser refroidir dans le lait de coco, puis retirer la viande et verser le jus dans un pot.

2 Pour l'assaisonnement, fouetter dans un petit bol 125 ml de jus de cuisson à la noix de coco, l'huile, le zeste et le jus de citron vert. Saler et poivrer.

3 Couper les blancs en longues lamelles obliques et les disposer sur des assiettes ou dans des bols. Arroser la volaille de sauce salade, garnir de tranches de mangue, d'oignons nouveaux, de feuilles de coriandre et de noix de macadamia.

VALEUR NUTRITIONNELLE PAR PORTION : protides 30 g ; lipides 35 g ; glucides 15 g ; fibres 2 g ; cholestérol 55 mg ; 1 965 kJ (465 cal)

NOTE : le sucre de palme, tiré du palmier de Palmyre ou palmier à sucre, se présente en pain ou en pot. On le râpe ou on le laisse fondre doucement avant usage. On peut le remplacer par de la cassonade.

Couper la mangue en tranches fines et les peler délicatement.

Hacher grossièrement au couteau les noix de macadamia.

Mélanger dans une poêle le lait de coco et le sucre de palme.

Découper les blancs de poulet cuits en longues lamelles obliques.

SALADE DE POULET TANDOORI

Préparation : 20 minutes + 8 heures de marinade
Cuisson : 15 minutes
Pour 4 personnes

4 blancs de poulet crus
2 ou 3 cuil. à soupe de pâte de tandoori
200 g de yaourt nature épais
1 cuil. à soupe de jus de citron
15 g de feuilles de coriandre fraîche
60 g d'amandes effilées, grillées
Jeunes pousses de pois gourmands, pour la présentation

ASSAISONNEMENT AU CONCOMBRE ET AU YAOURT
1 petit concombre, râpé
200 g de yaourt nature épais
1 cuil. à soupe de menthe fraîche hachée
2 cuil. à café de jus de citron

1 Couper les blancs de poulet crus en lamelles. Mélanger la pâte de tandoori, le yaourt et le jus de citron dans un grand bol, ajouter les morceaux de volaille et les tourner pour bien les enrober. Laisser macérer au réfrigérateur pendant une nuit.
2 Pour l'assaisonnement, incorporer dans un bol le concombre râpé, la menthe et le jus de citron. Réserver au réfrigérateur.
3 Faire chauffer une poêle antiadhésive et y mettre le poulet mariné en plusieurs fois ; cuire à point en tournant fréquemment. Laisser tiédir et verser dans un saladier. Ajouter les feuilles de coriandre et les amandes grillées ; bien tourner le tout. Présenter sur un lit de pousses de pois gourmands ou de petites fèves vertes et servir l'assaisonnement à part.

VALEUR NUTRITIONNELLE PAR PORTION : protides 35 g ; lipides 15 g ; glucides 7 g ; fibres 2 g ; cholestérol 70 mg ; 1 230 kJ (290 cal)

NOTE : l'arôme et l'aspect de la volaille dépendent de la qualité de la pâte de tandoori. On en trouvera plusieurs variétés dans les magasins d'alimentation asiatique ou en épicerie fine.

Mélanger la pâte de tandoori, le yaourt et le jus de citron.

Râper grossièrement le petit concombre non épluché.

Cuire les morceaux de poulet marinés en plusieurs fois, en tournant fréquemment.

SALADE DE POULET AU SEL PIMENTÉ

Préparation : 35 minutes
Cuisson : 20 minutes
Pour 4 personnes

1 poivron rouge, en julienne (voir Note)
1 poivron jaune, en julienne
4 oignons nouveaux, en julienne
20 g de feuilles de menthe fraîche
30 g de feuilles de coriandre fraîche
3 blancs de poulet crus
60 g de farine
1 cuil. à soupe de piment en poudre
1 cuil. à soupe d'oignon en poudre
1 cuil. à soupe d'ail en poudre
1 cuil. à soupe de gros sel gris moulu
Huile de friture

ASSAISONNEMENT
1 cuil. à café de sucre
2 cuil. à soupe de jus de citron
60 ml de vinaigre de riz
60 ml d'huile d'arachide

1 Mélanger dans un saladier les poivrons, les oignons nouveaux, les feuilles de menthe et de coriandre.
2 Pour l'assaisonnement, fouetter dans un bol le sucre, le jus de citron, le vinaigre et l'huile.
3 Couper le poulet en lamelles. Mélanger la farine, les poudres de piment, d'oignon, d'ail et le sel dans un sac en plastique ou un récipient creux. Ajouter les morceaux de volaille petit à petit et remuer pour qu'ils soient bien enrobés. Retirer le poulet et le débarrasser de tout excès de farine.
4 Remplir la moitié d'une cocotte avec de l'huile. Plonger en plusieurs fois le poulet dans l'huile brûlante et le frire le temps qu'il soit doré. Égoutter sur du papier absorbant.

Mélanger le poulet, les légumes et les herbes du saladier, verser l'assaisonnement et tourner délicatement. Servir aussitôt.

VALEUR NUTRITIONNELLE PAR PORTION : protides 20 g ; lipides 30 g ; glucides 20 g ; fibres 2 g ; cholestérol 40 mg ; 1 720 kJ (410 cal)

NOTE : la julienne consiste à couper les légumes en fins bâtonnets de taille égale.

Tailler en julienne les poivrons et les oignons nouveaux.

Dégraisser le poulet et couper les blancs en longues lamelles.

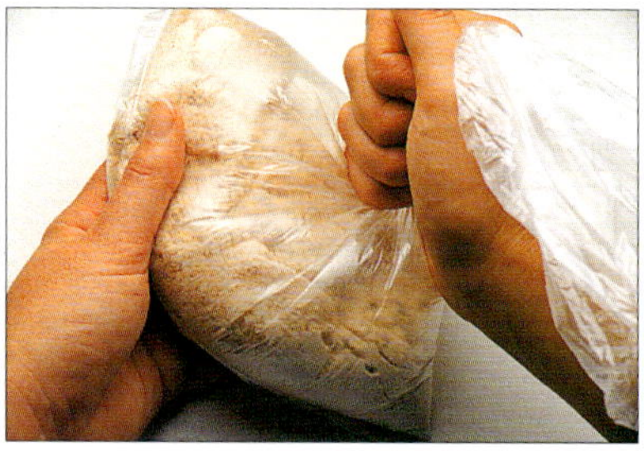

Secouer les morceaux de poulet dans la farine aux épices.

SALADE DE POULET

Préparation : 30 minutes
Cuisson : 15 minutes
Pour 6 personnes

150 g de pois gourmands, effilés
1 cuil. à soupe d'huile
20 g de beurre
4 blancs de poulet crus
1 carotte, en julienne (voir Note p. 74)
2 branches de céleri, en julienne
3 oignons nouveaux, en julienne
150 g de champignons de Paris, émincés
7 g de persil plat, haché
1 cuil. à soupe d'estragon frais, haché
150 g de cresson ou de pousses d'épinard
2 cuil. à soupe d'amandes, hachées

ASSAISONNEMENT
60 ml d'huile d'olive vierge extra
1 cuil. à soupe de vinaigre de vin blanc
60 g de mayonnaise
2 cuil. à soupe de crème fraîche
1 cuil. à soupe de moutarde de Dijon
1/2 cuil. à café de sucre

1 Plonger les pois gourmands dans l'eau bouillante, ramener à ébullition et cuire 1 minute ; ils doivent rester croquants. Les rincer à l'eau froide, les égoutter et les tailler en diagonale.
2 Faire chauffer l'huile et le beurre dans une poêle, y mettre les morceaux de poulet et cuire 7 minutes de chaque côté, à feu modéré, jusqu'à ce qu'ils soient dorés et à point. Égoutter sur du papier absorbant et laisser refroidir. Couper en lamelles.
3 Mélanger la carotte, le céleri, les oignons nouveaux, les pois gourmands, le poulet, les champignons, le persil et l'estragon ; saler et poivrer.
4 Préparer l'assaisonnement en fouettant l'huile, le vinaigre et le sucre dans une jatte. Assaisonner de sel et de poivre fraîchement moulu. Ajouter la mayonnaise, la crème et la moutarde ; fouetter pour bien mélanger ces ingrédients. Garnir un plat de cresson, verser dessus la salade de poulet, arroser de sauce et parsemer d'amandes.

VALEUR NUTRITIONNELLE PAR PORTION : protides 20 g ; lipides 25 g ; glucides 5 g ; fibres 4 g ; cholestérol 60 mg ; 1 415 kJ (335 cal)

VARIANTE : ajouter un avocat en tranches et remplacer les pois gourmands par des pointes d'asperges.

Couper le pied des champignons et les émincer finement.

Faire dorer les blancs de poulet des deux côtés, à feu modéré.

Fouetter ensemble la mayonnaise, la crème et la moutarde.

SALADE DE POULET À LA THAÏE

Préparation : 20 minutes
Cuisson : 5 minutes
Pour 6 personnes

- 1 salade romaine
- 2 cuil. à soupe d'huile
- 750 g de poulet haché
- 4 tiges de coriandre fraîche, finement hachées
- 4 brins de menthe, finement hachés
- 1 petit oignon rouge, émincé
- 3 oignons nouveaux, hachés
- 80 ml de jus de citron vert
- 2 cuil. à soupe de sauce de soja
- 2 cuil. à soupe de sauce de poisson
- 1 cuil. à café de sauce au piment doux
- 2 gousses d'ail, écrasées
- 2 cuil. à café de cassonade
- 1 cuil. à soupe de citronnelle, le bulbe seulement, haché
- 40 g de cacahuètes grillées
- 1 cuil. à soupe de feuilles de coriandre fraîche
- 1 cuil. à café de cacahuètes grillées hachées

1 Laver et bien sécher les feuilles de romaine. Les disposer sur un plat.

2 Faire chauffer l'huile dans une cocotte, y incorporer le poulet haché et 80 ml d'eau. Cuire 5 minutes à feu modéré ; le hachis doit être à point et le liquide presque complètement évaporé. Écraser la viande qui pourrait s'agglutiner à la cuisson. Retirer du feu.

3 Mettre le hachis dans un bol et y incorporer la coriandre, la menthe et les oignons hachés.

4 Mélanger dans un petit bol le jus de citron vert, les sauces de soja et de poisson, la sauce de piment doux, l'ail, la cassonade et la citronnelle. Saler et ajouter le hachis. Incorporer les cacahuètes au dernier moment. Dresser la salade de poulet sur les feuilles de romaine, parsemer de coriandre et de cacahuètes hachées.

VALEUR NUTRITIONNELLE PAR PORTION : protides 33 g ; lipides 14 g ; glucides 5 g ; fibres 2,5 g ; cholestérol 62 mg ; 1 175 kJ (280 cal)

Émincer l'oignon, hacher la menthe et la coriandre.

Écraser à la fourchette la viande qui pourrait s'agglutiner à la cuisson.

Ajouter au poulet haché la coriandre, la menthe et les oignons.

Fendre le concombre et le couper en demi-rondelles.

Faire légèrement dorer le poulet, le laisser refroidir et le couper en morceaux.

Ajouter dans la poêle la crème, le basilic et le sel, et faire chauffer en tournant.

Mélanger les pâtes, le poulet, le concombre, le jambon de Parme, les tomates, les olives et les cœurs d'artichauts.

SALADE DE POULET À L'ITALIENNE

Préparation : 30 minutes + 3 heures de marinade
Cuisson : 10 minutes
Pour 6 à 8 personnes

- 3 blancs de poulet crus
- 60 ml de jus de citron
- 1 gousse d'ail, écrasée
- 100 g de jambon de Parme finement tranché
- 1 petit concombre
- 2 cuil. à soupe de sel et de poivre
- 2 cuil. à soupe d'huile d'olive
- 135 g de penne, cuites
- 80 g de tomates séchées finement émincées
- 60 g d'olives noires dénoyautées, coupées en deux
- 110 g de cœurs d'artichauts en pot, coupés en deux
- 50 g de copeaux de parmesan

ASSAISONNEMENT À LA CRÈME ET AU BASILIC

- 80 ml d'huile d'olive
- 1 cuil. à soupe de vinaigre de vin blanc
- 1/4 de cuil. à café de sel et de poivre
- 1 cuil. à café de moutarde de Dijon
- 3 cuil. à café de fécule de maïs
- 170 ml de crème fleurette
- 20 g de basilic frais ciselé

1 Dégraisser et dénerver le poulet. L'aplatir légèrement au rouleau à pâtisserie, le mettre dans un bol avec le jus de citron et l'ail. Couvrir et laisser au moins 3 heures au réfrigérateur en le retournant de temps en temps.

2 Couper le jambon de Parme en lamelles. Fendre le concombre et le couper en demi-rondelles.

3 Égoutter le poulet et l'enduire de sel et de poivre. Mettre l'huile à chauffer dans une cocotte et y faire légèrement dorer le poulet 4 minutes de chaque côté ; il doit être cuit à point. Retirer du feu et laisser refroidir. Couper en morceaux.

4 Pour l'assaisonnement, mélanger dans une casserole l'huile, le vinaigre, le poivre et la moutarde. Incorporer 80 ml d'eau à la fécule de maïs pour obtenir un mélange lisse. Verser dans la cocotte et fouetter les ingrédients pendant 2 minutes à feu modéré ; la sauce doit bouillir et épaissir. Ajouter la crème, le basilic et le sel. Tourner jusqu'à ce que la préparation soit chaude.

5 Incorporer dans un saladier les pâtes, le poulet, le concombre, le jambon de Parme, les tomates, les olives et les cœurs d'artichauts. Arroser de sauce et tourner délicatement la salade. La servir froide ou tiède, parsemée de copeaux de parmesan.

VALEUR NUTRITIONNELLE PAR PORTION : protides 22 g ; lipides 28 g ; glucides 38 g ; fibres 3,5 g ; cholestérol 64 mg ; 2 070 kJ (495 cal)

Sautés et fricassées

SAUTÉ DE POULET AUX NOIX DE CAJOU

Préparation : 30 minutes
Cuisson : 20 minutes
Pour 4 à 6 personnes

Huile de cuisson
750 g de cuisses de poulet en filets, coupées en lamelles
2 blancs d'œufs, légèrement battus
60 g de fécule de maïs
2 oignons, finement émincés
1 poivron rouge, finement émincé
200 g de brocoli, coupé en bouquets de la taille d'une bouchée
2 cuil. à soupe de sauce de soja
2 cuil. à soupe de xérès
1 cuil. à soupe de sauce d'huître
50 g de noix de cajou grillées
4 oignons nouveaux, coupés en diagonale

1 Dans un wok très chaud, verser 1 cuil. à soupe d'huile et en enduire la paroi en faisant tourner l'ustensile. Tremper environ un quart de la volaille dans le blanc d'œuf, puis dans la fécule de maïs. Verser dans le wok et faire sauter pendant 3 à 5 minutes, le temps que le poulet soit cuit à point et bien doré. Égoutter sur du papier absorbant et continuer avec la viande restante, en faisant réchauffer le wok avec un peu d'huile à chaque fournée.

2 Réchauffer le wok, y verser 1 cuil. à soupe d'huile et faire revenir à feu modéré l'oignon, le poivron et le brocoli pendant 4 à 5 minutes, pour que les légumes soient légèrement attendris. Monter le feu, ajouter les sauces de soja et d'huître et le xérès. Bien mélanger les légumes dans la sauce et amener à ébullition.

3 Remettre le poulet dans le wok et le faire sauter à feu vif pendant 1 à 2 minutes. Vérifier sa cuisson. Assaisonner de sel et de poivre fraîchement concassé. Ajouter les noix de cajou et l'oignon nouveau. Mélanger et servir aussitôt.

VALEUR NUTRITIONNELLE PAR PORTION (6) : protides 35 g ; lipides 15 g ; glucides 15 g ; fibres 3 g ; cholestérol 60 mg ; 1 375 kJ (330 cal)

NOTE : choisir une volaille fermière, dont la chair est plus savoureuse. Les poulets jaunes ont été élevés au grain, mais ne sont pas nécessairement fermiers.

Tremper environ un quart de la volaille dans le blanc d'œuf, puis dans la fécule de maïs.

Faire sauter le poulet enrobé jusqu'à ce qu'il soit bien doré.

FRICASSÉE DE POULET AUX LÉGUMES

Préparation : 25 minutes
Cuisson : 20 minutes
Pour 4 personnes

2 cuil. à soupe d'huile
6 tranches de jambon de Parme, coupées dans la largeur en lanières de 1 cm de large
500 g de filets de poulet cru
1 oignon rouge, haché
2 gousses d'ail, écrasées
1 petit piment rouge, haché
1 cuil. à soupe de farine
375 ml de bouillon de volaille
150 g d'asperges, coupées en deux
250 g de haricots verts, coupés en deux
15 g de ciboulette fraîche ciselée

1 Faire chauffer 1 cuil. à soupe d'huile dans une poêle. À feu modéré, y rissoler 2 minutes le jambon de Parme, qui doit être croustillant. Le retirer de la poêle avec une palette à trous et l'égoutter sur du papier absorbant.
2 Faire revenir le poulet à grand feu 1 minute de chaque côté. Retirer de la poêle et égoutter sur du papier absorbant.
3 Faire chauffer l'huile restante et y verser l'oignon, l'ail et le piment ; faire revenir 2 minutes à feu vif. Ajouter la farine et remuer pendant 1 minute.
4 Verser le bouillon petit à petit en tournant jusqu'à ce que la sauce bouillante épaississe. Ajouter les pointes d'asperges, les haricots verts et cuire à feu doux, à couvert, pendant 3 à 5 minutes. Remettre le poulet dans la poêle et le cuire 1 minute jusqu'à ce qu'il soit bien chaud. Parsemer de ciboulette et de jambon de Parme. Servir aussitôt.

VALEUR NUTRITIONNELLE PAR PORTION : protides 4,5 g ; lipides 10 g ; glucides 6,5 g ; fibres 3 g ; cholestérol 2,5 mg ; 263 kJ (63 cal)

CONSEIL : accompagner de penne ou de pommes vapeur.

Parer les asperges et les haricots verts, puis les couper en deux.

Faire revenir le poulet à feu vif, le retirer et l'égoutter sur du papier absorbant.

Saupoudrer de farine le contenu de la poêle et remuer 1 minute.

Cuire à point les haricots et les pointes d'asperges au bouillon.

POULET AU MARSALA

Préparation : 10 minutes
Cuisson : 25 minutes
Pour 4 personnes

4 blancs de poulet crus
2 cuil. à soupe d'huile
60 g de beurre
1 gousse d'ail, écrasée
500 ml de bouillon de volaille
80 ml de marsala
2 cuil. à café de farine
2 cuil. à café de sauce Worcestershire
60 ml de crème fleurette

1 Dégraisser et dénerver le poulet. Faire chauffer l'huile dans une sauteuse ou une poêle à fond épais et y rissoler les blancs de poulet de chaque côté, à feu modéré pendant 4 minutes. Retirer la volaille, couvrir d'une feuille d'aluminium et tenir au chaud. Dégraisser le récipient.

2 Faire fondre le beurre dans la sauteuse et y mettre l'ail ; tourner à feu modéré pendant 2 minutes. Ajouter le bouillon et le marsala mélangés. Amener à ébullition, baisser le feu et cuire 10 minutes jusqu'à ce que le jus ait réduit de moitié.

3 Mélanger la farine, la sauce Worcestershire et la crème. Ajouter hors du feu un peu de fond de cuisson et tourner pour obtenir une sauce consistante. Verser celle-ci dans la sauteuse et tourner jusqu'à ce que la sauce bouillante épaississe. Saler et poivrer avant de servir. Accompagner de pâtes.

VALEUR NUTRITIONNELLE PAR PORTION : protides 55 g ; lipides 35 g ; glucides 2 g ; fibres 0 g ; cholestérol 180 mg ; 2 220 kJ (530 cal)

VARIANTE : le marsala est un vin de liqueur qui donnera une sauce à la saveur douce. Un porto ou un vin rouge sec conviendront également. En cuisant, le vin perd son alcool et ne donne que son arôme au plat. On peut remplacer les blancs de volaille par des cuisses ou des pilons.

Dans une sauteuse, faire dorer le poulet de chaque côté.

Mélanger le bouillon et le marsala, verser dans la sauteuse et porter à ébullition.

Ajouter la sauce Worcestershire, la farine et la crème. Laisser épaissir en tournant.

POULET AU MIEL

Préparation : 15 minutes
Cuisson : 25 minutes
Pour 4 personnes

- Huile de cuisson
- 500 g de cuisses de poulet en filets, coupées en cubes
- 1 blanc d'œuf, légèrement battu
- 40 g de fécule de maïs
- 2 oignons, finement émincés
- 1 poivron vert, en dés
- 2 carottes, en bâtonnets
- 100 g de pois gourmands, coupés
- 90 g de miel
- 2 cuil. à soupe d'amandes grillées

1 Dans un wok très chaud, verser 1 1/2 cuil. à soupe d'huile et en enduire la paroi en faisant tourner l'ustensile. Tremper environ la moitié de la volaille dans le blanc d'œuf puis dans la fécule de maïs. Verser dans le wok et faire sauter pendant 4 à 5 minutes, le temps que le poulet soit cuit à point et bien doré. Égoutter sur du papier absorbant et continuer avec la viande restante.

2 Chauffer de nouveau le wok avec 1 cuil. à soupe d'huile et y faire revenir l'oignon émincé à grand feu pendant 3 à 4 minutes. Ajouter le poivron et la carotte et les saisir également pendant 3 à 4 minutes. Verser les pois gourmands et les cuire 2 minutes.

3 Augmenter le feu, verser le miel et en glacer les légumes. Remettre le poulet dans le wok, le faire bien chauffer en l'enrobant également de miel. Saler et poivrer hors du feu. Parsemer le plat d'amandes grillées et servir aussitôt.

VALEUR NUTRITIONNELLE PAR PORTION : protides 35 g ; lipides 20 g ; glucides 35 g ; fibres 4 g ; cholestérol 60 mg ; 1 815 kJ (435 cal)

Dégraisser le poulet et le couper en cubes.

Tremper les morceaux de volaille dans l'œuf puis les rouler dans la fécule.

Faire revenir le poulet jusqu'à ce qu'il soit cuit à point.

POULET AU CITRON VERT

Préparation : 25 minutes
Cuisson : 20 minutes
Pour 4 personnes

500 g de cuisses de poulet en filets, coupées en lamelles
5 cm de gingembre frais, émincé en tranches extrêmement fines
4 oignons nouveaux, finement émincés
Huile de cuisson
1 poivron rouge, finement émincé
1 cuil. à soupe de mirin (vin de riz doux)
1 cuil. à soupe de marmelade de citron
2 cuil. à café de zeste de citron vert râpé
2 cuil. à soupe de jus de citron vert

1 Bien mélanger dans un plat le poulet, le gingembre, les oignons nouveaux et du poivre noir fraîchement moulu.
2 Dans un wok très chaud, verser 1 cuil. à soupe d'huile et en enduire la paroi en faisant tourner l'ustensile. Faire sauter à feu vif le poulet épicé, en trois fois et pendant 3 minutes environ, le temps qu'il soit bien doré et cuit à point. Réchauffer le wok à chaque fournée et ajouter de l'huile si nécessaire. Retirer tout le poulet et le réserver.
3 Réchauffer le wok et y faire revenir le poivron pendant 30 secondes. Ajouter le mirin, la marmelade, le zeste et le jus de citron vert. Assaisonner de sel et de poivre fraîchement moulu, couvrir et cuire 1 minute à l'étouffée. Ajouter le poulet et le réchauffer 2 minutes à découvert.

VALEUR NUTRITIONNELLE PAR PORTION : protides 30 g ; lipides 10 g ; glucides 5,5 g ; fibres 0 g ; cholestérol 60 mg ; 1 050 kJ (250 cal)

CONSEIL : choisir si possible du gingembre nouveau à peau fine ; il sera plus facile à émincer.

Peler le gingembre et l'émincer en tranches extrêmement fines.

Épépiner le poivron, le débarrasser des parties blanches et le couper en fines lanières.

Mélanger le poulet, le gingembre, les oignons nouveaux et du poivre noir.

POULET AU CITRON

Préparation : 15 minutes + 30 minutes de marinade
Cuisson : 10 minutes
Pour 4 personnes

500 g de cuisses de poulet en filets
1 blanc d'œuf, légèrement battu
2 cuil. à café de fécule de maïs
1/2 cuil. à café de sel
1/4 de cuil. à café de gingembre râpé
60 ml d'huile

SAUCE AU CITRON
2 cuil. à café de fécule de maïs
1 1/2 cuil. à soupe de sucre en poudre
2 cuil. à soupe de jus de citron
185 ml de bouillon de volaille
2 cuil. à café de sauce de soja
1 cuil. à café de xérès

1 Essuyer les filets de poulet au papier absorbant et les couper en lamelles obliques de 1 cm de large. Mélanger le blanc d'œuf, la fécule de maïs, le sel et le gingembre. Ajouter le poulet et l'enrober de cette préparation. Laisser macérer 30 minutes au réfrigérateur.

2 Dans un wok très chaud ou une poêle épaisse, verser 1 cuil. à soupe d'huile et en enduire la paroi en faisant tourner l'ustensile. Égoutter le poulet et le faire sauter à feu modéré ; il doit être cuit à point sans rissoler. Le tenir au chaud dans un plat pendant la préparation de la sauce. Jeter toute la matière grasse du wok.

3 Préparer la sauce au citron en mouillant la fécule de maïs de 2 cuil. à soupe d'eau pour former une pâte fluide. Verser celle-ci dans le wok avec le sucre, le jus de citron, le bouillon de volaille, la sauce de soja et le xérès. Remuer à grand feu et faire bouillir 1 minute. Ajouter le poulet en remuant pour l'enrober de sauce. Disposer dans un plat de service et servir aussitôt. Accompagner de riz à la vapeur ou de nouilles et de légumes sautés.

VALEUR NUTRITIONNELLE PAR PORTION : protides 29 g ; lipides 17 g ; glucides 8 g ; fibres 0 g ; cholestérol 63 mg ; 1 280 kJ (306 cal)

Couper les cuisses de poulet en lamelles obliques.

Faire sauter le poulet qui doit cuire sans rissoler.

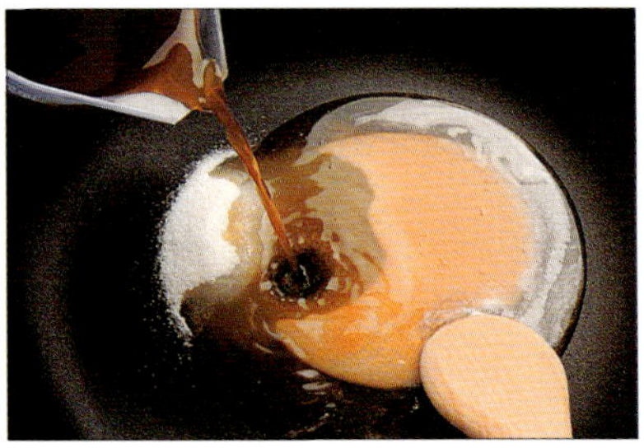

Verser la fécule de maïs dans le wok avec le sucre, le jus de citron, le bouillon, la sauce de soja et le xérès.

POULET CROUSTILLANT

Préparation : 1 heure + temps de repos
Cuisson : 25 minutes
Pour 4 personnes

- 1 poulet de 1,3 kg
- 1 cuil. à soupe de miel
- 1 anis étoilé
- 1 écorce de clémentine séchée (voir Note)
- 1 cuil. à café de sel
- Huile de friture
- 2 citrons, en quartiers

SEL AU CINQ-ÉPICES

- 2 cuil. à soupe de gros sel gris
- 1 cuil. à café de grains de poivre blanc
- 1/2 cuil. à café de cinq-épices
- 1/2 cuil. à café de poivre blanc moulu

1 Mettre le poulet dans une cocotte et le couvrir d'eau froide. Ajouter le miel, l'anis, l'écorce de clémentine et le sel. Amener à ébullition, baisser le feu et cuire 15 minutes. Laisser tiédir le poulet 15 minutes à couvert, puis le disposer dans un plat. Le couper en deux, le placer sur du papier absorbant et le laisser 20 minutes au réfrigérateur, sans le couvrir.

2 Faire chauffer l'huile dans un wok ou une sauteuse. Le récipient est assez chaud lorsqu'un morceau de pain trempé dans l'huile rissole en 30 secondes. Déposer délicatement une moitié de poulet, la peau en dessous. Rissoler 6 minutes, retourner et cuire encore 6 minutes, en veillant à ce que la peau soit toujours plongée dans l'huile. Égoutter sur du papier absorbant et renouveler l'opération avec l'autre moitié de poulet.

3 Préparer le sel au cinq-épices. Faire griller à sec le sel et le poivre jusqu'à ce que les arômes se développent et que le sel dore. Piler au mortier, ajouter le cinq-épices et le poivre blanc. Couper le poulet, le saupoudrer de sel au cinq-épices et servir avec des quartiers de citron.

VALEUR NUTRITIONNELLE PAR PORTION : protides 45 g ; lipides 15 g ; glucides 7 g ; fibres 1,5 g ; cholestérol 100 mg ; 1 482 kJ (355 cal)

NOTE : pour préparer l'écorce de clémentine séchée, débarrasser la peau d'une clémentine coupée en quartiers de ses parties blanches et la mettre au four à température modérée (180 °C) pendant 15 minutes.

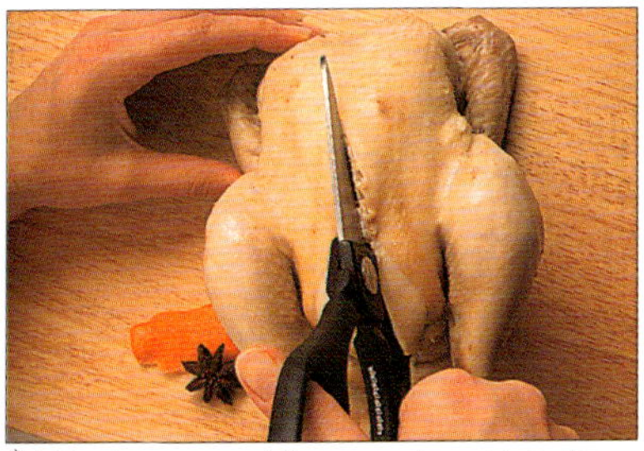

À l'aide d'un coupe-volaille, couper le poulet en deux.

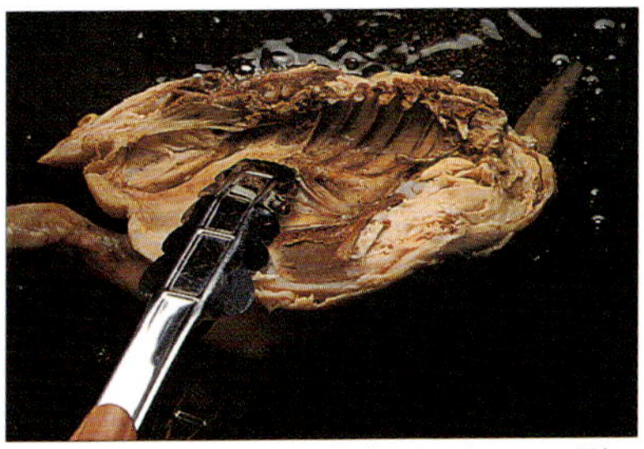

Déposer délicatement dans l'huile chaude une moitié de poulet, peau en dessous.

Piler au mortier le gros sel et les grains de poivre.

POULET DE GOA AUX RAISINS ET AUX AMANDES

Préparation : 20 minutes
Cuisson : 20 minutes
Pour 3 à 4 personnes

2 cuil. à café de cumin en poudre
2 cuil. à café de coriandre moulue
1 cuil. à café de cannelle en poudre
1/2 cuil. à café de poivre de Cayenne
1/2 cuil. à café de cardamome écrasée
Huile de cuisson
1 gros oignon, émincé
2 gousses d'ail, finement hachées
500 g de blancs de poulet crus, coupés en cubes
2 cuil. à café de zeste d'orange finement râpé
2 cuil. à soupe de jus d'orange
2 cuil. à soupe de raisins de Smyrne
1 cuil. à café de cassonade
60 g de yaourt nature épais (voir Note)
40 g d'amandes effilées, grillées

1 Faire griller les épices à sec dans un wok, à feu doux, en secouant régulièrement pendant environ 1 minute, pour qu'elles dégagent leur arôme.

2 Verser 1 cuil. à soupe d'huile dans le wok et faire rissoler l'oignon et l'ail à feu vif pendant 3 minutes, avec les épices. Retirer du récipient.

3 Réchauffer le wok, y verser 1 cuil. à soupe d'huile et faire rissoler le poulet en deux fois, le temps qu'il soit doré et cuit à point. Remettre tout le poulet dans le wok avec l'ail et l'oignon, le zeste et le jus d'orange, les raisins secs et la cassonade. Cuire 1 minute en remuant, jusqu'à ce que le jus de cuisson soit presque complètement évaporé.

4 Ajouter le yaourt et réchauffer doucement, sans bouillir, pour que le yaourt ne se décompose pas. Saler et poivrer. Garnir d'amandes grillées et servir.

VALEUR NUTRITIONNELLE PAR PORTION (4) : protides 30 g ; lipides 20 g ; glucides 15 g ; fibres 2,5 g ; cholestérol 65 mg ; 1 500 kJ (360 cal)

NOTE : le yaourt se décompose facilement à la chaleur à cause de sa teneur acide, et également lorsqu'on le remue ou qu'on le fouette trop.

Faire griller les amandes à sec dans le wok.

Faire griller à sec et à feu doux le cumin, la coriandre, la cannelle, le poivre de Cayenne et la cardamome.

Faire rissoler l'oignon et l'ail à feu vif, avec les épices.

Mélanger au poulet la préparation à l'oignon, le zeste et le jus d'orange, les raisins secs et la cassonade.

POULET AUX OLIVES ET AUX TOMATES SÉCHÉES

Préparation : 20 minutes
Cuisson : 15 minutes
Pour 4 personnes

Huile d'olive, pour la cuisson
600 g de blancs de poulet crus, coupés en lamelles obliques
1 oignon rouge, finement émincé
3 gousses d'ail, finement hachées
2 cuil. à soupe de vinaigre de vin blanc
1 cuil. à café de sambal oelek
1 cuil. à soupe de jus de citron
12 olives de Kalamata, dénoyautées et coupées en quatre quartiers
40 g de tomates séchées, en fines lanières
15 g de persil frais finement haché
1 cuil. à soupe de basilic frais ciselé

1 Dans un wok très chaud, verser 2 cuil. à soupe d'huile et en enduire la paroi en faisant tourner l'ustensile. Faire rissoler le poulet en deux fois en ajoutant de l'huile ; il doit être cuit à point. Le retirer et le réserver au chaud.

2 Réchauffer le wok, ajouter 1 cuil. à soupe d'huile, faire dorer l'oignon jusqu'à ce qu'il soit fondant. Ajouter l'ail, cuire 1 minute. Remettre le poulet chaud dans le wok, verser le vinaigre, le sambal oelek et le jus de citron ; bien remuer.

3 Ajouter les olives, les tomates séchées, le persil et le basilic. Assaisonner de sel et de poivre noir fraîchement moulu. Chauffer en mélangeant bien tous les ingrédients.

VALEUR NUTRITIONNELLE PAR PORTION : protides 35 g ; lipides 15 g ; glucides 2,5 g ; fibres 1,5 g ; cholestérol 75 mg ; 1 420 kJ (335 cal)

Couper les blancs de poulet crus en lamelles obliques.

Le sambal oelek est un condiment indonésien au sel, au vinaigre et au piment.

Égoutter les tomates séchées et les tailler en fines lanières.

BOULETTES DE POULET AU CITRON

Préparation : 20 minutes + 30 minutes de réfrigération
Cuisson : 10 minutes
Pour 4 personnes

500 g de poulet haché
2 gousses d'ail, écrasées
80 g de mie de pain fraîche émiettée
1 cuil. à café de zeste de citron râpé
1 cuil. à café de feuilles de thym frais
1 œuf, légèrement battu
1 cuil. à soupe d'huile d'olive
2 cuil. à soupe de jus de citron

SAUCE DE YAOURT À LA MENTHE
200 g de yaourt nature
1 cuil. à soupe de menthe fraîche hachée
Écorce d'1/4 de citron confit, rincée et hachée

1 Mélanger à la main, dans un saladier, le hachis de poulet, l'ail, la mie de pain, le zeste de citron, le thym, l'œuf, du sel et du poivre noir. Se mouiller les mains et former des boulettes ; les disposer dans un plat garni de papier d'aluminium. Laisser 30 minutes au réfrigérateur.

2 Préparer la sauce en mélangeant le yaourt, la menthe et l'écorce de citron.

3 Faire chauffer l'huile dans une poêle antiadhésive et y saisir les boulettes de viande en deux fois, jusqu'à ce qu'elles soient dorées de tous côtés et cuites à point. Arroser de jus de citron, transférer dans un plat de service et saler à nouveau. Servir avec la sauce de yaourt à la menthe.

VALEUR NUTRITIONNELLE PAR PORTION : protides 35 g ; lipides 11 g ; glucides 16 g ; fibres 1 g ; cholestérol 116 mg ; 1 300 kJ (310 cal)

Mélanger le poulet, l'ail, la mie de pain, le zeste de citron, le thym, l'œuf, du sel et du poivre du moulin.

Se mouiller les mains et former des boulettes avec le hachis de poulet.

Faire revenir les boulettes en deux fois, jusqu'à ce qu'elles soient dorées et cuites à point.

HAMBURGER DE POULET AU FROMAGE

Préparation : 40 minutes
Cuisson : 10 à 15 minutes
Pour 6 personnes

Huile de cuisson
1 gros oignon, finement émincé
750 g de poulet haché
1 cuil. à café de paprika
1 à 2 cuil. à café de piments rouges hachés
60 g de mie de pain fraîche, émiettée
90 g de crème fraîche
2 cuil. à soupe de feuilles de thym citron frais ou de ciboulette hachée
90 g d'emmental
30 g de beurre
1 à 2 gousses d'ail, écrasées
6 petits pains ronds frais
Laitue, tomate, crème fraîche, cornichons à la russe et sauce de piment doux, en accompagnement

1 Faire chauffer un peu d'huile dans une poêle. Y faire revenir l'oignon à feu modéré et le laisser tiédir sur du papier absorbant.

2 Mélanger à la main dans un saladier le hachis de poulet, l'oignon, le paprika, le piment, la mie de pain, la crème, le thym citron, du sel et du poivre noir fraîchement moulu. Diviser cette préparation en 6 parts égales et former de grosses boulettes. Couper le fromage en 6. Insérer chaque tranche dans une boulette, reformer celle-ci pour enfermer complètement le fromage. Aplatir les boulettes.

3 Faire fondre le beurre avec 1 cuil. à soupe d'huile dans une grande poêle et y mettre l'ail. Lorsque le mélange mousse, ajouter les boulettes et les aplatir légèrement à la spatule de bois. Cuire à feu modéré pendant 2 à 3 minutes sur chaque côté, le temps que la viande soit bien revenue et le fromage fondu.

4 Couper les pains ronds en deux. Les faire griller et les beurrer si on le souhaite. Garnir les pains de laitue et de rondelles de tomate. Terminer par la crème, les cornichons et la sauce de piment doux.

VALEUR NUTRITIONNELLE PAR HAMBURGER :
protides 40 g ; lipides 19 g ; glucides 37 g ; fibres 3 g ; cholestérol 107 mg ; 2010 kJ (480 cal)

Laisser égoutter l'oignon cuit sur une assiette garnie de papier absorbant.

Enfoncer une tranche de fromage dans une boulette et reformer celle-ci.

Lorsque le mélange de matière grasse mousse dans la poêle, y mettre les boulettes.

SAUTÉ DE POULET AUX POIREAUX ET AU SÉSAME

Préparation : 15 minutes
Cuisson : 16 minutes
Pour 4 à 6 personnes

- 2 cuil. à soupe de graines de sésame
- 1 cuil. à soupe d'huile
- 2 cuil. à café d'huile de sésame
- 800 g de filets de poulet crus, coupés en lamelles obliques
- 1 poireau, le blanc seulement, émincé en julienne
- 2 gousses d'ail, écrasées
- 2 cuil. à soupe de sauce de soja
- 1 cuil. à soupe de mirin (vin de riz doux)
- 1 cuil. à café de sucre

1 Verser les graines de sésame dans un wok très chaud et les faire griller à feu vif, sans matière grasse. Les mettre à part.

2 Réchauffer le wok, verser les huiles et en enduire la paroi en faisant tourner l'ustensile. Faire sauter le poulet en trois fois, à feu vif, en tournant constamment jusqu'à ce qu'il soit à point. Réchauffer le wok à chaque fournée. Y ajouter tout le poulet.

3 Ajouter le poireau émincé en julienne et l'ail, chauffer 1 à 2 minutes, le temps que le poireau blondisse et devienne fondant ; s'il n'est pas encore tendre, baisser le feu et cuire encore 2 minutes à couvert.

4 Verser la sauce de soja, le mirin, le sucre et les graines de sésame grillées dans le wok ; bien mélanger tous ces ingrédients. Assaisonner de sel et de poivre noir fraîchement moulu. Servir aussitôt. Ce plat est délicieux avec des pâtes.

VALEUR NUTRITIONNELLE PAR PORTION (6) : protides 2 g ; lipides 8,5 g ; glucides 2 g ; fibres 1 g ; cholestérol 0 mg ; 395 kJ (95 cal)

Couper le poulet en lamelles obliques, avec un couteau bien affûté.

Parer le poireau et couper le blanc en julienne.

Faire griller les graines de sésame à sec, en les tournant à feu vif.

SAUTÉ DE POULET AU CITRON ET AUX CÂPRES

Préparation : 15 minutes
Cuisson : 15 minutes
Pour 4 personnes

Huile d'olive, pour la cuisson
1 oignon rouge, finement émincé
25 g de beurre
800 g de blancs de poulet crus, coupés en gros dés
L'écorce d'un citron entier, en zestes fins
2 cuil. à soupe de petites câpres, rincées et égouttées
80 ml de jus de citron
15 g de basilic frais ciselé

1 Dans un wok très chaud, verser 1 cuil. à soupe d'huile et en enduire la paroi en faisant tourner l'ustensile. Y faire revenir l'oignon émincé jusqu'à ce qu'il soit doré et fondant. Le mettre à part.
2 Réchauffer le wok, y mettre 2 cuil. à café d'huile et la moitié du beurre. Faire revenir le poulet en deux fois en ajoutant de l'huile et du beurre. Mettre toute la volaille dans le wok avec l'oignon.
3 Ajouter le zeste de citron, les câpres et le jus de citron. Bien faire chauffer tous les ingrédients. Verser le basilic, saler et poivrer. Ce plat est délicieux avec une purée de pommes de terre crémeuse.

VALEUR NUTRITIONNELLE PAR PORTION : protides 45 g ; lipides 20 g ; glucides 2,5 g ; fibres 1 g ; cholestérol 115 mg ; 1 550 kJ (370 cal)

Peler l'oignon rouge, le couper en deux et l'émincer finement.

Utiliser un couteau zesteur pour découper l'écorce de citron.

Faire revenir l'oignon rouge jusqu'à ce qu'il soit doré et fondant.

POULET AU GINGEMBRE ET AUX CHAMPIGNONS NOIRS

Préparation : 25 minutes
Cuisson : 15 minutes
Pour 4 personnes

15 g de champignons noirs (voir Note)
1 cuil. à soupe d'huile
3 gousses d'ail, hachées
6 cm de gingembre, râpé
500 g de blancs de poulet crus, coupés en lamelles
4 oignons nouveaux, hachés
1 cuil. à soupe de soja (Golden Mountain si possible)
1 cuil. à soupe de sauce de poisson
2 cuil. à café de cassonade
1/2 poivron rouge, en fines lanières
15 g de feuilles de coriandre fraîche
20 g de basilic thaï en fines lanières

1 Faire tremper les champignons noirs dans l'eau chaude pendant 15 minutes jusqu'à ce qu'ils soient bien gonflés. Les égoutter et les couper en gros morceaux.

2 Faire chauffer l'huile dans un grand wok et y faire revenir l'ail et le gingembre pendant 1 minute. Ajouter le poulet ; le faire sauter en plusieurs fois jusqu'à ce qu'il se colore. Remettre toute la viande dans le wok. Ajouter les oignons nouveaux et la sauce de soja ; faire sauter 1 minute.

3 Verser dans le wok la sauce de poisson, la cassonade et les champignons. Bien remuer tous les ingrédients, couvrir et cuire 2 minutes à l'étouffée. Garnir de poivron, de coriandre, de basilic et servir aussitôt.

VALEUR NUTRITIONNELLE PAR PORTION : protides 30 g ; lipides 8 g ; glucides 3,5 g ; fibres 1 g ; cholestérol 62 mg ; 842 kJ (200 cal)

NOTE : les champignons noirs se présentent séchés. Ils gonflent lorsqu'on les trempe dans l'eau chaude.

Égoutter les champignons noirs gonflés et les couper avec un couteau bien affûté.

Ajouter dans le wok les oignons nouveaux et la sauce de soja, et faire revenir 1 minute.

Couvrir le wok et laisser cuire à l'étouffée pendant 2 minutes.

POULET AUX NOUILLES DE RIZ ET AU CURRY

Préparation : 25 minutes
Cuisson : 10 à 15 minutes
Pour 4 à 6 personnes

200 g de nouilles de riz (voir Note)
1 1/2 cuil. à soupe d'huile
1 cuil. à soupe de pâte de curry rouge
3 cuisses de poulet en filets, coupées en lamelles
1 à 2 cuil. à café de piment rouge haché
2 cuil. à soupe de sauce de poisson
2 cuil. à soupe de jus de citron vert
100 g de germes de soja
80 g de cacahuètes grillées hachées
20 g d'oignon frit
25 g d'ail frit
30 g de feuilles de coriandre fraîche

1 Cuire les nouilles à l'eau bouillante pendant 2 minutes. Les égoutter et leur mélanger 2 cuil. à café d'huile pour les empêcher de coller. Réserver.

2 Chauffer l'huile restante dans le wok, y verser la pâte de curry et remuer 1 minute jusqu'à ce que l'arôme se développe. Ajouter le poulet et le faire revenir 2 minutes en plusieurs fois. Remettre toute la viande dans le wok.

3 Ajouter le piment, la sauce de poisson et le jus de citron. Amener à ébullition et laisser cuire 1 minute. Verser les germes de soja et les nouilles ; bien mélanger. Disposer les nouilles dans un plat, les saupoudrer de cacahuètes grillées, d'oignon et d'ail frits, de feuilles de coriandre. Servir aussitôt.

VALEUR NUTRITIONNELLE PAR PORTION (6) : protides 32 g ; lipides 20 g ; glucides 12 g ; fibres 3 g ; cholestérol 55 mg ; 1 452 kJ (345 cal)

NOTE : ces nouilles de riz sont plates ; on les trouvera dans les magasins d'alimentation asiatique.

À l'aide de deux spatules de bois, mélanger 2 cuil. à soupe d'huile aux nouilles cuites.

Cuire chaque fournée de poulet pendant 2 minutes et remettre toute la volaille dans le wok.

Ajouter les germes de soja et les nouilles dans le wok, et bien mélanger tous les ingrédients.

POULET AUX HARICOTS VERTS ET AUX ASPERGES

Préparation : 25 minutes + 15 minutes de marinade
Cuisson : 15 minutes
Pour 4 personnes

1 tige de citronnelle, le bulbe seulement, haché
5 cm de gingembre, pelé et râpé
2 ou 3 petits piments rouges, épépinés et hachés
1 cuil. à café de zeste de citron kaffir ou de citron vert râpé
2 ou 3 gousses d'ail, hachées
1/2 cuil. à café de poivre noir moulu
2 cuil. à soupe d'huile
375 g de blancs de poulet crus, coupés en lamelles
250 g de haricots verts, coupés en morceaux
1 branche de céleri, coupée en tronçons
185 g de pois gourmands, coupés en deux
200 g d'asperges, coupées en menus morceaux
270 ml de crème de coco en boîte
2 cuil. à soupe de sauce de piment doux
20 petites feuilles de basilic frais

1 Passer au mixeur la citronnelle, le gingembre, le piment, le zeste de citron, l'ail, le poivre et l'huile ; former une pâte. Enrober les morceaux de poulet de cette pâte dans une terrine, couvrir et laisser au réfrigérateur pendant au moins 15 minutes.
2 Blanchir rapidement à l'eau bouillante les haricots verts, le céleri, les pois gourmands et les asperges. Égoutter et plonger ces légumes dans l'eau glacée. Égoutter de nouveau.
3 Dans un wok très chaud, faire sauter le poulet à feu vif pendant 3 à 4 minutes, jusqu'à ce qu'il soit cuit à point. Tourner constamment pour que la pâte épicée ne brûle pas. Remettre tout le poulet dans le wok avec les légumes, la crème de coco, la sauce de piment doux et les feuilles de basilic. Faire bien chauffer tous ces ingrédients et servir avec du riz ou des nouilles.

VALEUR NUTRITIONNELLE PAR PORTION :
protides 50 g ; lipides 30 g ; glucides 8 g ; fibres 6 g ; cholestérol 95 mg ; 1 990 kJ (475 cal)

Il sera plus facile de râper le zeste en couvrant la grille de papier sulfurisé.

Dans un robot-mixeur, réduire en purée la citronnelle, le gingembre, le piment, le zeste de citron, l'ail, le poivre et l'huile.

POULET AUX NOIX ET AUX CHAMPIGNONS DE PAILLE

Préparation : 20 minutes
Cuisson : 15 minutes
Pour 4 personnes

375 g de blancs de poulet crus, coupés en lamelles
1/2 cuil. à café de cinq-épices
2 cuil. à café de fécule de maïs
2 cuil. à soupe de sauce de soja
2 cuil. à soupe de sauce d'huître
2 cuil. à café de cassonade
1 cuil. à café d'huile de sésame
Huile de cuisson
75 g de cerneaux de noix
150 g de haricots kilomètre ou de haricots verts, en tronçons
6 oignons nouveaux, émincés
425 g de champignons de paille en conserve
230 g de pousses de bambou tranchées en conserve, rincées

1 Sécher les morceaux de volaille au papier absorbant et les saupoudrer de cinq-épices. Mélanger dans un bol la fécule de maïs et la sauce de soja pour obtenir une sauce lisse. Verser 125 ml d'eau avec la sauce d'huître, la cassonade et l'huile de sésame.

2 Dans un wok très chaud, verser 1 cuil. à soupe d'huile et en enduire la paroi en faisant tourner l'ustensile. Faire griller les noix pendant 30 secondes et les égoutter sur du papier absorbant.

3 Réchauffer le wok à feu vif. Y verser 1 cuil. à soupe d'huile et faire sauter le poulet 2 à 3 minutes en plusieurs fois, le temps qu'il soit cuit à point. Retirer toute la volaille du wok et la réserver.

4 Ajouter dans le wok les haricots verts, les oignons nouveaux, les champignons de paille et les pousses de bambou ; faire revenir 2 minutes. Retirer du wok. Chauffer dans celui-ci la sauce au soja pendant 1 minute, le temps qu'elle épaississe légèrement. Remettre le poulet et les légumes et tourner pour enrober ces ingrédients de sauce. Saler et poivrer. Parsemer de noix grillées et servir aussitôt.

VALEUR NUTRITIONNELLE PAR PORTION : protides 30 g ; lipides 25 g ; glucides 10 g ; fibres 6,5 g ; cholestérol 45 mg ; 1 675 kJ (400 cal)

Dans une passoire, rincer à l'eau froide les champignons de paille.

Effiler les haricots verts et les couper en tronçons.

Dans le wok, faire légèrement griller les noix dans l'huile.

NOUILLES FRITES AU POULET (MEE GROB)

Préparation : 30 minutes
Cuisson : 20 minutes
Pour 4 personnes

100 g de vermicelles de riz
500 ml d'huile de friture
100 g de tofu frit, en bâtonnets
2 gousses d'ail, hachées
4 cm de gingembre, râpé
150 g de poulet haché
100 g de chair de crevette, finement hachée
1 cuil. à soupe de vinaigre blanc
2 cuil. à soupe de sauce de poisson
2 cuil. à soupe de cassonade
2 cuil. à soupe de sauce au piment rouge
1 cuil. à café de piment rouge haché
2 gousses d'ail au vinaigre, hachées
1/4 de pied de ciboulette de Chine, haché
30 g de feuilles de coriandre fraîche

1 Faire tremper les vermicelles dans un bol d'eau chaude pendant 1 minute. Égoutter et laisser sécher 20 minutes. Faire chauffer l'huile dans un wok ou une sauteuse, y rissoler le tofu à pendant 1 minute, en deux fois ; il doit être doré et croustillant. Égoutter.

2 Verser en plusieurs fois dans le wok les vermicelles bien séchés et les rissoler 10 secondes. Les retirer dès qu'ils sont croustillants pour qu'ils n'absorbent pas trop d'huile. Égoutter sur du papier absorbant et laisser tiédir.

3 Ne garder qu'une cuillerée d'huile dans le wok. Chauffer celui-ci à feu vif, y verser l'ail, le gingembre, le hachis de poulet et la chair de crevette ; faire dorer le tout 2 minutes. Ajouter le vinaigre, la sauce de poisson, la cassonade, le piment et la sauce de piment ; remuer jusqu'à ébullition.

4 Verser les nouilles et le tofu dans le wok et bien mélanger les ingrédients. Ajouter au denier moment l'ail au vinaigre, la ciboulette et la coriandre. Servir aussitôt.

VALEUR NUTRITIONNELLE PAR PORTION : protides 18 g ; lipides 123 g ; glucides 28 g ; fibres 3 g ; cholestérol 56 mg ; 5 183 kJ (1 238 cal)

Frire le tofu jusqu'à ce qu'il soit bien doré. Le retirer à l'aide d'un panier métallique.

Faire rissoler les vermicelles dans le wok en plusieurs fois.

Ajouter dans le wok l'ail haché, le gingembre râpé, le poulet haché et la chair de crevette.

Au moment de servir, remettre les nouilles et le tofu dans le wok en les mélangeant bien.

NOUILLES CHIANG MAÏ

Préparation : 20 minutes
Cuisson : 15 minutes
Pour 4 personnes

500 g de nouilles fraîches de blé aux œufs
1 cuil. à soupe d'huile
3 échalotes, hachées
6 gousses d'ail, hachées
2 cuil. à café de piment rouge finement haché (facultatif)
1 à 2 cuil. à soupe de pâte de curry rouge
350 g de poulet maigre, en lamelles
1 carotte, en fines lamelles
2 cuil. à soupe de sauce de poisson
2 cuil. à café de cassonade
3 oignons nouveaux, finement émincés
7 g de feuilles de coriandre fraîche

1 Cuire les nouilles à l'eau bouillante pendant 2 à 3 minutes. Égoutter et tenir au chaud.

2 Faire chauffer l'huile à feu vif dans un wok ou une sauteuse. Y verser les échalotes, l'ail, le piment et la pâte de curry ; tourner 2 minutes, le temps que la préparation dégage ses arômes. Ajouter le poulet en deux fois et le faire dorer 3 minutes.

3 Remettre toute la viande dans le wok. Ajouter la carotte, la sauce de poisson, la cassonade et amener à ébullition. Répartir les nouilles dans des bols de service ; verser dessus le poulet et les oignons, parsemer de coriandre et servir aussitôt.

VALEUR NUTRITIONNELLE PAR PORTION : protides 37 g ; lipides 10 g ; glucides 92 g ; fibres 4,5 g ; cholestérol 67 mg ; 2 565 kJ (612 cal)

CONSEIL : ce plat doit être servi aussitôt après la cuisson des nouilles, pour que les légumes et les pâtes ne soient pas détrempés.

Hacher finement les échalotes au couteau bien affûté.

Cuire les nouilles à l'eau bouillante et les égoutter aussitôt.

Remettre tout le poulet haché dans le wok, ajouter la carotte, la sauce de poisson et la cassonade.

POULET À LA SAUCE D'HUÎTRE ET AU BASILIC

Préparation : 20 minutes
Cuisson : 10 minutes
Pour 4 personnes

60 ml de sauce d'huître
2 cuil. à soupe de sauce de poisson
1 cuil. à soupe de sucre de palme écrasé
1 cuil. à soupe d'huile
2 ou 3 gousses d'ail, écrasées
1 cuil. à soupe de gingembre frais râpé
1 ou 2 piments rouges, épépinés et hachés fin
4 oignons nouveaux, hachés fin
375 g de blancs de poulet crus, coupés en lamelles
250 g de brocoli, divisés en petits bouquets
230 g de châtaignes d'eau en conserve, égouttées
230 g de pousses de bambou tranchées en conserve, rincées
20 feuilles de basilic frais, ciselées

1 Verser dans un bol 60 ml d'eau, la sauce d'huître, la sauce de poisson et le sucre de palme. Bien mélanger.
2 Dans un wok très chaud, verser l'huile et en enduire la paroi en faisant tourner l'ustensile. Faire revenir l'ail, le gingembre, le piment et les oignons nouveaux pendant 1 minute à feu modéré. Mettre à feu assez vif, ajouter le poulet et le rissoler 2 à 3 minutes. Le retirer du wok quand il est à point.
3 Réchauffer le wok et y verser le brocoli, les châtaignes d'eau et les pousses de bambou. Faire revenir 2 à 3 minutes en tournant constamment. Ajouter la sauce et amener à ébullition sans cesser de tourner. Remettre le poulet dans le wok et bien le réchauffer en remuant. Mélanger le basilic et servir aussitôt.

VALEUR NUTRITIONNELLE PAR PORTION : protides 30 g ; lipides 3,5 g ; glucides 35 g ; fibres 8 g ; cholestérol 45 mg ; 1 205 kJ (285 cal)

Écraser le sucre de palme avec le plat d'un couteau.

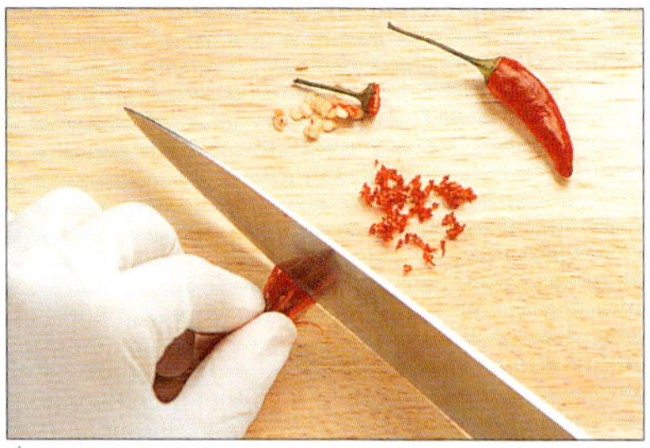
Épépiner les piments et les hacher très finement.

Faire revenir à feu modéré l'ail, le gingembre, le piment et les oignons nouveaux.

SAUTÉ DE POULET AUX PÂTES

Préparation : 20 minutes
Cuisson : 15 minutes
Pour 4 à 6 personnes

270 g de tomates séchées à l'huile
500 g de blancs de poulet en filets, coupées en lamelles
125 ml de crème fleurette
2 cuil. à soupe de basilic frais ciselé
2 gousses d'ail, écrasées
400 g de penne, cuites
2 cuil. à soupe de pignons, grillés

1 Égoutter les tomates séchées, réserver leur huile et les couper en tranches fines.
2 Dans un wok très chaud, verser 1 cuil. à soupe de l'huile de tomates et en enduire la paroi en faisant tourner l'ustensile. Faire sauter le poulet en plusieurs fois et ajouter de l'huile si nécessaire.
3 Remettre tout le poulet dans le wok, ajouter l'ail, les tomates séchées et la crème. Laisser mijoter 4 à 5 minutes.
4 Ajouter les pâtes et le basilic, mélanger et faire chauffer. Bien assaisonner et servir en parsemant le plat de pignons grillés.

VALEUR NUTRITIONNELLE PAR PORTION (6) : protides 30 g ; lipides 30 g ; glucides 5 g ; fibres 4 g ; cholestérol 70 mg ; 2 696 kJ (640 cal)

Faire griller les pignons à sec dans le wok en les remuant.

Égoutter les tomates séchées, réserver leur huile et les couper en tranches fines.

Remettre tout le poulet dans le wok, ajouter l'ail, les tomates séchées et la crème.

DONBURI AU POULET

Préparation : 35 minutes
Cuisson : 30 minutes
Pour 4 personnes

440 g de riz rond
2 cuil. à soupe d'huile
2 petits blancs de poulet crus (250 g), coupés en lamelles
2 oignons, finement émincés
80 ml de shoyu
2 cuil. à soupe de mirin (vin de riz doux)
1 cuil. à café de dashi en granulés
5 œufs, légèrement battus
2 feuilles de nori
2 oignons nouveaux, émincés

1 Laver le riz sous l'eau froide jusqu'à ce que l'eau qui coule soit claire. Verser le riz dans une cocotte ou une sauteuse, le mouiller de 600 ml d'eau et amener rapidement à ébullition. Couvrir hermétiquement et mettre sur un feu aussi doux que possible (sinon le riz attacherait au fond du récipient). Cuire 15 minutes, monter à feu très vif pendant 15 à 20 secondes, retirer la cocotte et laisser reposer 12 minutes, sans soulever le couvercle pour garder toute la vapeur de cuisson.

2 Faire chauffer l'huile dans une poêle, à feu vif. Y faire sauter le poulet jusqu'à ce qu'il soit tendre. Transférer la volaille et la réserver. Réchauffer la poêle, ajouter l'oignon et le faire revenir pendant 3 minutes en remuant de temps en temps jusqu'à ce qu'il soit presque fondant. Ajouter 80 ml d'eau, le shoyu, le mirin et le dashi en granulés. Tourner pour dissoudre ce dernier et amener à ébullition. Cuire 3 minutes, le temps que l'oignon soit à point.

3 Remettre le poulet dans la cocotte, verser les œufs et tourner délicatement. Couvrir et laisser mijoter à très petit feu pendant 2 à 3 minutes, le temps que les œufs aient pris. Retirer du feu. Pour préparer un nori croustillant, le mettre à petit feu pendant une quinzaine de secondes, puis le réduire en menus morceaux.

4 Disposer le riz dans un plat, remuer vivement, disposer délicatement dessus le poulet et les œufs. Garnir de nori et d'oignon nouveau.

VALEUR NUTRITIONNELLE PAR PORTION : protides 32 g ; lipides 18 g ; glucides 90 g ; fibres 3,6 g ; cholestérol 256 mg ; 2 737 kJ (654 cal)

NOTE : le donburi est un récipient de terre cuite, qui a donné son nom au mets.
La méthode japonaise pour préparer le riz prévoit un « coup de feu » juste avant la fin de la cuisson. On peut préférer une cuisson au cuiseur à vapeur.

Laver le riz dans une passoire, sous l'eau froide.

Faire revenir l'oignon 3 minutes environ, le temps qu'il soit presque fondant.

Verser les œufs dans la sauteuse et remuer délicatement pour les laisser prendre.

POULET À L'ANANAS ET AUX NOIX DE CAJOU

Préparation : 35 minutes
Cuisson : 25 minutes
Pour 4 personnes

80 g de noix de cajou
2 cuil. à soupe d'huile
4 gousses d'ail, hachées
1 gros oignon, coupé en gros morceaux
2 cuil. à café de piment rouge haché
350 g de cuisses de poulet en filets, hachées
1/2 poivron rouge, haché
1/2 poivron vert, haché
2 cuil. à soupe de sauce d'huître
1 cuil. à soupe de sauce de poisson
1 cuil. à café de sucre
320 g d'ananas frais, en dés
3 oignons nouveaux, hachés
2 cuil. à soupe de noix de coco râpée, grillée

1 Faire griller les noix de cajou dans le four à température modérée (180 °C) pendant 5 minutes ; elles doivent être très dorées.

2 Faire chauffer l'huile dans un wok ou une sauteuse. Y mettre l'ail, l'oignon et le piment à feu modéré et faire revenir 2 minutes. Retirer du wok. Augmenter le feu, faire rissoler le poulet et le poivron en deux fois, en remuant jusqu'à ce que la viande blondisse. La température doit être très élevée pour qu'elle soit saisie et juteuse.

3 Remettre la préparation à l'oignon dans le wok avec la sauce d'huître, la sauce de poisson, le sucre et l'ananas ; bien remuer et ajouter les noix de cajou. Disposer dans un plat de service, parsemer d'oignon nouveau et de noix de coco. Servir avec du riz.

VALEUR NUTRITIONNELLE PAR PORTION : protides 26 g ; lipides 23 g ; glucides 16 g ; fibres 4,5 g ; cholestérol 44 mg ; 1 556 kJ (372 cal)

Faire griller les noix de cajou sur la plaque du four pendant 15 minutes.

Faire revenir le poivron et le poulet jusqu'à ce que celui-ci soit doré.

Remettre la préparation aux oignons dans le wok et mélanger à la spatule de bois.

CHOW MEIN AU POULET

Préparation : 25 minutes + 1 heure de marinade
Cuisson : 20 minutes
Pour 4 à 6 personnes

500 g de cuisses de poulet en filets, coupées en dés
1 cuil. à soupe de fécule de maïs
2 cuil. à soupe de sauce de soja
1 cuil. à soupe de sauce d'huître
2 cuil. à café de sucre
Huile de cuisson
2 oignons, finement émincés
2 gousses d'ail, finement émincées
1 cuil. à soupe de gingembre frais finement haché
1 poivron vert, en dés
2 branches de céleri, coupées en oblique
8 oignons nouveaux, coupés en petits morceaux
100 g de champignons de Paris, finement émincés
2 cuil. à café de fécule de maïs
80 g de châtaignes d'eau, finement émincées
1 cuil. à soupe de xérès
125 ml de bouillon de volaille
1 cuil. à soupe de sauce de soja
90 g de chou chinois, en fines lanières
200 g de nouilles frites prêtes à l'emploi

1 Dans un bol de verre ou de céramique, mélanger le poulet avec la fécule de maïs, la sauce de soja, la sauce d'huître et le sucre. Couvrir et laisser 1 heure au réfrigérateur.
2 Dans un wok très chaud, verser 1 cuil. à soupe d'huile et en enduire la paroi en faisant tourner l'ustensile. Faire revenir le poulet en deux fois à feu vif de 4 à 5 minutes. Ajouter de l'huile si nécessaire. Retirer toute la viande du wok et réserver.
3 Réchauffer le wok, verser 1 cuil. à soupe d'huile et faire revenir l'oignon à feu modéré pendant 3 à 4 minutes, jusqu'à ce qu'il soit presque fondant. Ajouter l'ail, le gingembre, le poivron, le céleri, les oignons nouveaux, les champignons et les châtaignes d'eau. Faire sauter tous ces ingrédients pendant 3 à 4 minutes.
4 Mélanger la fécule de maïs avec le xérès, le bouillon de volaille et la sauce de soja. Verser dans le wok et amener à ébullition. Laisser mijoter 1 à 2 minutes, le temps que la sauce commence à épaissir. Ajouter le chou et cuire à couvert pendant 1 à 2 minutes, le temps que le chou soit juste étuvé. Remettre le poulet dans le wok et chauffer tous les ingrédients en tournant. Saler et poivrer. Disposer les nouilles autour d'un grand plat et verser au milieu la préparation au poulet. Servir aussitôt.

VALEUR NUTRITIONNELLE PAR PORTION (6) : protides 25 g ; lipides 8,5 g ; glucides 20 g ; fibres 4 g ; cholestérol 55 mg ; 1 110 kJ (265 cal)

Mélanger la fécule de maïs, le xérès, le bouillon et la sauce de soja et verser le tout dans le wok.

POULET AU GINGEMBRE, AUX CHAMPIGNONS ET AUX NOUILLES

Préparation : 20 minutes + trempage
Cuisson : 10 minutes
Pour 4 personnes

- 4 champignons chinois séchés
- 2 cuil. à café de fécule de maïs
- 2 cuil. à soupe de sauce de soja
- 2 cuil. à soupe de sauce d'huître
- 1 cuil. à soupe de mirin ou de xérès doux
- 200 g de nouilles de blé sèches
- 1 cuil. à café d'huile de sésame
- Huile de cuisson
- 2 à 3 gousses d'ail, écrasées
- 8 cm de gingembre frais, coupé en bâtonnets
- 375 g de blancs de poulet crus, coupés en lamelles
- 1 oignon rouge, finement émincé
- 6 oignons nouveaux, coupés en petits morceaux
- 185 g de petits rosés des prés, en gros quartiers
- 90 g de germes de soja
- 20 g de menthe fraîche hachée

1 Mettre les champignons séchés dans un bol et les couvrir d'eau chaude. Les laisser gonfler une dizaine de minutes. Les égoutter et les essorer. Couper le pied coriace et émincer les chapeaux.

2 Mouiller la fécule de maïs de 60 ml d'eau et remuer pour obtenir un mélange bien lisse. Ajouter la sauce de soja, la sauce d'huître et le mirin.

3 Cuire les nouilles à l'eau bouillante salée pendant 1 à 2 minutes ou en suivant leur mode d'emploi. Égoutter et réserver.

4 Dans un wok très chaud, verser l'huile de sésame et 1 cuil. à soupe d'huile ; en enduire la paroi en faisant tourner l'ustensile. Faire sauter à feu vif l'ail, le gingembre et le poulet en plusieurs fois pendant 2 à 3 minutes, le temps que la viande soit à point. Retirer du wok et réserver.

5 Réchauffer le wok, verser 1 cuil. à soupe d'huile et faire revenir tous les oignons pendant 1 à 2 minutes jusqu'à ce qu'ils soit fondants. Ajouter les champignons chinois et les rosés ; les faire sauter 1 à 2 minutes. Retirer du wok et réserver.

6 Verser la préparation à la sauce de soja dans le wok et la chauffer jusqu'à ce qu'elle commence à épaissir. Remettre le poulet et les légumes avec les germes de soja, les nouilles et la menthe hachée. Tourner jusqu'à ce que les nouilles soient bien enrobées de sauce. Servir aussitôt.

VALEUR NUTRITIONNELLE PAR PORTION : protides 30 g ; lipides 9 g ; glucides 45 g ; fibres 6 g ; cholestérol 45 mg ; 1 650 kJ (395 cal)

Couvrir les champignons séchés d'eau chaude et les laisser gonfler.

Cuire les nouilles dans un grand récipient d'eau bouillante salée.

SAUTÉ DE POULET À LA CITRONNELLE, AU GINGEMBRE ET AU PIMENT

Préparation : 30 minutes
Cuisson : 15 à 20 minutes
Pour 4 personnes

- 2 cuil. à soupe d'huile
- 2 oignons jaunes, hachés grossièrement
- 4 gousses d'ail, hachées
- 5 cm de gingembre frais, finement râpé
- 3 tiges de citronnelle, le bulbe seulement, très finement émincé
- 2 à 3 cuil. à café de piment vert haché
- 500 g de cuisses de poulet en filets, coupées en lamelles
- 2 cuil. à café de sucre
- 1 cuil. à soupe de sauce de poisson
- Piment vert émincé, pour la présentation
- Coriandre fraîche, pour la présentation
- Feuilles de menthe (vietnamienne) fraîche, pour la présentation

1 Faire chauffer l'huile dans un wok ou une sauteuse et y faire revenir les oignons, l'ail, le gingembre, la citronnelle et le piment. Remuer à feu modéré pendant 3 à 5 minutes, jusqu'à ce que les ingrédients blondissent. Veiller à ne pas les faire brûler, ils prendraient un goût amer.

2 Augmenter le feu, ajouter le poulet et bien remuer. Saupoudrer de sucre et cuire environ 5 minutes en tournant régulièrement.

3 Verser la sauce de poisson et cuire encore 2 minutes. Garnir de piment émincé, de coriandre et de menthe fraîches. Servir avec du riz à la vapeur.

VALEUR NUTRITIONNELLE PAR PORTION : protides 1,5 g ; lipides 9,5 g ; glucides 5 g ; fibres 1,5 g ; cholestérol 0 mg ; 472 kJ (113 cal)

CONSEIL : veiller à préparer ce sauté dans un wok très chaud, ou le poulet ne sera pas saisi. La citronnelle donne un parfum citronné très rafraîchissant. Vérifier que les tiges ne sont pas sèches.

Émincer finement le bulbe de la citronnelle.

Saupoudrer le poulet de sucre et cuire environ 5 minutes.

Avant de servir, verser la sauce de poisson et chauffer encore 2 minutes.

BLANCS DE POULET FARCIS

Préparation : 40 minutes
Cuisson : 45 minutes
Pour 6 personnes

- 1 cuil. à soupe d'huile d'olive
- 1 oignon, haché fin
- 2 gousses d'ail, écrasées
- 100 g de jambon, haché fin
- 1 poivron vert, haché fin
- 2 cuil. à soupe d'olives noires dénoyautées et finement hachées
- 35 g de parmesan râpé
- 6 blancs de poulet crus
- Farine d'enrobage
- 2 œufs, légèrement battus
- 150 g de chapelure
- 60 ml d'huile d'olive

1 Faire chauffer l'huile dans une sauteuse et y faire revenir à feu modéré l'oignon, l'ail, le jambon et le poivron en tournant, pendant 5 minutes, le temps que l'oignon soit fondant. Retirer et verser dans un bol résistant à la chaleur ; ajouter les olives et le parmesan.

2 Fendre profondément les blancs, mais sans en détacher les moitiés.

3 Remplir les blancs de farce au jambon et refermer par des cure-dents de bois. Fariner la viande et secouer pour enlever l'excédent. Tremper dans l'œuf battu puis dans la chapelure. Faire chauffer l'huile dans une sauteuse et y rissoler les blancs en plusieurs fois, à feu modéré pendant 15 à 20 minutes, en les retournant à mi-cuisson. Retirer les cure-dents au moment de servir, et couper le poulet en lamelles obliques.

VALEUR NUTRITIONNELLE PAR PORTION : protides 35 g ; lipides 20 g ; glucides 20 g ; fibres 2 g ; cholestérol 115 mg ; 1 660 kJ (395 cal)

Fendre profondément les filets crus, mais sans en détacher les moitiés.

Farcir les blancs de volaille et les refermer par des cure-dents de bois.

Tremper les blancs farinés dans l'œuf battu, puis les rouler dans la chapelure avant cuisson.

POULET AU POIVRE DU SICHUAN

Préparation : 25 minutes + 2 heures de marinade
Cuisson : 20 minutes
Pour 4 personnes

3 cuil. à café de poivre du Sichuan
500 g de cuisses de poulet en filets, coupées en lamelles
2 cuil. à soupe de sauce de soja
1 gousse d'ail, écrasée
1 cuil. à café de gingembre frais râpé
3 cuil. à café de fécule de maïs
100 g de nouilles sèches aux œufs
Huile de cuisson
1 oignon, émincé
1 poivron jaune, en fines lanières
1 poivron rouge, en fines lanières
100 g de pois gourmands
60 ml de bouillon de volaille

1 Faire chauffer un wok à feu vif et y griller à sec le poivre de Sichuan pendant 30 secondes. Retirer du wok, piler au mortier, moudre dans un moulin ou passer au hachoir électrique.
2 Mélanger dans un bol de verre ou de céramique le poulet, la sauce de soja, l'ail, le gingembre, la fécule de maïs et le poivre du Sichuan. Couvrir et réfrigérer 2 heures.
3 Faire cuire les nouilles 5 minutes dans une grande casserole d'eau bouillante. Les égoutter et leur incorporer un peu d'huile pour les empêcher de coller. Réserver.
4 Dans un wok très chaud, verser 1 cuil. à soupe d'huile et en enduire la paroi en faisant tourner l'ustensile. Y rissoler le poulet en plusieurs fois, à feu modéré pendant 5 minutes. En cours de cuisson, ajouter de l'huile si nécessaire. Retirer du wok et réserver.
5 Réchauffer le wok, ajouter 1 cuil. à soupe d'huile, faire revenir l'oignon, le poivron et les pois gourmands pendant 2 à 3 minutes, le temps que les légumes soient fondants. Verser le bouillon de volaille et amener à ébullition.
6 Remettre le poulet et les nouilles dans le wok ; remuer à feu vif pour que les ingrédients soient bien mélangés. Servir aussitôt.

VALEUR NUTRITIONNELLE PAR PORTION : protides 35 g ; lipides 15 g ; glucides 25 g ; fibres 3 g ; cholestérol 65 mg ; 1 515 kJ (360 cal)

Faire chauffer un wok à feu vif et y griller à sec le poivre de Sichuan.

Piler le poivre du Sichuan au mortier.

Incorporer un peu d'huile aux nouilles cuites pour les empêcher de coller.

NASI GORENG

Préparation : 25 minutes
Cuisson : 15 minutes
Pour 4 à 6 personnes

5 à 8 piments rouges longs, épépinés et hachés
2 cuil. à café de pâte de crevettes
8 gousses d'ail, finement hachées
Huile de cuisson
2 œufs, légèrement battus
350 g de cuisses de poulet en filets, coupées en lamelles
200 g de grosses crevettes décortiquées
1,5 kg de riz cuit
80 ml de kecap manis (sauce indonésienne épaisse)
80 ml de sauce de soja
2 petits concombres, hachés fin
1 grosse tomate, hachée fin
Quartiers de citron, pour la présentation

1 Au mixeur, réduire en purée le piment, la pâte de crevettes et l'ail.
2 Dans un wok très chaud, verser 1 cuil. à soupe d'huile et en enduire la paroi en faisant tourner l'ustensile. Y verser les œufs battus et, à l'aide d'une spatule souple ou de la cuillère de wok, les faire remonter sur la paroi pour former une large omelette. Chauffer 1 minute à feu modéré, retourner l'omelette et cuire l'autre côté. Retirer du wok, laisser refroidir et couper en lanières.
3 Réchauffer le wok et y verser 1 cuil. à soupe d'huile. Faire revenir à feu vif le poulet avec la moitié de la pâte de piment. Retirer la viande du wok.
4 Réchauffer le wok et y verser 1 cuil. à soupe d'huile. Faire revenir les crevettes avec la pâte de piment restante, jusqu'à la cuisson. Retirer et réserver.
5 Réchauffer le wok, y verser 1 cuil. à soupe d'huile et le riz cuit ; le faire sauter à feu modéré en tournant constamment pendant 4 à 5 minutes. Ajouter le kecap manis et la sauce de soja ; tourner constamment jusqu'à ce que le riz soit bien enrobé de condiments. Remettre le poulet et les crevettes dans le wok, et remuer le temps que tous les ingrédients soient très chauds. Assaisonner de sel et de poivre fraîchement moulu. Disposer dans un saladier de service, garnir de lanières d'omelette, de concombre et de tomate. Servir avec des quartiers de citron.

VALEUR NUTRITIONNELLE PAR PORTION (6) : protides 30 g ; lipides 10 g ; glucides 70 g ; fibres 3,5 g ; cholestérol 140 mg ; 2 105 kJ (505 cal)

Épépiner les piments et les hacher finement.

Fendre les crevettes décortiquées par le dos pour retirer le boyau.

Au mixeur, réduire en purée le piment, la pâte de crevettes et l'ail.

SAUTÉ DE POULET AU CURRY ET AUX NOUILLES

Préparation : 20 minutes
Cuisson : 10 minutes
Pour 4 personnes

- 100 g de vermicelles de riz séchés
- Huile de cuisson
- 500 g de blancs de poulet crus, coupés en lamelles
- 2 gousses d'ail, écrasées
- 1 cuil. à café de gingembre frais râpé
- 2 cuil. à café de curry en poudre à l'asiatique
- 1 oignon rouge, émincé
- 1 poivron rouge, coupé en fines lanières
- 2 carottes, coupées en bâtonnets
- 2 courgettes, coupées en bâtonnets
- 1 cuil. à soupe de sauce de soja

1 Mettre les vermicelles dans un grand bol, couvrir d'eau bouillante et laisser tremper 5 minutes. Bien égoutter et laisser sécher sur un torchon.

2 Dans un wok très chaud, verser 1 cuil. à soupe d'huile et en enduire la paroi en faisant tourner l'ustensile. Y rissoler le poulet en plusieurs fois, à feu modéré ; il doit être doré et à point. Retirer toute la viande et l'égoutter sur du papier absorbant.

3 Réchauffer le wok, ajouter 1 cuil. à soupe d'huile et faire revenir l'ail, le gingembre, le curry et l'oignon pendant 1 à 2 minutes, le temps que les épices dégagent leur arôme. Ajouter le poivron, les carottes et les courgettes, faire sauter jusqu'à ce que les ingrédients soient bien enrobés d'épices. Verser 1 cuil. à soupe d'eau et cuire 1 minute.

4 Ajouter au wok les nouilles égouttées, le poulet et la sauce de soja ; bien mélanger avec deux cuillères en bois. Saler et servir.

VALEUR NUTRITIONNELLE PAR PORTION : protides 30 g ; lipides 15 g ; glucides 25 g ; fibres 4 g ; cholestérol 60 mg ; 1 495 kJ (355 cal)

Découper en lamelles les blancs de poulet crus.

Tailler en bâtonnets les carottes épluchées.

Tremper les vermicelles de riz dans l'eau bouillante pendant 5 minutes.

SAUTÉ DE POULET AUX NOUILLES ET AUX LÉGUMES

Préparation : 25 minutes
Cuisson : 10 minutes
Pour 4 personnes

6 petits pak-choï
8 tiges de brocoli chinois
150 g de bâtons séchés au riz
2 cuil. à soupe d'huile
375 g de blancs de poulet crus, coupés en lamelles
2 à 3 gousses d'ail, écrasées
5 cm de gingembre frais, râpé
6 oignons nouveaux, coupés en morceaux
1 cuil. à soupe de xérès
90 g de germes de soja

SAUCE
2 cuil. à café de fécule de maïs
2 cuil. à soupe de sauce de soja
2 cuil. à soupe de sauce d'huître
2 cuil. à café de cassonade
1 cuil. à café d'huile de sésame

1 Enlever les grosses feuilles des pak-choï et des brocolis. Couper en morceaux de 4 cm, tiges comprises. Laver, égoutter et sécher.
2 Mettre les nouilles de riz dans un bol résistant à la chaleur et ouvrir d'eau bouillante. Laisser tremper de 5 à 8 minutes, le temps qu'elles ramollissent. Les rincer, les égoutter et les recouper aux ciseaux en petites longueurs.
3 Entre-temps, préparer la sauce en mélangeant la fécule de maïs et la sauce de soja dans un petit bol. Former un mélange lisse puis ajouter la sauce d'huître, la cassonade, l'huile de sésame et 125 ml d'eau.
4 Dans un wok très chaud, verser l'huile et en enduire la paroi en faisant tourner l'ustensile. Y rissoler le poulet en plusieurs fois à feu modéré avec l'ail, le gingembre et les oignons nouveaux pendant 3 à 4 minutes, le temps que la volaille soit à point. Retirer du wok et réserver.
5 Ajouter au wok le pak-choï, le brocoli et le xérès, couvrir et étuver pendant 2 minutes ; les légumes doivent être simplement ramollis. Retirer du wok et réserver. Verser la sauce dans le wok et la tourner jusqu'à ce qu'elle soit brillante et commence à épaissir. Remettre le poulet, les légumes, les nouilles et les germes de soja dans le wok, chauffer tous ces ingrédients en les mélangeant bien. Servir aussitôt.

Couper le pak-choï et le brocoli en morceaux, y compris les tiges.

Recouper aux ciseaux les nouilles trempées dans l'eau bouillante.

VALEUR NUTRITIONNELLE PAR PORTION : protides 30 g ; lipides 15 g ; glucides 50 g ; fibres 4 g ; cholestérol 45 mg ; 1 855 kJ (445 cal)

NOTE : des brocolis ordinaires et des épinards peuvent être utilisés comme légumes verts.

NOUILLES AU POULET ET AUX GRAINES DE SOJA

Préparation : 15 minutes
Cuisson : 15 minutes
Pour 2 à 3 personnes

- 2 cuil. à café de graines de soja au naturel
- Huile de cuisson
- 2 cuil. à café d'huile de sésame
- 500 g de cuisses de poulet en filets, coupées en lamelles
- 3 gousses d'ail, très finement hachées
- 4 oignons nouveaux, hachés
- 1 cuil. à café de sucre
- 1 poivron rouge, coupé en lanières
- 100 g de haricots verts, coupés en petits morceaux
- 300 g de nouilles hokkien
- 2 cuil. à soupe de sauce d'huître
- 1 cuil. à soupe de sauce de soja

1 Rincer les graines de soja sous l'eau froide. Égoutter et hacher grossièrement.
2 Dans un wok très chaud, verser 1 cuil. à soupe d'huile et l'huile de sésame et en enduire la paroi en faisant tourner l'ustensile. Y rissoler le poulet en plusieurs fois, à feu modéré en remuant régulièrement. Retirer du wok et réserver.
3 Réchauffer le wok et y verser 1 cuil. à soupe d'huile ; faire sauter l'ail et les oignons nouveaux pendant 1 minute. Ajouter les graines de soja, le sucre, le poivron et les haricots verts ; cuire 1 minute.
4 Séparer délicatement les nouilles et les ajouter au contenu du wok avec le poulet, les sauces d'huître et de soja ; remuer pour bien mélanger tous ces ingrédients. Cuire à couvert pendant 2 minutes, le temps que les nouilles soient simplement ramollies.

VALEUR NUTRITIONNELLE PAR PORTION (3) : protides 50 g ; lipides 20 g ; glucides 50 g ; fibres 2 g ; cholestérol 85 mg ; 2 490 kJ (595 cal)

Dégraisser éventuellement les morceaux de poulet et les couper en lamelles.

Avec un couteau bien affûté, hacher grossièrement les graines de soja égouttées.

Ajouter les graines de soja, le sucre, le poivron et les haricots verts à l'ail et aux oignons.

POULET HACHÉ AUX HERBES ET AUX ÉPICES

Préparation : 30 minutes
Cuisson : 50 minutes
Pour 4 à 6 personnes

50 g de riz à long grain
1 kg de cuisses de poulet en filets
2 cuil. à soupe d'huile d'arachide
4 gousses d'ail, écrasées
2 cuil. à soupe de galanga frais râpé
2 petits piments rouges, hachés fin
4 oignons nouveaux, finement émincés
60 ml de sauce de poisson
1 cuil. à soupe de pâte de crevette
15 g de menthe (vietnamienne) fraîche finement hachée
2 cuil. à soupe de basilic frais ciselé
80 ml de jus de citron
200 g de foies de volaille (facultatifs)

1 Étaler le riz dans un plat à four et le cuire 15 minutes au four à chaleur modérée (180 °C), jusqu'à ce qu'il blondisse. Le laisser tiédir puis le moudre finement au mixeur.

2 Hacher finement le poulet au mixeur. Mettre de l'huile à chauffer dans un wok ou une poêle, y verser l'ail, le galanga, le piment et les oignons nouveaux et faire dorer à feu modéré pendant 3 minutes.

3 Ajouter le poulet haché au wok et le rissoler pendant 5 minutes. Écraser à la cuillère de bois la viande agglutinée en cours de cuisson. Verser la sauce de poisson et la pâte de crevette, amener à ébullition, baisser le feu et cuire 5 minutes.

4 Retirer du feu, et bien mélanger dans le wok la menthe, le basilic, le riz et le jus de citron. Si l'on emploie des foies de volaille, les cuire à point 5 minutes dans 125 ml de bouillon de poulet et les laisser tiédir avant de les hacher. Les chauffer alors avec les autres ingrédients. Garnir de piments fendus en deux et servir avec du riz gluant.

VALEUR NUTRITIONNELLE PAR PORTION (6) : protides 43 g ; lipides 12 g ; glucides 8,5 g ; fibres 1 g ; cholestérol 178 mg ; 1 333 kJ (320 cal)

Faire cuire le riz sur la plaque du four jusqu'à ce qu'il blondisse.

Hacher finement les cuisses de poulet au mixeur.

Faire revenir le poulet haché avec l'ail, le galanga, le piment et les oignons nouveaux.

POULET À LA CRÈME

Préparation : 10 minutes
Cuisson : 15 minutes
Pour 4 personnes

880 g de cuisses de poulet en filets
90 g de beurre
2 gousses d'ail, écrasées
1 cuil. à soupe de sauce Worcestershire
2 cuil. à café de persil frais finement haché
80 g de crème aigre
2 cuil. à soupe de crème fleurette

1 Dégraisser et dénerver éventuellement les cuisses de poulet. Faire fondre le beurre dans une sauteuse à feu modéré. Ajouter l'ail et cuire 1 minute.

2 Faire cuire à point les morceaux de poulet, à feu modéré pendant 4 minutes sur chaque côté. Retirer de la sauteuse et réserver au chaud.

3 Ajouter dans la sauteuse la sauce Worcestershire, le persil haché, la crème aigre et la crème fleurette ; cuire à feu modéré en tournant pendant 1 minute. Assaisonner de sel et de poivre noir fraîchement moulu. Remettre le poulet dans la sauteuse et verser la sauce dessus. Servir avec des haricots verts à la vapeur.

VALEUR NUTRITIONNELLE PAR PORTION : protides 50 g ; lipides 18 g ; glucides 2 g ; fibres 0,5 g ; cholestérol 150 mg ; 1 540 kJ (370 cal)

NOTE : ce plat doit se savourer immédiatement après la cuisson.
Ne pas laisser la sauce bouillir, la crème aigre qu'elle contient tournerait.

VARIANTE : on peut remplacer les cuisses de poulet par des blancs.

Hacher finement le persil à l'aide d'un couteau de cuisine bien affûté.

Faire cuire les morceaux de poulet à feu modéré pendant 4 minutes sur chaque côté.

Ajouter dans la sauteuse la sauce Worcestershire, le persil haché, la crème aigre et la crème fleurette.

POULET CORDON-BLEU

Préparation : 15 minutes + 30 minutes de réfrigération
Cuisson : 20 minutes
Pour 4 personnes

4 blancs de poulet crus
4 tranches épaisses d'emmental
4 tranches de jambon fumé ou de pastrami
40 g de farine salée
1 œuf, légèrement battu
50 g de chapelure
125 ml d'huile

1 Dégraisser et dénerver le poulet. À l'aide d'un couteau affûté, fendre les blancs à cru dans la partie la plus épaisse, sans les couper en deux. Assaisonner l'intérieur de ces escalopes de sel et de poivre noir fraîchement moulu.
2 Garnir l'intérieur des morceaux de volaille d'une tranche de jambon fumé et d'une tranche d'emmental, puis refermer les escalopes.
3 Fariner soigneusement les morceaux de volaille et secouer pour enlever l'excédent. Tremper dans l'œuf battu puis rouler dans la chapelure. Disposer dans un plat à gratin tapissé de papier d'aluminium et laisser 30 minutes au réfrigérateur.
4 Faire chauffer l'huile dans une petite sauteuse. Y mettre le poulet pané et le faire rissoler en deux fois, à feu modéré pendant 4 minutes sur chaque côté. Ajouter de l'huile si nécessaire. Servir aussitôt.

VALEUR NUTRITIONNELLE PAR PORTION : protides 40 g ; lipides 40 g ; glucides 16 g ; fibres 1 g ; cholestérol 130 mg ; 2 438 kJ (582 cal)

Fendre les blancs à cru dans la partie la plus épaisse, sans les couper en deux.

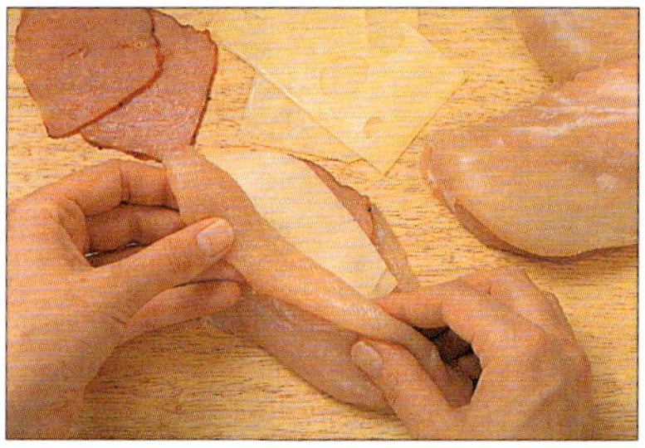

Garnir l'intérieur des morceaux de volaille d'une tranche de jambon fumé et d'une tranche d'emmental.

Secouer pour enlever l'excédent de farine, puis tremper les blancs dans l'œuf battu.

Faire rissoler le poulet pané 4 minutes sur chaque côté.

POULET AUX CHAMPIGNONS

Préparation : 10 minutes
Cuisson : 20 minutes
Pour 4 personnes

- 4 blancs de poulet crus
- 30 g de beurre
- 2 cuil. à soupe d'huile
- 4 petites courgettes, en fines rondelles
- 2 poireaux, en fines rondelles
- 2 gousses d'ail, écrasées
- 2 petits piments rouges, finement émincés
- 150 g de pleurotes (voir Note)
- 1 cuil. à soupe de jus de citron vert
- 60 ml de crème fleurette

1 Dégraisser et dénerver le poulet. Faire chauffer l'huile et le beurre dans une sauteuse. Y mettre le poulet à rissoler, à feu modéré 4 minutes sur chaque côté. Lorsque la viande est à point, la retirer et l'égoutter sur du papier absorbant. Tenir au chaud.

2 Verser dans la sauteuse les courgettes, les poireaux, l'ail et le piment. Faire revenir à feu vif pendant 2 minutes. Ajouter les champignons et cuire encore 3 minutes, le temps que tous les légumes soient fondants.

3 Verser le jus de citron et la crème, chauffer 2 minutes, saler et poivrer. Servir aussitôt avec, par exemple, une garniture de poivrons grillés et de nems croustillants.

VALEUR NUTRITIONNELLE PAR PORTION : protides 105 g ; lipides 33 g ; glucides 4 g ; fibres 3,5 g ; cholestérol 265 mg ; 3080 kJ (736 cal)

NOTE : si l'on ne trouve pas de pleurotes, les remplacer par des champignons de Paris ou des rosés des prés.

CONSEIL : pendant que l'on hache les piments, porter des gants de caoutchouc ; éviter de porter les mains au visage : le piment brûle la peau et les yeux.

Faire rissoler le poulet à feu modéré 4 minutes sur chaque côté.

Ajouter dans la sauteuse les pleurotes aux courgettes.

Verser le jus de citron et la crème sur les légumes avant d'ajouter le poulet cuit.

POULET AUX AMANDES ET AU COGNAC

Préparation : 10 minutes
Cuisson : 20 minutes
Pour 4 personnes

90 g d'amandes effilées
2 cuil. à soupe d'huile
4 blancs de poulet crus (460 g)
60 g de beurre
2 poireaux, en fines rondelles
80 ml de cognac
170 ml de crème fleurette

1 Dégraisser et dénerver le poulet. Verser les amandes effilées dans une sauteuse et les remuer pendant 3 minutes, le temps qu'elles dorent. Retirer du récipient et réserver.

2 Faire chauffer l'huile dans la sauteuse et y mettre le poulet. Rissoler chaque côté à feu vif pendant 1 minute. Baisser le feu et cuire encore 3 minutes de chaque côté. Retirer la viande à point de la sauteuse et la tenir au chaud. Vider l'huile du récipient.

3 Faire fondre le beurre dans la sauteuse et y verser les poireaux. Cuire 3 minutes à feu modéré, le temps que les légumes soient fondants. Verser le cognac et faire réduire de moitié, en tournant de temps en temps. Ajouter la crème et cuire 3 minutes ; la sauce doit avoir pris consistance. Servir le poulet sur des assiettes, napper de sauce et parsemer d'amandes effilées. Accompagner de légumes à la vapeur.

VALEUR NUTRITIONNELLE PAR PORTION : protides 32 g ; lipides 40 g ; glucides 3,5 g ; fibres 3 g ; cholestérol 115 mg ; 2 258 kJ (540 cal)

Lorsque les amandes blondissent, les retirer et les réserver.

Baisser le feu et cuire le poulet pendant encore 3 minutes sur chaque côté.

Verser la crème dans la sauteuse et rendre la sauce consistante.

Riz et pâtes

LASAGNES AU POULET ET AUX LÉGUMES

Préparation : 45 minutes
Cuisson : 1 heure 20 minutes
Pour 8 personnes

500 g de blancs de poulet crus
Huile de cuisson
2 gousses d'ail, écrasées
1 oignon, haché
2 courgettes, hachées
2 branches de céleri, hachées
2 carottes, hachées
300 g de potiron, en dés
2 x 400 g de tomates au jus, concassées
2 brindilles de thym frais
2 feuilles de laurier
125 ml de vin blanc
2 cuil. à soupe de concentré de tomate
2 cuil. à soupe de basilic frais ciselé
500 g de feuilles d'épinard
500 g de fromage blanc maigre non battu
450 g de ricotta
60 ml de lait écrémé
1/2 cuil. à café de noix muscade râpée
35 g de parmesan râpé
300 g de pâte à lasagne

1 Préchauffer le four à température modérée (180 °C). Dégraisser éventuellement le poulet puis le hacher finement au mixeur. Faire chauffer une grande poêle antiadhésive, la frotter légèrement d'huile et cuire le hachis en plusieurs fois jusqu'à ce qu'il soit doré. Retirer et réserver.

2 Verser l'ail et l'oignon dans la poêle et les cuire jusqu'à ce qu'ils soient fondants. Remettre le poulet dans la poêle, ajouter les courgettes, le céleri, les carottes, le potiron, les tomates, le thym, le laurier, le vin et le concentré de tomate. Cuire 20 minutes à l'étouffée. Retirer le thym et le laurier, ajouter le basilic et réserver.

3 Couper les feuilles d'épinard en lanières et réserver. Mélanger le fromage blanc, la ricotta, le lait écrémé, la muscade et la moitié du parmesan.

4 Garnir le fond d'un plat à gratin d'un peu de légumes à la tomate et recouvrir d'une feuille de pâte à lasagne. Étaler la moitié de la sauce restante, recouvrir d'épinard puis de la moitié du fromage. Étendre une deuxième feuille de lasagne et napper de sauce. Poser une dernière pâte, la recouvrir du fromage restant et saupoudrer de parmesan. Cuire au four entre 40 et 50 minutes, le temps de dorer les lasagnes. Le dessus gonflera peut-être, mais se stabilisera en laissant reposer le plat.

VALEUR NUTRITIONNELLE PAR PORTION : protides 40 g ; lipides 10 g ; glucides 35 g ; fibres 7 g ; cholestérol 70 mg ; 1 790 kJ (430 cal)

Hacher finement au mixeur les blancs de poulet crus.

Ajouter au poulet les légumes, le vin, le concentré de tomate, le thym et le laurier.

TAGLIATELLE AUX FOIES DE VOLAILLE ET À LA CRÈME

Préparation : 20 minutes
Cuisson : 15 minutes
Pour 4 personnes

1 oignon
300 g de foies de volaille
2 cuil. à soupe d'huile d'olive
1 gousse d'ail, écrasée
250 ml de crème fraîche épaisse
1 cuil. à soupe de ciboulette fraîche ciselée
1 cuil. à café de moutarde à l'ancienne
2 œufs, légèrement battus
375 g de tagliatelle
2 cuil. à soupe de parmesan râpé, pour la présentation
Ciboulette ciselée, pour la présentation

1 Peler l'oignon et le hacher finement. Dégraisser et dénerver les foies de volaille, les couper en menus morceaux.
2 Faire chauffer l'huile dans une sauteuse. Y cuire l'ail et l'oignon en tournant à feu doux jusqu'à ce que ce dernier soit fondant. Ajouter les foies de volaille et les faire revenir à feu doux pendant 2 à 3 minutes. Retirer du feu et verser la crème, la ciboulette, la moutarde, saler et poivrer. Remettre sur le feu et amener à ébullition. Verser l'œuf et incorporer rapidement. Retirer du feu.
3 Pendant que la sauce chauffe, plonger les tagliatelle dans l'eau bouillante et les cuire juste à point. Les égoutter et les verser dans la sauteuse. Ajouter la sauce et bien mélanger le tout. Servir dans des assiettes creuses chauffées ; garnir de ciboulette et de parmesan.

VALEUR NUTRITIONNELLE PAR PORTION : protides 34 g ; lipides 38 g ; glucides 69 g ; fibres 4 g ; cholestérol 217 mg ; 3 175 kJ (760 cal)

CONSEIL : ciseler la ciboulette avec des ciseaux de cuisine.

Parer les foies de volaille puis les couper en menus morceaux.

Cuire l'ail et l'oignon jusqu'à ce qu'ils soient tendres, puis ajouter le poulet.

Verser les œufs battus dans la sauce et incorporer rapidement.

RAVIOLI DE POULET AU BEURRE DE SAUGE

Préparation : 15 minutes
Cuisson : 10 minutes
Pour 4 personnes

500 g de ravioli ou d'agnolotti frais au poulet
60 g de beurre
4 oignons nouveaux, hachés
2 cuil. à soupe de sauge fraîche hachée
1/2 tasse de parmesan râpé, pour la présentation
Sauge fraîche, pour la présentation

1 Jeter les ravioli dans une grande quantité d'eau bouillante et les cuire à point. Les égoutter et les mettre en cocotte.
2 Pendant la cuisson des ravioli, faire fondre le beurre en cocotte. Ajouter les oignons nouveaux et la sauge, tourner pendant 2 minutes. Assaisonner de sel et de poivre noir fraîchement moulu.
3 Napper les pâtes de sauce et bien mélanger le tout. Verser dans un plat de service chauffé, garnir de sauge et de parmesan. Servir aussitôt.

VALEUR NUTRITIONNELLE PAR PORTION : protides 16 g ; lipides 24 g ; glucides 18 g ; fibres 2 g ; cholestérol 74 mg ; 1 445 kJ (345 cal)

CONSEIL : goûter un ravioli pour vérifier la cuisson de la pâte.

Jeter les ravioli dans une grande quantité d'eau bouillante et les cuire à point.

Verser les oignons nouveaux et la sauge sur le beurre fondu et tourner 2 minutes.

Napper les pâtes de sauce à la sauge et bien mélanger le tout.

CANNELLONI AU POULET ET AU POTIRON

Préparation : 1 heure
Cuisson : 2 heures
Pour 6 personnes

500 g de courge musquée (ou de potiron), avec son écorce et ses graines
30 g de beurre
100 g de pancetta, hachée grossièrement
2 cuil. à café d'huile d'olive
2 gousses d'ail, écrasées
500 g de cuisses de poulet, hachées
1/2 cuil. à café de garam masala
2 cuil. à soupe de persil plat haché
150 g de fromage de chèvre
50 g de ricotta
375 g de pâte à lasagne fraîche
100 g de parmesan râpé

SAUCE TOMATE
30 g de beurre
1 gousse d'ail, écrasée
2 x 425 g de tomates au jus concassées
7 g de persil plat haché
60 ml de vin blanc

1 Préchauffer le four à température élevée (220 °C). Badigeonner l'écorce de la courge avec 10 g de beurre, la laisser au four 1 heure sur la plaque. Sortir la courge cuite et retirer les filaments et les graines pendant qu'elle est encore chaude. Racler la chair et l'écraser à la fourchette. Laisser refroidir.
2 Faire fondre 10 g de beurre dans une sauteuse et y cuire la pancetta à feu modéré pendant 2 à 3 minutes. Retirer du feu et égoutter sur du papier absorbant.
3 Dans la même sauteuse, faire fondre le beurre restant et l'huile d'olive. Y mettre l'ail et tourner pendant 30 secondes. Ajouter le poulet haché et le rissoler en plusieurs fois. Le retirer une fois cuit à point et le laisser tiédir sur du papier absorbant. Réduire la température du four à 200 °C.
4 Mélanger dans un bol la pancetta, la courge et le poulet. Ajouter le garam masala, le persil, le fromage de chèvre, la ricotta, du sel et du poivre noir. Couper la pâte à lasagne en carrés d'environ 15 cm de côté. Garnir de 3 cuil. à soupe de farce près du bord et rouler la pâte. Procéder de la même façon avec la farce et la pâte restantes.
5 Préparer la sauce tomate en faisant revenir l'ail au beurre dans une sauteuse. Cuire 1 minute et ajouter les tomates ; cuire encore 1 minute à feu modéré. Verser le vin blanc avec le persil et laisser mijoter 5 minutes. Saler et poivrer.
6 Garnir le fond d'un plat à gratin d'un peu de sauce tomate et ranger les cannelloni au-dessus, en une seule couche. Napper du reste de sauce et saupoudrer de parmesan. Cuire au four entre 20 à 25 minutes, jusqu'à ce que le fromage ait gratiné.

VALEUR NUTRITIONNELLE PAR PORTION : protides 44 g ; lipides 26 g ; glucides 55 g ; fibres 6,5 g ; cholestérol 113 mg ; 2670 kJ (638 cal)

NOTE : on peut employer des cannelloni prêts à l'emploi. Les dresser sur le plan de travail et les remplir à la verticale.

Hacher grossièrement la pancetta à l'aide d'un grand couteau de cuisine.

Au mixeur, hacher finement la chair de poulet.

Racler la chair de courge et l'écraser à la fourchette.

Dans un bol, mélanger la chair de courge, la pancetta, le poulet haché et les autres ingrédients.

Garnir le bord d'un carré de pâte de 3 cuil. à soupe de farce et rouler le cannelloni.

Disposer les cannelloni dans le plat en une seule couche sur un fond de sauce tomate.

CONCHIGLIE AU POULET ET À LA RICOTTA

Préparation : 15 minutes
Cuisson : 1 heure 10 minutes
Pour 4 personnes

500 g de conchiglie (pâtes en forme de coquillage)
2 cuil. à soupe d'huile d'olive
1 oignon, haché
1 gousse d'ail, écrasée
60 g de jambon de Parme, coupé en lanières
125 g de champignons de Paris, hachés
250 g de poulet haché
2 cuil. à soupe de concentré de tomate
425 g de tomates au jus
125 ml de vin blanc sec
1 cuil. à soupe d'origan séché
250 g de ricotta
150 g de mozzarella râpée
1 cuil. à café de ciboulette ciselée
1 cuil. à soupe de persil frais haché
25 g de parmesan râpé

1 Jeter les conchiglie dans une grande quantité d'eau bouillante et les cuire juste à point. Bien égoutter. Faire chauffer l'huile dans une sauteuse. Y mettre l'ail et l'oignon à fondre à feu doux, en tournant. Ajouter le jambon de Parme et remuer 1 minute.

2 Verser les champignons et cuire 2 minutes. Ajouter le poulet haché et le faire dorer en écrasant à la fourchette les morceaux agglutinés en cours de cuisson.

3 Verser le concentré de tomate, les tomates au jus concassées, le vin, l'origan, du sel et du poivre. Amener à ébullition, baisser le feu et cuire 20 minutes.

4 Préchauffer le four à température modérée (180 °C). Mélanger la ricotta, la mozzarella, la ciboulette, le persil et la moitié du parmesan. Garnir chaque conchiglie d'un peu de cette farce. Étaler une couche mince de sauce au poulet au fond d'un plat à gratin et disposer les conchiglie par-dessus. Napper du reste de sauce, saupoudrer de parmesan et cuire au four de 25 à 30 minutes, jusqu'à ce que le gratin soit bien doré.

VALEUR NUTRITIONNELLE PAR PORTION : protides 40 g ; lipides 28 g ; glucides 91 g ; fibres 8 g ; cholestérol 70 mg ; 3339 kJ (800 cal)

Dans la sauteuse, faire fondre l'ail et l'oignon à feu doux puis ajouter le jambon de Parme.

Bien rissoler le hachis de poulet en écrasant à la fourchette les morceaux agglutinés.

Verser le concentré de tomate, les tomates, le vin et l'origan, saler et poivrer.

Garnir chaque conchiglie d'une cuillerée de farce au fromage.

SPAGHETTI AUX BOULETTES DE POULET

Préparation : 30 minutes + réfrigération
Cuisson : 1 heure 30 minutes
Pour 4 à 6 personnes

500 g de poulet haché
60 g de parmesan râpé
160 g de mie de pain fraîche
2 gousses d'ail, écrasées
1 œuf
1 cuil. à soupe de persil plat haché
1 cuil. à soupe de sauge fraîche hachée
60 ml d'huile
500 g de spaghetti
2 cuil. à soupe d'origan frais haché

SAUCE TOMATE
1 cuil. à soupe d'huile d'olive
1 oignon, haché fin
2 kg de tomates mûres, concassées
2 feuilles de laurier
30 g de feuilles de basilic frais, en grosses lanières
1 cuil. à café de poivre noir concassé

1 Mélanger dans un grand bol le hachis de poulet, le parmesan, la mie de pain, l'ail, l'œuf, le persil, la sauge et du poivre noir fraîchement moulu. Former des boulettes avec cette préparation et les réfrigérer 30 minutes pour les raffermir. Faire chauffer l'huile dans une sauteuse et rissoler les boulettes en plusieurs fois, en secouant la sauteuse. Égoutter sur du papier absorbant.
2 Préparer la sauce tomate en faisant chauffer une cocotte ; y mettre l'oignon à dorer pendant 1 à 2 minutes. Ajouter les tomates et le laurier, couvrir et amener à ébullition en remuant de temps en temps. Baisser le feu, couvrir en partie et laisser mijoter de 50 à 60 minutes.
3 Ajouter les boulettes, les feuilles de basilic et le poivre ; cuire à découvert pendant 10 à 15 minutes. Cuire les spaghetti à point dans l'eau bouillante. Les égoutter et les mettre dans la cocotte. Verser un peu de sauce tomate et mélanger délicatement. Servir dans des bols individuels avec le reste de sauce et les boulettes, parsemées d'origan frais.

VALEUR NUTRITIONNELLE PAR PORTION (6) : protides 40 g ; lipides 20 g ; glucides 83 g ; fibres 9,5 g ; cholestérol 80 mg ; 2 890 kJ (690 cal)

Former des boulettes avec des cuillerées à soupe de hachis.

Couvrir en partie la cocotte et faire mijoter la sauce de 50 à 60 minutes.

Ajouter à la sauce tomate les boulettes, le basilic et le poivre.

RAVIOLES AU POULET

Préparation : 45 minutes + 30 minutes de repos
Cuisson : 2 heures 45 minutes
Pour 4 personnes

PÂTES
250 g de farine
3 œufs
1 cuil. à soupe d'huile d'olive
1 jaune d'œuf

FARCE
125 g de poulet haché
75 g de ricotta
60 g de foies de volaille, parés et hachés
30 g de jambon de Parme, haché
1 tranche de salami, hachée
2 cuil. à soupe de parmesan râpé
1 œuf, battu
1 cuil. à soupe de persil frais haché
1 gousse d'ail, écrasée
1/4 de cuil. à café d'épices mélangées

SAUCE TOMATE
2 cuil. à soupe d'huile d'olive
1 oignon, finement haché
2 gousses d'ail, écrasées
2 x 425 g de tomates au jus
15 g de basilic frais haché
1/2 cuil. à café d'herbes mélangées

1 Préparer la pâte en incorporant une pincée de sel à la farine tamisée. Former un puits. Dans un bol, fouetter ensemble les œufs, l'huile et 1 cuil. à soupe d'eau. Verser petit à petit au centre du puits et travailler cette pâte pour former une boule. Pétrir celle-ci sur une surface légèrement farinée pendant 5 minutes, jusqu'à ce que la pâte soit homogène et élastique. Placer la boule dans un bol légèrement huilé et couvrir d'un film plastique. Laisser reposer 30 minutes.

2 Préparer la farce en hachant fin au mixeur le poulet, le fromage, les foies de volaille, le jambon de Parme, le salami, le parmesan, l'œuf, le persil, l'ail, les épices, du sel et du poivre noir fraîchement moulu. Réserver.

3 Préparer la sauce tomate en faisant chauffer l'huile dans une sauteuse. Y mettre l'oignon et l'ail à revenir à feu doux le temps que l'oignon soit fondant. Augmenter le feu, verser les tomates concassées non égouttées, le basilic, les herbes, du sel et du poivre. Bien mélanger puis porter à ébullition. Baisser le feu et laisser mijoter 15 minutes. Retirer du feu.

4 Étendre au rouleau la moitié de la pâte pour former une abaisse de 1 mm d'épaisseur. Couper au couteau ou à la roulette cannelée des bandes de 10 cm de large. Déposer sur le côté de chaque bande des cuillerées à café de farce espacées de 5 cm. Fouetter ensemble le jaune d'œuf et 60 ml d'eau. Passer ce mélange au pinceau sur le côté libre de la pâte et entre les cuillerées de farce. Replier les bandes pour enfermer la farce. Continuer jusqu'à épuisement des ingrédients.

5 Appuyer sur les bords de la pâte pour les faire adhérer. Découper les ravioles au couteau ou à la roulette cannelée.

6 Cuire les ravioles en plusieurs fois dans une grande quantité d'eau bouillante, pendant 10 minutes à chaque fournée. Réchauffer la sauce tomate en cocotte. Ajouter les ravioles cuites et mélanger jusqu'à ce qu'elles soient bien enrobées de sauce. Chauffer doucement, en tournant, pendant 5 minutes et servir.

VALEUR NUTRITIONNELLE PAR PORTION : protides 30 g ; lipides 25 g ; glucides 60 g ; fibres 6 g ; cholestérol 223 mg ; 2 534 kJ (605 cal)

Pétrir la pâte sur une surface légèrement farinée pour obtenir une boule homogène et élastique.

Verser tous les ingrédients de la farce dans le bol du mixeur et les hacher finement.

Ajouter à l'oignon, les tomates, le basilic, les herbes mélangées, le sel et le poivre et remuer.

Disposer des cuillerées à café de farce espacées de 5 cm sur un côté des bandes de pâte.

Découper les ravioles au couteau ou à la roulette cannelée.

Verser les ravioles dans la sauce tomate et mêler les ingrédients.

CAPPELLETTI AU POULET ET À LA SAUCE TOMATE FRAÎCHE

Préparation : 40 minutes
Cuisson : 40 minutes
Pour 4 personnes

SAUCE TOMATE
1 cuil. à soupe d'huile
1 gros oignon, haché
2 gousses d'ail, écrasées
90 g de concentré de tomate
60 ml de vin rouge
170 ml de bouillon de volaille
2 tomates, concassées
1 cuil. à soupe de basilic frais haché

CAPPELLETTI
200 g de poulet haché
1 cuil. à soupe de basilic frais haché
25 g de parmesan râpé
3 oignons nouveaux, hachés fin
50 g de ricotta
250 g de pâte à cappelletti fraîche (48) ou à ravioli chinois ronds prête à l'emploi

1 Préparer la sauce tomate en faisant chauffer l'huile dans une sauteuse et y mettre l'oignon et l'ail à revenir pendant 2 à 3 minutes. Ajouter le concentré de tomate, le vin, le bouillon et les tomates ; cuire 20 minutes puis verser le basilic ; assaisonner de sel et de poivre noir fraîchement moulu.

2 Préparer les cappelletti. Mélanger le poulet haché, le basilic, le parmesan, les oignons nouveaux, la ricotta, du sel et du poivre noir. Étendre la moitié des ronds de pâte sur le plan de travail et les humidifier. Disposer au centre de chacun 1 cuil. à café de farce, légèrement bombée. Recouvrir d'un autre rond et appuyer sur les bords de la pâte pour les faire adhérer.

3 Amener à ébullition une marmite pleine d'eau et y plonger les cappelletti en plusieurs fois. Cuire 2 à 3 minutes. Bien égoutter et servir avec la sauce tomate.

VALEUR NUTRITIONNELLE PAR PORTION : protides 24 g ; lipides 5,5 g ; glucides 50 g ; fibres 6 g ; cholestérol 37 mg ; 1 520 kJ (363 cal)

Ajouter à la sauce tomate le basilic, le sel et le poivre.

Pour préparer la farce, mélanger le poulet haché, le basilic, le parmesan, les oignons nouveaux et la ricotta.

Disposer la farce au centre de chaque rond de pâte, recouvrir d'un autre « chapeau » et appuyer sur les bords.

SALADE DE POULET ET DE PÂTES AUX ASPERGES

Préparation : 30 minutes
Cuisson : 25 minutes
Pour 4 personnes

250 g de blancs de poulet crus
375 ml de bouillon de volaille
350 g de fusili
155 g d'asperges, coupées en tronçons
150 g de gruyère râpé
2 oignons nouveaux, coupés en fines rondelles

ASSAISONNEMENT
60 ml d'huile d'olive
60 ml de jus de citron
1/2 cuil. à café de sucre

1 Mettre le poulet dans une sauteuse et verser le bouillon dessus. Amener à ébullition, baisser le feu et pocher à petit frémissement en tournant régulièrement pendant 8 minutes, le temps que le poulet soit tendre. Retirer du feu, laisser refroidir et découper la viande en lamelles.
2 Plonger les pâtes dans une grande quantité d'eau bouillante salé pendant 10 à 12 minutes. Les sortir al dente, égoutter et laisser refroidir.
3 Cuire les asperges à l'eau bouillante pendant 2 minutes. Égoutter et rafraîchir dans un bol d'eau glacée. Égoutter de nouveau. Mélanger les asperges, les pâtes et le poulet dans un saladier.
4 Préparer l'assaisonnement en fouettant ensemble tous ses ingrédients. Saler et poivrer. Verser sur la salade de poulet et mélanger intimement. Transférer dans un saladier de service et parsemer d'oignon nouveau.

VALEUR NUTRITIONNELLE PAR PORTION : protides 40 g ; lipides 30 g ; glucides 60 g ; fibres 5 g ; cholestérol 70 mg ; 2785 kJ (665 cal)

Râper le fromage, couper les asperges et émincer finement les oignons.

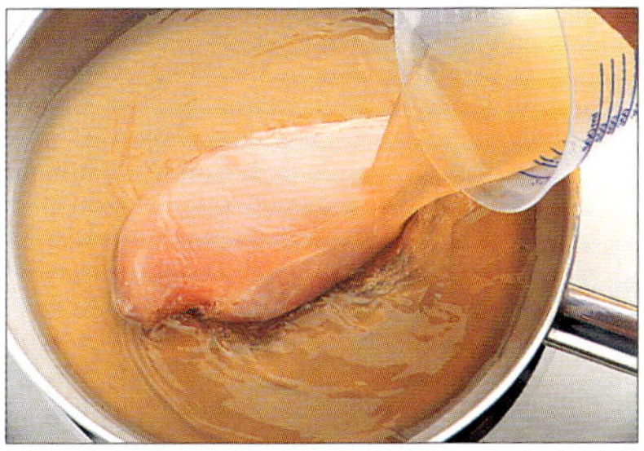

Verser le bouillon sur le poulet et pocher ce dernier à petit frémissement, en tournant régulièrement.

Cuire les asperges dans une petite casserole d'eau bouillante.

TORTELLINI AU POULET ET À LA SAUCE TOMATE

Préparation : 30 minutes + repos
Cuisson : 30 minutes
Pour 4 personnes

PÂTE
250 g de farine
3 œufs
1 cuil. à soupe d'huile d'olive

FARCE
20 g de beurre
80 g de blancs de poulet crus, coupés en cubes
2 tranches de pancetta, hachées
50 g de parmesan râpé
1/2 cuil. à café de noix muscade râpée
1 œuf, légèrement battu

SAUCE TOMATE
80 ml d'huile d'olive
1,5 kg de tomates, pelées et concassées
7 g d'origan frais haché
50 g de parmesan râpé

100 g de mozzarella, en petites tranches fines (bocconcini), pour la présentation

1 Préparer la pâte en incorporant une pincée de sel à la farine tamisée. Former un puits. Dans un bol, fouetter ensemble les œufs, l'huile et 1 cuil. à soupe d'eau. Verser petit à petit au centre du puits et travailler cette pâte pour former une boule, en mouillant d'un peu d'eau supplémentaire si nécessaire.

2 Pétrir la pâte sur une surface légèrement farinée pendant 5 minutes, jusqu'à ce qu'elle soit homogène et élastique. Placer la boule dans un bol légèrement huilé et couvrir d'un film plastique. Laisser reposer 30 minutes.

3 Préparer la farce en faisant fondre le beurre dans une poêle ; y mettre le poulet à rissoler et l'égoutter sur du papier absorbant. Hacher finement au mixeur le poulet et la pancetta. Transférer dans un bol, ajouter le parmesan, la noix muscade, l'œuf, saler et poivrer. Réserver.

4 Sur une surface légèrement farinée, étendre la pâte au rouleau en abaisse très fine. Découper à l'emporte-pièce fariné des ronds de 5 cm de diamètre. En garnir le centre d'une demie cuil. à café environ de farce ; rabattre la pâte en demi-cercle et appuyer sur les bords pour les faire adhérer. S'entourer le doigt de ces demi-cercle, former des anneaux et les refermer en pressant la pâte.

5 Préparer la sauce tomate en faisant revenir à l'huile dans une sauteuse les tomates et l'origan pendant 10 minutes à feu vif. Mélanger le parmesan et réserver.

6 Cuire les tortellini en deux fois dans une grande quantité d'eau bouillante salée pendant 6 minutes environ à chaque fournée. Bien égoutter et remettre dans la sauteuse. Réchauffer la sauce tomate, ajouter les tortellini et mélanger intimement. Répartir les pâtes dans des bols individuels, parsemer de bocconcini et laisser le fromage fondre un peu avant de servir.

VALEUR NUTRITIONNELLE PAR PORTION : protides 33 g ; lipides 44 g ; glucides 53 g ; fibres 7 g ; cholestérol 230 mg ; 3 090 kJ (740 cal)

CONSEIL : pour peler des tomates fraîches, avec la pointe d'un couteau tracer une croix à la base des tomates, les plonger 1 minute dans un bol d'eau bouillante, puis les rafraîchir dans l'eau froide. La peau se pèlera facilement à partir de la croix tracée.

Former une boule de pâte bien lisse.

Placer la pâte dans un bol légèrement huilé, couvrir de film plastique et laisser reposer.

Ajouter à la farce, le fromage, la muscade, l'œuf, le sel et le poivre.

Dans une abaisse de pâte très fine, découper des ronds à l'emporte-pièce fariné.

Former des anneaux en s'entourant le doigt des demi-cercles, et les fermer en pressant la pâte.

Intégrer le parmesan à la sauce tomate et réserver.

RIZ AU POULET ET AUX FRUITS DE MER

Préparation : 40 minutes
Cuisson : 40 minutes
Pour 4 à 6 personnes

500 g de grosses crevettes fraîches
500 g de moules
200 g de blanc de calmar
60 ml d'huile
2 petits chorizos, en tranches épaisses
500 g de poulet en morceaux
300 g de filet de porc, en tranches épaisses
4 gousses d'ail, écrasées
2 oignons rouges, hachés
1/4 de cuil. à café de safran en filaments, trempés dans l'eau chaude
1/4 de cuil. à café de curcuma
440 g de riz à petit grain
1, 25 litre de bouillon de volaille
4 grosses tomates, pelées, épépinées et concassées
125 g de haricots verts, coupés en tronçons de 4 cm
1 poivron rouge, coupé en fines lanières
155 g de petits pois frais

1 Décortiquer les crevettes, retirer le boyau en laissant la queue intacte. Gratter les moules, arracher les filaments. Couper les blancs de calmar en rondelles de 5 mm de large. Faire chauffer 1 cuil. à soupe l'huile dans une grande poêle épaisse ou une sauteuse, y mettre le chorizo à rissoler à feu modéré pendant 5 minutes. Égoutter sur du papier absorbant. Ajouter le poulet et le faire dorer 5 minutes, en retournant une fois les morceaux. Égoutter sur du papier absorbant.

2 Saisir les tranches de porc dans la sauteuse et les faire dorer 3 minutes en les retournant une fois. Égoutter sur du papier absorbant. Faire chauffer l'huile restante, verser l'ail, l'oignon, le safran égoutté et le curcuma ; cuire 3 minutes à feu modéré, le temps que l'oignon soit fondant.

3 Faire revenir le riz dans la sauteuse pendant environ 5 minutes, jusqu'à ce qu'il devienne transparent. Mouiller de bouillon de volaille chaud et mélanger. Amener à ébullition, couvrir et cuire 10 minutes à petit feu. Mettre le poulet, couvrir et laisser mijoter 20 minutes. Ajouter le porc, les crevettes, les moules, le calmar, le chorizo et les légumes ; couvrir et cuire 10 minutes, le temps que le fond de cuisson soit absorbé.

VALEUR NUTRITIONNELLE PAR PORTION (6) : protides 66 g ; lipides 12 g ; glucides 66 g ; fibres 6 g ; cholestérol 278 mg ; 2 695 kJ (644 cal)

Égoutter les tranches de chorizo revenues sur du papier absorbant.

Saisir les tranches de porc et les faire dorer des deux côtés.

Verser le riz dans la sauteuse et tourner jusqu'à ce qu'il devienne transparent.

PILAF DE POULET AUX ÉPICES

Préparation : 25 minutes
Cuisson : 40 minutes
Pour 4 personnes

1 poulet de 1,5 kg, en morceaux
80 ml d'huile
40 g d'amandes entières non mondées
2 oignons, finement émincés
3 gousses d'ail, écrasées
1 cuil. à café de grains de poivre noir
1 cuil. à café de curcuma
1 cuil. à café de graines de cumin
2 feuilles de laurier
5 clous de girofle
1 bâton de cannelle
440 g de riz à long grain
80 g de petits pois frais ou surgelés
1 litre de bouillon de volaille
30 g de raisins de Smyrne
3 œufs durs, écalés et coupés en quartiers
Feuilles de coriandre fraîche, pour la présentation

1 Dégraisser et dénerver le poulet. Faire chauffer la moitié de l'huile dans une cocotte. Y mettre le poulet à rissoler pendant 5 à 10 minutes à feu modéré, en plusieurs fois, le temps qu'il soit bien doré tout autour. Égoutter sur du papier absorbant. Faire chauffer 1 cuil. à soupe d'huile dans la cocotte et y faire griller les amandes pendant 2 minutes à feu modéré. Retirer de la cocotte et réserver.

2 Faire chauffer l'huile restante dans la cocotte ; y cuire l'oignon et l'ail à feu doux pendant 2 minutes, en tournant de temps en temps. Ajouter les grains de poivre, le curcuma, le cumin, le laurier, les clous de girofle et la cannelle. Chauffer 1 minute à feu vif, le temps que les arômes se dégagent. Verser le riz et veiller à ce qu'il soit bien enrobé d'épices.

3 Ajouter le bouillon et le poulet rissolé, saler. Amener à ébullition, baisser le feu et laisser mijoter à couvert pendant 20 minutes. Mettre les petits pois et les raisins secs ; cuire encore 5 minutes, jusqu'à ce que tout le fond de cuisson soit absorbé et le poulet cuit à point (on devra peut-être ajouter du bouillon ou de l'eau). Retirer le laurier et la cannelle, les jeter. Servir le pilaf avec les quartiers d'œuf dur, parsemé d'amandes et de feuilles de coriandre.

VALEUR NUTRITIONNELLE PAR PORTION : protides 67 g ; lipides 38 g ; glucides 14 g ; fibres 4 g ; cholestérol 280 mg ; 2 755 kJ (658 cal)

Faire griller les amandes dans 1 cuil. à soupe d'huile.

Verser le riz dans la cocotte et bien l'enrober de préparation épicée.

Ajouter les petits pois et les raisins secs, et cuire pendant 5 minutes.

BIRIANI DE POULET

Préparation : 1 heure 30 minutes + 3 à 4 heures de marinade
Cuisson : 2 heures environ
Pour 6 personnes

MARINADE
6 capsules de cardamome
3 oignons, pelés
3 gousses d'ail
5 cm de gingembre frais, émincé
8 clous de girofle
1 cuil. à café de grains de poivre noir
1 cuil. à café de cumin en poudre
1 cuil. à café de cannelle en poudre
1 1/2 cuil. à soupe de graines de pavot
1/4 de cuil. à café de noix muscade râpée
1 cuil. à café de sel
2 cuil. à soupe de jus de citron
250 g de yaourt nature

1 poulet de 1 kg, coupé en petits morceaux
80 ml d'huile
3 feuilles de laurier
2 capsules de cardamome entières, légèrement écrasées
3 oignons, très finement émincés
2 cuil. à soupe de raisins secs
300 g de riz basmati
60 ml de lait
1 cuil. à café de sucre
1 cuil. à café de safran en filaments
Yaourt nature, pour la présentation
40 g de noix de cajou grillées, pour la présentation

1 Préparer la marinade. Écraser les capsules de cardamome avec le plat d'un couteau pour dégager les graines ; jeter les capsules. Hacher au mixeur les oignons, l'ail et le gingembre. Ajouter les graines de cardamome, les clous de girofle, les grains de poivre, le cumin, la cannelle, les graines de pavot, la muscade, le sel et le jus de citron ; réduire tous ces ingrédients en purée. Mélanger avec le yaourt et réserver.

2 Piquer la peau du poulet à la fourchette (pour favoriser la pénétration des arômes) et mettre les morceaux dans une jatte. Arroser de marinade et bien mélanger pour que le poulet soit bien enrobé. Laisser 3 à 4 heures au réfrigérateur ou toute une nuit.

3 Dans une cocotte, faire chauffer environ 3 cuil. à soupe d'huile à feu doux. Y mettre les feuilles de laurier et les capsules entières de cardamome ; enrober d'huile et laisser 2 minutes en veillant à ce que rien ne brûle. Retirer les feuilles de laurier et les réserver ; jeter les capsules de cardamome. Mettre les oignons à dorer à feu vif pendant 8 minutes environ. Les retirer avec une spatule à trous, et laisser l'huile dans la cocotte. Égoutter sur du papier absorbant. Faire revenir rapidement les raisins secs jusqu'à ce qu'ils soient bien gonflés ; les mettre à part avec les oignons. Réserver l'huile restante.

4 Mettre le poulet et la marinade dans une marmite à feu et amener lentement à ébullition. Couvrir et laisser mijoter 15 minutes. Récupérer les morceaux de poulet avec une écumoire ou des pinces de cuisine en laissant le plus possible de marinade dans la marmite. Faire réduire celle-ci à feu doux jusqu'à 250 ml. Remettre le poulet dans le récipient et l'enrober de cette sauce épaissie. Couvrir et réserver pendant la préparation du riz.

5 Jeter le riz dans une grande quantité d'eau bouillante et le cuire 7 minutes (il doit rester croquant). L'égoutter dans une passoire. Pendant ce temps, faire chauffer le lait et le sucre ; verser dans un bol, ajouter le safran et laisser macérer 5 minutes.

6 Préchauffer le four à température peu élevée (150 °C). Verser le riz sur le poulet macéré, puis le lait au safran. Passer délicatement une fourchette dans le riz pour le colorer en rouge. Verser ensuite l'huile aromatisée et parsemer de feuilles de laurier. Couvrir hermétiquement la marmite de papier d'aluminium et la laisser 1 heure au four, le temps que le poulet et le riz soient

Écraser les capsules de cardamome avec le plat d'un couteau pour en libérer les graines.

Piquer à la fourchette la peau du poulet pour favoriser la pénétration des arômes.

Retirer les oignons avec une écumoire, en laissant le plus d'huile possible dans le récipient.

à point. Garnir le plat d'oignons, de raisins secs, de yaourt et de noix de cajou.

VALEUR NUTRITIONNELLE PAR PORTION : protides 40 g ; lipides 45 g ; glucides 60 g ; fibres 4 g ; cholestérol 140 mg ; 3305 kJ (785 cal)

NOTE : le biriani est un grand plat de fête, servi traditionnellement aux repas de noces. Le résultat en vaut grandement la peine, aussi convient-il de ne pas lésiner sur les ingrédients.

Faire cuire la marinade à feu doux jusqu'à ce qu'elle ait réduit et épaissie.

Mettre les filaments de safran à macérer dans le lait chaud sucré.

Avec une fourchette, répartir délicatement le lait safrané dans le riz.

SPAGHETTI BOLOGNAISE AU POULET

Préparation : 10 minutes
Cuisson : 15 minutes
Pour 4 personnes

- 2 cuil. à soupe d'huile d'olive
- 2 poireaux, finement émincés
- 1 poivron rouge, finement haché
- 2 gousses d'ail, écrasées
- 500 g de poulet haché
- 500 g de sauce tomate
- 1 cuil. à soupe de thym frais haché
- 1 cuil. à soupe de romarin frais haché
- 2 cuil. à soupe d'olives noires dénoyautées hachées
- 400 g de spaghetti
- 125 g de feta, émiettée

1 Faire chauffer l'huile dans une cocotte. Y faire revenir le poireau, le poivron et l'ail pendant 2 minutes à feu modéré.

2 Ajouter le poulet haché et le faire revenir 3 minutes à feu vif jusqu'à ce que le jus de cuisson ait complètement réduit. Tourner de temps en temps en écrasant la viande agglutinée en cours de cuisson.

3 Ajouter la sauce tomate, le thym et le romarin. Amener à ébullition, baisser le feu et cuire 5 minutes à découvert, le temps que la sauce réduise et s'épaississe. Mettre les olives et bien mélanger les ingrédients. Saler et poivrer.

4 Pendant ce temps, cuire al dente les spaghetti dans une grande quantité d'eau bouillante avec un peu d'huile ; égoutter. Répartir les pâtes dans des assiettes de service ou les présenter dans un plat creux ; ajouter le hachis de poulet. Parsemer de feta et servir aussitôt.

VALEUR NUTRITIONNELLE PAR PORTION : protides 50 g ; lipides 23 g ; glucides 88 g ; fibres 10 g ; cholestérol 84 mg ; 3 158 kJ (758 cal)

VARIANTE : tout autre type de pâtes, fraîches ou sèches, conviendra également. On peut remplacer la feta par du parmesan ou du pecorino râpé.

Épépiner le poivron, le débarrasser de ses parties blanches et le hacher finement.

Mettre dans la cocotte le hachis de poulet sur le poireau, le poivron et l'ail.

Verser la sauce tomate, le thym et le romarin hachés ; bien mélanger le tout.

Pendant que la sauce mijote, cuire les spaghetti dans une grande quantité d'eau bouillante.

FETTUCINE AU POULET EN SAUCE CHAMPIGNON

Préparation : 10 minutes
Cuisson : 25 minutes
Pour 4 personnes

330 g de blancs de poulet crus
1 cuil. à soupe d'huile d'olive
30 g de beurre
2 tranches de poitrine fumée, coupées en petits lardons
2 gousses d'ail, écrasées
250 g de champignons de Paris, émincés
80 ml de vin blanc sec
170 ml de crème fraîche
4 oignons nouveaux, hachés
1 cuil. à soupe de farine
400 g de fettucine
35 g de parmesan râpé

1 Couper les blancs de poulet crus en lamelles. Faire chauffer l'huile et le beurre dans une cocotte. Y mettre le poulet à dorer pendant 3 minutes à feu modéré.
2 Ajouter les lardons, l'ail et les champignons et cuire 2 minutes à feu modéré en tournant de temps en temps.
3 Verser le vin et faire réduire le fond de cuisson de moitié. Ajouter la crème et les oignons, amener à ébullition. Détremper la farine de 2 cuil. à soupe d'eau et mélanger pour obtenir une pâte lisse. Verser celle-ci dans la cocotte et faire chauffer jusqu'à ce que la sauce bout et épaississe ; baisser le feu et cuire 2 minutes. Saler et poivrer.
4 Cuire les fettucine dans une grande quantité d'eau bouillante avec un peu d'huile, puis les égoutter. Verser les pâtes dans la sauce et tourner à feu doux pour mélanger intimement les ingrédients. Saupoudrer de parmesan râpé et servir aussitôt avec une salade verte.

VALEUR NUTRITIONNELLE PAR PORTION : protides 40 g ; lipides 35 g ; glucides 75 g ; fibres 7 g ; cholestérol 136 mg ; 3380 kJ (808 cal)

Dégraisser et dénerver le poulet si nécessaire et le couper en lamelles.

Ajouter au poulet les lardons, l'ail et les champignons, et cuire à feu modéré.

Verser la crème et les oignons dans la cocotte et porter à ébullition.

Mettre les fettucine dans la sauce et bien mélanger à feu doux tous les ingrédients.

Grillades et barbecues

BLANCS DE POULET GLACÉS AU MIEL

Préparation : 10 minutes + 20 minutes de marinade
Cuisson : 10 minutes
Pour 6 personnes

6 blancs de poulet crus (1 kg)
50 g de beurre, ramolli
90 g de miel
60 ml de sauce barbecue
2 cuil. à café de moutarde à l'ancienne

1 Avec un couteau de cuisine affûté, pratiquer trois ou quatre incisions obliques sur un côté de chaque morceau de poulet. Préchauffer le gril ou la plaque de fonte sur feu vif.
2 Dans un petit bol, mélanger le beurre, le miel, la sauce barbecue et la moutarde. Étendre en couche épaisse la moitié de cette préparation sur le côté incisé des blancs de poulet. Couvrir de film plastique et laisser macérer 20 minutes à température ambiante. Réserver la sauce restante.
3 Huiler légèrement le gril ou la plaque de fonte. Faire griller le poulet, côté incisé au-dessus, pendant 2 à 3 minutes sur chaque côté ; la viande doit être cuite à cœur. Badigeonner de sauce plusieurs fois en cours de cuisson. On peut servir avec des pâtes au beurre.

VALEUR NUTRITIONNELLE PAR PORTION : protides 38 g ; lipides 11 g ; glucides 16 g ; fibres 0 g ; cholestérol 105 mg ; 1 297 kJ (310 cal)

CONSEIL : la chair de poulet restante, coupée en lamelles, pourra entrer dans la composition d'une salade ou, en plus grosses lanières, servir de garniture de sandwich.

NOTES : griller le poulet juste avant de servir. Il peut être mis à mariner la veille au réfrigérateur. À la cuisson, le miel caramélise et une partie de son arôme disparaît. Pour que ce plat ait beaucoup de saveur, employer un miel foncé, à l'arôme affirmé, comme le miel de montagne, de lavande ou de romarin. Les miels plus légers, comme celui d'acacia, d'oranger ou de trèfle, adouciront la viande sans nécessairement en affecter le goût. En général, plus le miel est clair, plus il est fin.

Pratiquer trois ou quatre incisions obliques sur un côté du blanc de poulet.

Dans un petit bol, mélanger le beurre, le miel, la sauce barbecue et la moutarde.

HAMBURGER AU POULET SAUCE MAYONNAISE À L'AIL

Préparation : 20 minutes + 3 heures de marinade
Cuisson : 15 minutes
Pour 4 personnes

4 blancs de poulet crus
125 ml de jus de citron vert
1 cuil. à soupe de sauce de piment doux
4 tranches de bacon
4 petits pains ronds, coupés en deux
4 feuilles de laitue
1 grosse tomate, coupée en rondelles

MAYONNAISE À L'AIL
2 jaunes d'œufs
2 gousses d'ail, écrasées
1 cuil. à soupe de moutarde de Dijon
1 cuil. à soupe de jus de citron
125 ml d'huile d'olive

1 Disposer le poulet dans un plat creux non métallique. Piquer la chair en plusieurs endroits avec une brochette. Mélanger le jus de citron vert et la sauce de piment doux dans un pot. Verser cette préparation sur le poulet, couvrir et laisser plusieurs heures au réfrigérateur ou toute la nuit.
2 Préparer la mayonnaise en versant les jaunes d'œufs, l'ail, la moutarde et le jus de citron dans le bol du mixeur. Le moteur tournant, verser l'huile en filet jusqu'à ce que la mayonnaise soit ferme. Couvrir et réserver au réfrigérateur.
3 Préchauffer le gril ou la plaque de fonte sur feu vif. Débarrasser le bacon de sa couenne si nécessaire et le couper en deux. Huiler légèrement le gril chaud. Griller le poulet et le bacon pendant 5 minutes, le temps que ce dernier soit croustillant. Prolonger la cuisson du poulet de 5 à 10 minutes, en le retournant une fois, jusqu'à ce qu'il soit bien doré et cuit à point.
4 Toaster les pains ronds, les garnir de laitue, de tomate, de poulet et de bacon. Napper de mayonnaise et poser l'autre moitié de pain dessus.

VALEUR NUTRITIONNELLE PAR PORTION : protides 70 g ; lipides 42 g ; glucides 62 g ; fibres 5 g ; cholestérol 211 mg ; 3624 kJ (866 cal)

VARIANTE : pour obtenir une mayonnaise plus acidulée, remplacer le jus de citron par du jus de citron vert, et supprimer l'ail.

Verser le mélange de jus de citron vert et de sauce de piment doux sur les blancs de poulet.

Faire griller le poulet en le retournant une fois, jusqu'à ce qu'il soit bien doré et cuit à point.

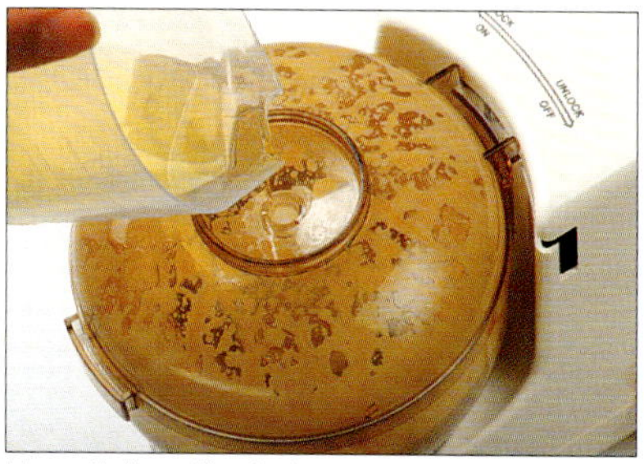

Verser l'huile en filet régulier sur le jaune d'œuf assaisonné.

POULET GRILLÉ À L'ÉTOUFFÉE

Préparation : 10 minutes
Cuisson : 1 heure 30 minutes
Pour 4 à 6 personnes

1 poulet de 1,8 kg
1 tête d'ail
1 petit bouquet d'origan frais
60 ml d'huile d'olive

1 Préparer un barbecue à l'étouffée pour une cuisson indirecte à feu modéré. Placer une lèchefrite sous le gril.

2 Vider et dégraisser la volaille. L'essuyer avec du papier absorbant. Assaisonner l'intérieur de sel et de poivre concassé. Décapiter la tête d'ail au couteau affûté et la glisser, non pelée, à l'intérieur du poulet ; ajouter le bouquet d'origan. Fermer la volaille à l'aide de plusieurs cure-dents en bois ou d'une brochette.

3 Frotter le poulet de sel et le badigeonner d'huile d'olive. Le placer sur la grille au-dessus de la lèchefrite et fermer le couvercle du barbecue. Cuire 1 heure, en badigeonnant le poulet de temps en temps d'huile d'olive pour qu'il reste moelleux. Piquer la cuisse avec la pointe d'une brochette : si le jus reste clair, le poulet est à point. Laisser reposer pendant 5 minutes avant de le découper.

4 Séparer délicatement les gousses d'ail et en présenter deux par assiette (on peut écraser les gousses et en manger la chair avec le poulet).

VALEUR NUTRITIONNELLE PAR PORTION : protides 42 g ; lipides 16 g ; glucides 0,5 g ; fibres 1 g ; cholestérol 138 mg ; 1 328 kJ (317 cal)

Décapiter la tête d'ail au couteau affûté et la glisser, non pelée, à l'intérieur du poulet.

Piquer la partie la plus charnue de la cuisse avec une brochette pour vérifier la cuisson du poulet.

Séparer délicatement les gousses d'ail et les servir avec le poulet.

CÔTELETTES DE POULET À LA THAÏE

Préparation : 20 minutes + 1 heure de marinade
Cuisson : 20 minutes
Pour 4 à 6 personnes

12 cuisses de poulet en filets (1,25 kg)
6 gousses d'ail
1 cuil. à café de grains de poivre noir
3 tiges de coriandre fraîche entières, hachées grossièrement
1/4 de cuil. à café de sel

SAUCE PIMENTÉE À L'AIL
4 à 5 piments rouges séchés
2 grosses gousses d'ail, écrasées
60 g de sucre
80 ml de vinaigre (de cidre ou de riz)
1 pincée de sel
60 ml de d'eau bouillante

1 Dégraisser et dénerver les cuisses de poulet.
2 Réunir dans le bol du mixeur l'ail, les grains de poivre, la coriandre et le sel. Réduire en purée fine pendant 20 à 30 secondes (on peut aussi employer un pilon et un mortier). Disposer le poulet dans un plat non métallique et l'enduire de sauce à l'ail. Couvrir et laisser 1 heure au réfrigérateur.
3 Préparer la sauce pimentée à l'ail en faisant tremper les piments 20 minutes dans l'eau chaude. Les égoutter et les hacher finement. Verser dans un mortier avec l'ail et le sucre, et réduire en pâte lisse au pilon. Mettre cette préparation dans une petite casserole, puis verser le vinaigre, le sel et l'eau bouillante. Amener à ébullition, baisser le feu et cuire 2 à 3 minutes. Retirer du feu et laisser refroidir.
4 Préchauffer le gril ou la plaque de fonte sur feu vif. Huiler la grille et cuire le poulet pendant 5 à 10 minutes sur chaque côté, en retournant les morceaux une fois. Servir avec la sauce pimentée à l'ail.

VALEUR NUTRITIONNELLE PAR PORTION : protides 47 g ; lipides 5 g ; glucides 0,5 g ; fibres 1 g ; cholestérol 105 mg ; 1 005 kJ (240 cal)

Dégraisser et dénerver les cuisses de poulet au couteau affûté.

Réunir dans le bol du mixeur l'ail, les grains de poivre, la coriandre et le sel.

Piler dans un mortier le piment, l'ail et le sucre et réduire en purée fine.

Faire griller le poulet sur un barbecue ou une plaque de fonte huilés.

POULET RÔTI À LA MÉDITERRANÉENNE

Préparation : 30 minutes
Cuisson : 1 heure 15 minutes
Pour 6 personnes

1 poulet de 1,6 kg
125 ml d'eau bouillante
95 g de couscous à cuisson rapide
4 dattes dénoyautées, hachées
4 abricots secs, hachés
1 cuil. à soupe de jus de citron vert
20 g de beurre
2 cuil. à soupe d'huile d'olive
1 oignon, haché
1 à 2 gousses d'ail, écrasées
1 cuil. à café de sel
1/4 de cuil. à café de poivre noir concassé
1 cuil. à café de coriandre moulue
2 cuil. à soupe de persil frais haché
1 cuil. à café de cumin en poudre

1 Préparer un barbecue à l'étouffée pour une cuisson indirecte à feu modéré. Placer une lèchefrite sous le gril.

2 Vider et dégraisser la volaille. L'essuyer avec du papier absorbant. Verser l'eau bouillante sur le couscous et le laisser gonfler 15 minutes. Faire tremper les dattes et les abricots secs dans le jus de citron vert. Réserver.

3 Faire chauffer la moitié de l'huile et le beurre dans une poêle et y mettre à revenir l'oignon et l'ail pendant 3 à 4 minutes, le temps qu'ils soient fondants. Retirer du feu et ajouter le couscous, les dattes, les abricots, la coriandre, le persil, du sel et du poivre. Mélanger. Garnir le poulet de cette farce et le fermer par une brochette. Brider (lier les pattes).

4 Frotter la volaille de condiment au sel, au poivre concassé et au cumin avec le restant d'huile. Placer le poulet au centre d'une grande feuille de papier d'aluminium et l'envelopper hermétiquement. Poser sur le gril au-dessus de la lèchefrite. Rabattre le couvercle du barbecue et cuire 50 minutes. Ouvrir la papillote en roulant les bords pour former un plat et rôtir encore 20 minutes ; le poulet doit être cuit à cœur et doré. Laisser reposer 5 à 6 minutes avant de découper.

VALEUR NUTRITIONNELLE PAR PORTION : protides 46 g ; lipides 14 g ; glucides 5,5 g ; fibres 1 g ; cholestérol 110 mg ; 1 378 kJ (329 cal)

Vider le poulet et dégraisser l'intérieur aux ciseaux de cuisine.

Mélanger l'oignon, l'ail, le couscous, les dattes, les abricots, le sel, le poivre, la coriandre et le persil.

Frotter le poulet de condiment au sel, au poivre concassé et au cumin avec le restant d'huile.

Ouvrir la papillote en roulant les bords pour former un plat qui retiendra le jus de cuisson.

CÔTELETTES DE POULET À LA SAUCE DE MAÏS

Préparation : 20 minutes
Cuisson : 25 minutes
Pour 4 personnes

- 8 côtelettes de poulet entières (cuisses avec la carcasse), avec la peau (1 kg)
- 1 cuil. à soupe d'huile d'olive
- 1 petite gousse d'ail, écrasée
- 1/4 de cuil. à café de curcuma moulu
- 1/2 cuil. à café de sel

ASSAISONNEMENT AU MAÏS

- 200 g de grains de maïs surgelés
- 1 cuil. à soupe d'huile d'olive
- 1 piment rouge, épépiné et haché
- 1 petit poivron vert, haché fin
- 1 oignon, haché fin
- 80 ml de vinaigre blanc
- 60 g de sucre
- 1 cuil. à café de moutarde à l'ancienne
- 3 cuil. à café de fécule de maïs
- 1 cuil. à café de paprika
- 1 cuil. à café de feuilles de coriandre fraîche finement hachées
- 1 cuil. à soupe d'huile d'olive

1 Préchauffer le gril ou la plaque de fonte sur feu vif. Dégraisser et dénerver le poulet. Piquer la peau des cuisses de la pointe d'un couteau. Jeter les côtelettes dans l'eau bouillante, baisser le feu et cuire 5 minutes. Retirer le poulet, égoutter et laisser tiédir.

2 Verser dans un bol l'huile, l'ail, le curcuma et le sel, et fouetter ces ingrédients. Enduire les morceaux de poulet de cette préparation, côté peau, et réserver.

3 Préparer la sauce de maïs. Faire bouillir les grains de maïs surgelés pendant 2 à 3 minutes, le temps qu'ils soient tendres ; les égoutter. Faire chauffer l'huile dans une casserole et y verser le piment, le poivron et l'oignon ; cuire à feu modéré jusqu'à ce que les légumes soient fondants. Ajouter le maïs, le vinaigre, le sucre et la moutarde ; cuire encore 5 minutes en remuant. Mouiller la fécule de maïs de 125 ml d'eau. Verser ce mélange sur le maïs. Amener à ébullition, baisser le feu et tourner jusqu'à épaississement. Mettre alors le paprika, la coriandre et l'huile restante. Retirer du feu et laisser tiédir.

4 Huiler légèrement la plaque de fonte ou le gril du barbecue chauds. Griller les côtelettes, côté peau au-dessus, pendant 2 minutes, les retourner et cuire encore 4 minutes. Prolonger la cuisson de 5 à 10 minutes en retournant souvent les grillades, jusqu'à ce qu'elles soient bien dorées et à point. Servir avec la sauce de maïs.

VALEUR NUTRITIONNELLE PAR PORTION : protides 47 g ; lipides 20 g ; glucides 30 g ; fibres 2 g ; cholestérol 100 mg ; 2 047 kJ (490 cal)

Blanchir les cuisses de poulet à l'eau bouillante.

Verser la fécule de maïs délayée sur le maïs.

Griller les côtelettes en les retournant plusieurs fois jusqu'à ce qu'elles soient dorées et à point.

KEBABS DE POULET À LA MAYONNAISE AU CURRY

Préparation : 25 minutes + 30 minutes de marinade
Cuisson : 10 minutes
Pour 4 personnes

600 g de blancs de poulet crus
4 gros oignons nouveaux
1 petit poivron vert
1 petit poivron rouge
60 ml d'huile d'olive
1 cuil. à café de poivre noir fraîchement moulu
1/2 cuil. à café de curcuma moulu
1 1/2 cuil. à café de coriandre moulue

MAYONNAISE AU CURRY
185 g de mayonnaise
1 cuil. à soupe de poudre de curry fort
60 g de crème fraîche
1 cuil. à soupe de chutney aux fruits ou aux mangues, en purée
45 g de concombre, pelé et haché fin
1/2 cuil. à café de graines de cumin grillées
1 cuil. à soupe de menthe fraîche finement hachée
1 cuil. à café de menthe fraîche finement hachée, en complément

1 Préchauffer le gril ou la plaque de fonte sur feu vif. Couper le poulet en cubes de 3 cm. Émincer les oignons en tronçons de 3 cm de long et les poivrons en carrés de 3 cm.
2 Enfiler le poulet, les oignons et les poivrons sur des brochettes de bois. Ranger ces kebabs dans un plat non métallique. Mélanger l'huile, le poivre, le curcuma et la coriandre dans un pot. Verser cette marinade sur les kebabs et garder 30 minutes au réfrigérateur.
3 Préparer la mayonnaise au curry en mélangeant dans un bol la mayonnaise, le curry, la crème fraîche, le chutney, le concombre, les graines de cumin et la menthe. Transvaser cette préparation dans un pot ou une saucière et la parsemer de menthe hachée.
4 Huiler légèrement le gril ou la plaque de fonte. Faire griller les brochettes pendant 2 à 3 minutes de chaque côté, le temps qu'elles soient bien tendres. Servir avec la mayonnaise au curry.

VALEUR NUTRITIONNELLE PAR PORTION : protides 36 g ; lipides 40 g ; glucides 14 g ; fibres 2 g ; cholestérol 110 mg ; 2316 kJ (553 cal)

Couper le poulet, les oignons nouveaux et les poivrons en morceaux de même taille.

Arroser les brochettes de marinade à l'huile et laisser macérer 30 minutes.

Mélanger tous les ingrédients de la mayonnaise au curry.

PILONS AU CITRON ET À L'ORANGE

Préparation : 20 minutes + 3 heures de marinade
Cuisson : 20 minutes
Pour 4 personnes

- 8 pilons de poulet
- 80 ml de jus d'orange
- 80 ml de jus de citron
- 1 cuil. à café de zeste d'orange râpé
- 1 cuil. à café de zeste de citron râpé
- 1 cuil. à café d'huile de sésame
- 1 cuil. à soupe d'huile d'olive
- 1 oignon nouveau, haché fin

1 Essuyer les pilons au papier absorbant. Les dégraisser si nécessaire et inciser la partie la plus charnue. Disposer dans un plat non métallique.
2 Mélanger les jus et les zestes d'agrumes, les huiles et l'oignon nouveau. Arroser les morceaux de poulet de cette marinade, couvrir et laisser plusieurs heures au réfrigérateur ou toute la nuit, en tournant la viande de temps en temps.
3 Préchauffer le gril ou la plaque de fonte sur feu vif. Égoutter le poulet et garder la marinade.
4 Huiler légèrement le gril ou la plaque de fonte. Faire griller les pilons pendant 15 à 20 minutes. Les badigeonner de temps en temps de marinade. Servir aussitôt.

VALEUR NUTRITIONNELLE PAR PORTION : protides 43 g ; lipides 10 g ; glucides 3,5 g ; fibres 0 g ; cholestérol 94 mg ; 1 175 kJ (280 cal)

Inciser au couteau la partie la plus charnue des pilons.

Retirer le poulet de la marinade et conserver cette dernière.

Faire griller les pilons en les badigeonnant de marinade.

POULET TANDOORI AU BARBECUE

Préparation : 15 minutes + 4 heures de marinade
Cuisson : 1 heure
Pour 4 personnes

- 4 cuisses de poulet entières (cuisse et pilon), sans la peau
- 1 cuil. à café de sel
- 2 gousses d'ail, écrasées
- 1 cuil. à soupe de jus de citron
- 250 g de yaourt nature
- 1 1/2 cuil. à café de garam masala
- 1/2 cuil. à café de poivre noir moulu
- 1/2 cuil. à café de curcuma moulu
- 2 à 3 gouttes de colorant alimentaire rouge
- 20 à 30 copeaux de noyer ou de châtaignier, pour le fumage
- Huile d'olive, pour l'arrosage

1 Mettre le poulet dans un grand plat non métallique ; le frotter de sel et d'ail. Mélanger dans un pot le jus de citron, le yaourt, le garam masala, le poivre et le curcuma. Ajouter suffisamment de colorant alimentaire pour que la marinade prenne une belle couleur rouge orangé. La verser sur le poulet et bien la répartir avec le dos d'une cuillère. Couvrir et laisser 4 heures au réfrigérateur en retournant les morceaux de volaille de temps en temps.
2 Préparer un barbecue à l'étouffée pour une cuisson indirecte à feu modéré. Lorsque les charbons se couvrent d'une cendre fine, répandre dessus les copeaux de bois. Rabattre le couvercle de l'appareil et laisser la fumée se dégager franchement (au bout de quelques minutes).
3 Huiler légèrement le gril. Disposer les morceaux de poulet dessus et rabattre le couvercle. Fumer de 45 minutes à 1 heure, le temps que le poulet soit bien croustillant. L'arroser plusieurs fois d'huile en cours de cuisson.

VALEUR NUTRITIONNELLE PAR PORTION : protides 45 g ; lipides 11 g ; glucides 3 g ; fibres 0 g ; cholestérol 100 mg ; 1 255 kJ (300 cal)

Verser la marinade sur le poulet et bien la répartir avec le dos d'une cuillère.

Lorsque les charbons se couvrent d'une cendre fine, les parsemer de copeaux de bois.

En cours de cuisson, arroser plusieurs fois d'huile le poulet mariné.

AILES BUFFALO SAUCE RANCH

Préparation : 25 minutes + 3 heures de marinade
Cuisson : 10 minutes
Pour 4 personnes

8 grosses ailes de poulet
2 cuil. à café de poivre noir
2 cuil. à café de sel d'ail
2 cuil. à café de poudre d'oignon
Huile d'olive de friture
25 ml de sauce tomate
2 cuil. à soupe de sauce Worcestershire
20 g de beurre, fondu
2 cuil. à café de sucre
Tabasco, à volonté

SAUCE RANCH
125 g de mayonnaise
125 g de crème fraîche
2 cuil. à soupe de jus de citron
2 cuil. à soupe de ciboulette fraîche hachée

1 Essuyer les ailes de poulet au papier absorbant. Couper les ailerons. Désarticuler l'aile et trancher la jointure pour former deux morceaux. Mélanger le poivre, le sel d'ail et la poudre d'oignon. En frotter les morceaux de volaille.

2 Dans une sauteuse, faire chauffer l'huile à feu modéré. Y mettre le poulet à rissoler en plusieurs fois pendant 2 minutes. Retirer et égoutter sur du papier absorbant.

3 Disposer le poulet dans un plat non métallique. Mélanger les sauces, le beurre, le sucre et le Tabasco. Verser cette marinade sur la viande et tourner pour bien l'enrober. Couvrir et laisser au réfrigérateur plusieurs heures ou toute la nuit.

4 Préparer la sauce ranch en mélangeant dans un bol la mayonnaise, la crème fraîche, le jus de citron, la ciboulette, du sel et du poivre blanc.

5 Préchauffer le gril ou la plaque de fonte sur feu vif. Huiler légèrement le gril et cuire le poulet 5 minutes en le retournant et en le badigeonnant de marinade. Servir avec la sauce.

VALEUR NUTRITIONNELLE PAR PORTION : protides 44 g ; lipides 40 g ; glucides 18 g ; fibres 1 g ; cholestérol 157 mg ; 2 539 kJ (605 cal)

Désarticuler l'aile et trancher la jointure pour former deux morceaux.

Faire rissoler le poulet dans l'huile chaude en plusieurs fois, puis l'égoutter sur du papier absorbant.

Verser la marinade sur le poulet et tourner pour bien enrober les morceaux.

Faire griller les ailes 5 minutes en les retournant et en les badigeonnant de marinade.

HAMBURGER DE POULET SAUCE MAYONNAISE À L'ESTRAGON

Préparation : 25 minutes
Cuisson : 20 minutes
Pour 6 personnes

1 kg de poulet haché
1 petit oignon, haché fin
2 cuil. à café de zeste de citron
2 cuil. à soupe de crème fraîche
80 g de mie de pain fraîche, émiettée
6 petits pains ronds

MAYONNAISE À L'ESTRAGON
1 jaune d'œuf
1 cuil. à soupe de vinaigre à l'estragon
1/2 cuil. à café de moutarde de Dijon
250 ml d'huile d'olive

1 Mettre le poulet haché dans un grand bol. Ajouter l'oignon, le zeste, la crème et la mie de pain. Pétrir tous ces ingrédients pour bien les mélanger. Diviser cette farce en quatre parts égales et former des galettes épaisses.
2 Préchauffer le gril ou la plaque de fonte sur feu vif. Huiler légèrement le gril et cuire les hamburgers 7 minutes sur chaque côté. Servir dans les pains ronds avec la mayonnaise.
3 Préparer la mayonnaise à l'estragon en versant dans un bol le jaune d'œuf, la moitié du vinaigre et la moutarde. Fouetter 1 minute pour obtenir une émulsion légère et crémeuse. Ajouter l'huile par cuillerées à café sans cesser de fouetter ; le mélange doit épaissir. Verser alors l'huile en filet et fouetter jusqu'à ce que la mayonnaise soit entièrement montée. Incorporer le vinaigre restant, assaisonner de sel et de poivre blanc.

VALEUR NUTRITIONNELLE PAR PORTION : protides 40 g ; lipides 47 g ; glucides 11 g ; fibres 1 g ; cholestérol 122 mg ; 2 628 kJ (628 cal)

CONSEIL : on peut également monter une mayonnaise au robot. Verser l'huile en filet, le moteur tournant, jusqu'à ce que l'émulsion devienne consistante et brillante.

Mélanger le poulet haché, l'oignon, le zeste de citron, la crème fraîche et la mie de pain.

Faire griller les hamburgers 7 minutes sur chaque côté en ne les retournant qu'une fois.

Lorsque la mayonnaise a commencé à prendre, verser l'huile en filet.

BLANCS DE POULET À LA SALADE DE FRUITS

Préparation : 25 minutes + 3 heures de marinade
Cuisson : 20 minutes
Pour 4 personnes

4 blancs de poulet crus
80 ml de vin blanc
60 ml d'huile d'olive
2 cuil. à café de gingembre frais râpé
1 gousse d'ail, écrasée

SALADE DE FRUITS
225 g d'ananas en conserve, égoutté
1 petite mangue
2 petits kiwis
150 g de melon ou de pastèque, épépiné
1 cuil. à soupe de feuilles de menthe fraîche finement hachées

1 Disposer les blancs de poulet dans un plat non métallique. Mélanger dans un pot le vin, l'huile, le gingembre et l'ail ; verser sur le poulet. Couvrir et laisser au réfrigérateur plusieurs heures ou toute la nuit en tournant de temps en temps.
2 Préchauffer le gril ou la plaque de fonte sur feu vif. Huiler légèrement le gril et cuire les blancs marinés 5 à 10 minutes sur chaque côté, le temps qu'ils soient bien dorés. Servir aussitôt avec la salade de fruits.
3 Préparer la salade de fruits en coupant en petits dés l'ananas, la mangue, les kiwis et le melon. Servir dans un petit saladier parsemé de menthe.

VALEUR NUTRITIONNELLE PAR PORTION : protides 50 g ; lipides 20 g ; glucides 15 g ; fibres 3 g ; cholestérol 110 mg ; 2000 kJ (480 cal)

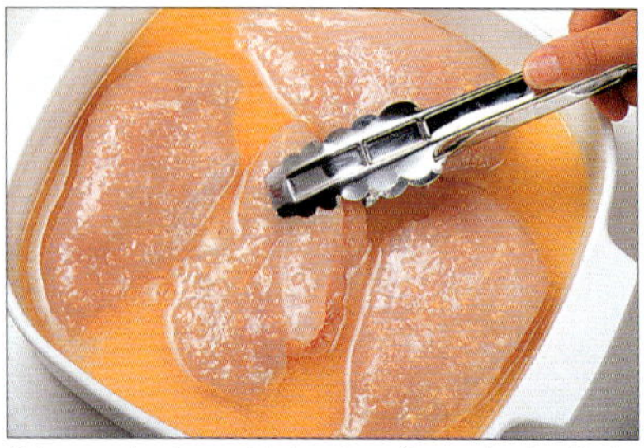
Faire macérer le poulet dans le mélange de vin, d'huile, de gingembre et d'ail en tournant de temps en temps.

Faire griller le poulet au barbecue jusqu'à ce qu'il soit bien doré.

Préparer la salade de fruits en coupant en petits dés l'ananas, la mangue, les kiwis et le melon.

BROCHETTES DE POULET TANDOORI

Préparation : 20 minutes + 3 heures de marinade
Cuisson : 10 minutes
Pour 4 à 6 personnes

1 kg de cuisses de poulet en filets
250 g de yaourt nature
1 cuil. à café de poudre de piment
1 cuil. à café de curcuma
1 cuil. à café de cumin en poudre
1 cuil. à café de coriandre moulue
1 cuil. à café de gingembre frais râpé
1 gousse d'ail, écrasée

1 Couper chaque filet en longues lamelles et les enfiler sur des brochettes de bois. Les pousser sur les trois quarts du bâtonnet en les faisant serpenter.
2 Mélanger le yaourt, la poudre de piment, le curcuma, le cumin, la coriandre, le gingembre et l'ail. Disposer les brochettes dans un plat non métallique, les arroser de marinade, couvrir et laisser au réfrigérateur plusieurs heures ou toute la nuit en tournant de temps en temps.
3 Préchauffer le gril ou la plaque de fonte sur feu vif. Huiler légèrement le gril et cuire les brochettes de 8 à 10 minutes.

VALEUR NUTRITIONNELLE PAR PORTION (6) : protides 40 g ; lipides 5 g ; glucides 1,5 g ; fibres 0 g ; cholestérol 90 mg ; 885 kJ (212 cal)

CONSEIL : servir le poulet avec des concombres en dés au yaourt, additionnés d'une pincée de cumin, ou présenter des chutneys doux.

Pousser les lamelles de poulet sur les brochettes en les faisant serpenter.

Mélanger le yaourt, la poudre de piment, le curcuma, le cumin, la coriandre, le gingembre et l'ail.

Faire griller les brochettes au barbecue jusqu'à ce qu'elles soient bien dorées.

AILERONS DE POULET TERIYAKI

Préparation : 15 minutes + 3 heures de marinade
Cuisson : 15 minutes
Pour 4 personnes

8 ailerons de poulet
60 ml de sauce de soja
2 cuil. à soupe de xérès
2 cuil. à café de gingembre frais râpé
1 gousse d'ail, écrasée
1 cuil. à soupe de miel

1 Essuyer les ailerons de poulet au papier absorbant. Les dégraisser et les dénerver si nécessaire. Replier l'extrémité des ailerons par-dessous pour former des triangles.

2 Disposer les ailerons dans un plat non métallique. Mélanger dans un pot la sauce de soja, le xérès, le gingembre, l'ail et le miel. Verser cette marinade sur le poulet. Couvrir et laisser au réfrigérateur plusieurs heures ou toute la nuit. Huiler légèrement deux feuilles de papier d'aluminium, disposer quatre ailerons sur chaque feuille sans les superposer et les envelopper complètement.

3 Préchauffer le gril ou la plaque de fonte sur feu vif. Cuire les papillotes pendant 10 minutes, les retirer du feu et les ouvrir. Poser les ailerons sur un gril légèrement huilé et les faire dorer 3 minutes. Les retourner souvent et les badigeonner de marinade.

VALEUR NUTRITIONNELLE PAR PORTION : protides 43 g ; lipides 4,5 g ; glucides 6 g ; fibres 0 g ; cholestérol 95 mg ; 998 kJ (238 cal)

Replier l'extrémité des ailerons par-dessous pour former des triangles.

Disposer quatre ailerons sur chaque feuille de papier d'aluminium et les envelopper complètement.

Poser directement les ailerons sur le gril légèrement huilé et les faire dorer.

FAJITAS AU POULET

Préparation : 35 minutes + 3 heures de marinade
Cuisson : 10 minutes
Pour 4 personnes

- 4 blancs de poulet crus
- 2 cuil. à soupe d'huile d'olive
- 60 ml de jus de citron vert
- 2 gousses d'ail, écrasées
- 1 cuil. à café de cumin en poudre
- 15 g de feuilles de coriandre fraîche hachées
- 8 tortillas de froment
- 1 cuil. à soupe d'huile d'olive
- 2 oignons, émincés
- 2 poivrons verts, coupés en fines lanières
- 125 g de fromage râpé
- 1 gros avocat, coupé en tranches
- 250 g de sauce tomate en flacon

1 Couper les blancs de poulet en lamelles et disposer celles-ci dans un plat non métallique. Mélanger l'huile, le jus de citron vert, l'ail, le cumin et la coriandre dans un pot. Verser cette sauce sur le poulet, couvrir et laisser au réfrigérateur plusieurs heures ou toute la nuit.

2 Préchauffer le gril ou la plaque de fonte sur feu vif. Envelopper les tortillas dans du papier d'aluminium et les mettre à chauffer doucement dans un coin tiède du barbecue pendant 10 minutes. Faire chauffer l'huile sur une plaque et y cuire l'ail et l'oignon 5 minutes jusqu'à ce qu'ils soient fondants. Les tenir au chaud sur la plaque, à l'écart.

3 Cuire le poulet mariné 5 minutes sur la plaque, le temps qu'il soit juste à point. Disposer les tortillas sur un plat de service ; les garnir de poulet, d'oignon, de poivron, de fromage et d'avocat. Napper de sauce tomate et rouler les fajitas.

VALEUR NUTRITIONNELLE PAR PORTION : protides 88 g ; lipides 59 g ; glucides 116 g ; fibres 9,5 g ; cholestérol 173 mg ; 5 660 kJ (1 352 cal)

Mélanger l'huile, le jus de citron vert, l'ail, le cumin et la coriandre et verser cette marinade sur le poulet.

Cuire l'oignon et le poivron sur la plaque jusqu'à ce qu'ils soient fondants.

Faire cuire à point le poulet et sa marinade sur la plaque.

BLANCS DE POULET FUMÉS

Préparation : 5 minutes
Cuisson : 25 minutes
Pour 4 personnes

4 blancs de poulet crus
1 cuil. à soupe d'huile d'olive
Sel et poivre concassé
Copeaux de noyer ou de châtaignier, pour le fumage

1 Préparer un barbecue à l'étouffée pour une cuisson indirecte à feu modéré. Dégraisser et dénerver le poulet si nécessaire. Le badigeonner d'huile et l'assaisonner de sel et de poivre concassé.
2 Répandre des copeaux de bois sur les charbons.
3 Rabattre le couvercle du barbecue et cuire le poulet pendant 15 minutes. Le piquer en fin de cuisson avec la pointe d'un couteau : si le jus n'est pas incolore, laisser cuire encore 5 à 10 minutes. Servir avec des spaghetti sauce piquante.

VALEUR NUTRITIONNELLE PAR PORTION : protides 50 g ; lipides 10 g ; glucides 0 g ; fibres 0 g ; cholestérol 116 mg ; 1 208 kJ (288 cal)

Badigeonner le poulet d'huile et l'assaisonner de sel et de poivre concassé.

Répandre des copeaux de noyer ou de châtaignier sur les charbons du barbecue.

Piquer le poulet en fin de cuisson : s'il est à point, le jus qui coule doit être clair.

POULET AU GRIL

Préparation : 20 minutes + 2 heures de marinade
Cuisson : 1 heure
Pour 4 personnes

4 blancs de poulet crus
2 cuil. à soupe de miel
1 cuil. à soupe de moutarde à l'ancienne
1 cuil. à soupe de sauce de soja
2 oignons rouges, coupés en quartiers
8 tomates olivettes, coupées dans le sens de la longueur
2 cuil. à soupe de cassonade
2 cuil. à soupe de vinaigre balsamique
Huile de cuisson
Jeunes pousses de pois gourmands, en garniture

1 Préchauffer le four à température modérée (180 °C). Dégraisser et dénerver les morceaux de poulet si nécessaire et les disposer dans un plat. Mélanger le miel, la moutarde et la sauce de soja. Verser cette marinade sur la viande et tourner celle-ci pour qu'elle soit bien enrobée. Couvrir et laisser 2 heures au réfrigérateur en retournant les blancs une fois.

2 Disposer les oignons en quartiers et les demi-tomates au fond d'un plat à four tapissé de papier sulfurisé ou d'aluminium. Saupoudrer de cassonade et arroser de vinaigre balsamique. Cuire 40 minutes au four.

3 Faire chauffer une plaque de fonte légèrement huilée. Retirer le poulet de sa marinade et le griller 4 à 5 minutes sur chaque côté. Le couper en tranches et servir avec les pousses de pois gourmands, les demi-tomates et les quartiers d'oignon.

VALEUR NUTRITIONNELLE PAR PORTION : protides 25 g ; lipides 2,5 g ; glucides 30 g ; fibres 3 g ; cholestérol 50 mg ; 990 kJ (235 cal)

Verser la marinade sur le poulet et tourner les morceaux pour bien les enrober.

Arroser les demi-tomates et les quartiers d'oignons de vinaigre balsamique.

Griller le poulet mariné sur la plaque chaude légèrement huilée.

POULET AUX PIMENTS DOUX

Préparation : 15 minutes + 2 heures de marinade
Cuisson : 20 minutes
Pour 6 personnes

1 kg de cuisses de poulet en filets
2 cuil. à soupe de jus de citron vert
125 ml de sauce de piment doux
60 ml de kecap manis (voir Note)

1 Dégraisser et dénerver les morceaux de poulet si nécessaire. Les couper en deux et les mettre dans un plat non métallique.
2 Fouetter ensemble dans un bol le jus de citron, la sauce de piment doux et le kecap manis.
3 Arroser le poulet de cette marinade, couvrir et laisser 2 heures au réfrigérateur.
4 Griller sur une plaque de fonte pendant 10 à 15 minutes, le temps que le poulet soit à point et la marinade caramélisée.

VALEUR NUTRITIONNELLE PAR PORTION : protides 35 g ; lipides 4,5 g ; glucides 4 g ; fibres 1 g ; cholestérol 85 mg ; 880 kJ (210 cal)

NOTE : le kecap manis (ketjap manis) est une sauce indonésienne épaisse, proche de la sauce de soja, mais en plus doux ; elle est généralement aromatisée à l'ail et à l'anis étoilé. On la conserve au frais, dans un endroit sec, et au réfrigérateur une fois ouverte. Si l'on ne peut pas s'en procurer, la remplacer par de la sauce de soja adoucie d'un peu de cassonade.

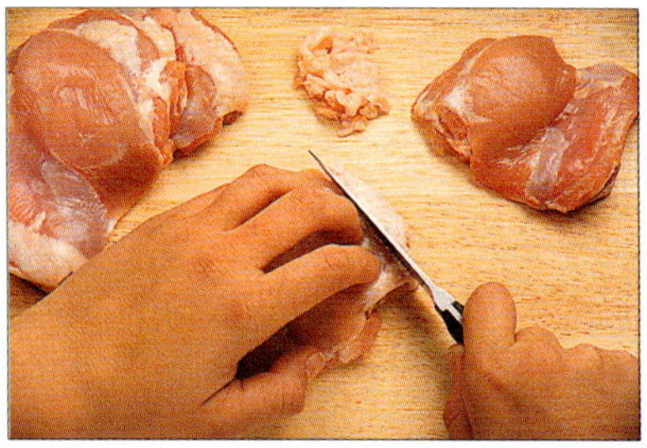

Dégraisser et dénerver les cuisses de poulet, les couper en deux.

Préparer la marinade en fouettant ensemble le jus de citron, la sauce de piment doux et le kecap manis.

Arroser le poulet avec cette marinade, couvrir et laisser au réfrigérateur.

POULET GRILLÉ À L'AIL

Préparation : 20 minutes + 2 heures de marinade
Cuisson : 10 minutes
Pour 4 personnes

6 gousses d'ail, écrasées
1 1/2 cuil. à soupe de poivre noir concassé
25 g de coriandre fraîche hachée, feuilles et tiges
4 racines de coriandre, hachées
80 ml de jus de citron vert
1 cuil. à café de cassonade
1 cuil. à café de curcuma moulu
2 cuil. à café de sauce de soja légère
4 blancs de poulet crus

SALADE DE TOMATES ET DE CONCOMBRE
1 petit concombre, non pelé
1 grosse tomate olivette
1/4 de petit oignon rouge, finement émincé
1 petit piment rouge, finement haché
2 cuil. à soupe de feuilles de coriandre fraîche
2 cuil. à soupe de jus de citron vert
1 cuil. à café de cassonade
1 cuil. à soupe de sauce de poisson

1 Au mixeur, réduire en purée l'ail, le poivre, la coriandre, le jus de citron vert, la cassonade, le curcuma et la sauce de soja. Verser dans un bol.
2 Séparer les filets des blancs ; inciser le dessus de ces derniers. Mettre tous les morceaux dans la marinade, couvrir et laisser 2 heures au réfrigérateur ou toute la nuit, en tournant de temps en temps.
3 Préparer la salade. Fendre le concombre, l'épépiner et le couper en demi-rondelles. Couper la tomate en deux dans le sens de la longueur et l'émincer. Mélanger dans un petit bol le concombre, la tomate, l'oignon, le piment et la coriandre. Arroser ces ingrédients de sauce au citron.
4 Faire griller le poulet sur une plaque de fonte légèrement huilée pendant 3 minutes sur chaque côté. Servir aussitôt avec la salade.

VALEUR NUTRITIONNELLE PAR PORTION :
protides 52 g ; lipides 5,5 g ; glucides 6 g ; fibres 2 g ; cholestérol 110 mg ; 1 195 kJ (285 cal)

Verser les racines de coriandre hachées dans le bol du mixeur et sur les autres ingrédients.

Séparer les filets des blancs en les tirant avec les doigts.

Épépiner les moitiés de concombre en raclant la pulpe avec une cuillère.

Arroser les tomates et le concombre relevés avec l'assaisonnement au jus de citron.

Marinades et glaçages

GLAÇAGE AU CITRON VERT ET AU GINGEMBRE

Mélanger dans une petite casserole 160 g de marmelade de citron, 60 ml de jus de citron vert, 2 cuil. à soupe de xérès, 2 cuil. à soupe de cassonade et 2 cuil. à café de gingembre frais finement râpé. Tourner sur feu doux, le temps d'obtenir une préparation consistante mais encore fluide. Ajouter 1 kg d'ailes de poulet et remuer le tout. Couvrir et laisser 2 heures au réfrigérateur ou toute la nuit. Cuire au four pendant 40 minutes à température modérée (190 °C). Proportions pour 250 ml.

MARINADE AU MIEL ET AU SOJA

Mélanger 90 g de miel, 60 ml de sauce de soja, 1 gousse d'ail écrasée, 2 cuil. à café de saké et 1/2 cuil. à café de cinq-épices. Dégraisser 500 g de cuisses de poulet en filets, les arroser de marinade et bien mélanger. Couvrir et laisser 2 heures au réfrigérateur ou toute la nuit. Griller pendant 10 minutes, en retournant la viande une fois. Proportions pour 170 ml.

GLAÇAGE À LA GROSEILLE

Mélanger dans une petite casserole 340 g de gelée de groseille, 2 cuil. à soupe de jus de citron, 2 cuil. à soupe de cognac et 1 cuil. à café de thym frais haché. Tourner sur feu doux, le temps d'obtenir une préparation consistante mais encore fluide. Verser cette marinade sur 500 g de blancs de poulet crus et tourner pour bien enrober la viande. Couvrir et laisser 2 heures au réfrigérateur ou toute la nuit. Cuire au four pendant 20 minutes à température modérée (190 °C). Proportions pour 250 ml.

MARINADE TANDOORI

Faire tremper dans l'eau 8 brochettes de bambou pendant 30 minutes pour les empêcher de brûler à la cuisson. Mélanger 2 cuil. à soupe de pâte de tandoori, 250 g de yaourt nature et 1 cuil. à soupe de jus de citron vert. Couper 500 g de filets de poulet dans le sens de la longueur et les enfiler sur les brochettes. Arroser de marinade et bien tourner. Couvrir et laisser 1 à 2 heures au réfrigérateur. Passer au gril du four en arrosant de marinade jusqu'à ce que le poulet soit à point. Proportions pour 315 ml.

MARINADE MEXICAINE

Mélanger 440 g de sauce à tacos en flacon, 2 cuil. à soupe de jus de citron vert, et 2 cuil. à soupe de feuilles de coriandre fraîche hachées. Verser cette marinade sur 1 kg de pilons de poulet incisés et bien tourner. Couvrir et laisser 2 heures au réfrigérateur ou toute la nuit. Cuire au four pendant 30 minutes à température modérée (190 °C). Proportions pour 315 ml.

MARINADE THAÏE

Mélanger 2 cuil. à soupe de sauce de soja, 2 cuil. à soupe de jus de citron vert, 1 gousse d'ail écrasée, 1 tige de citronnelle finement hachée, 2 cuil. à café de cassonade, 125 g de crème de coco et 2 cuil. à soupe de feuilles de coriandre fraîche hachées. Arroser de cette marinade 1 kg de moignons d'ailes de poulet (la partie charnue, sans l'aileron ni le blanc) et bien enrober. Couvrir et laisser 2 heures au réfrigérateur ou toute la nuit. Cuire au four pendant 30 minutes à température modérée (190 °C). Proportions pour 185 ml.

De gauche à droite et de bas en haut : glaçage au citron vert et au gingembre ; marinade tandoori ; marinade au miel et au soja ; marinade mexicaine ; glaçage à la groseille ; marinade thaïe.

Rôtis et plats au four

POULET RÔTI FARCI À LA SAUGE

Préparation : 25 minutes
Cuisson : 1 heure 40 minutes
Pour 4 personnes

- 1 poulet de 1,5 kg
- 45 g de beurre
- 1 oignon, finement haché
- 1 branche de céleri, finement émincée
- 160 g de mie de pain fraîche, émiettée
- 10 grandes feuilles de sauge fraîche en lanières, ou 1 1/2 cuil. à café de sauge séchée
- 20 g de persil frais haché
- 2 blancs d'œufs, légèrement battus
- 1 cuil. à café de sel
- 1/2 cuil. à café de poivre blanc
- 30 g de beurre, fondu
- 1 cuil. à soupe de farine

1 Préchauffer le four à température modérée (180 °C). Vider et dégraisser l'intérieur du poulet. L'essuyer au papier absorbant. Replier les ailerons par-dessous. Graisser un grand plat à four.

2 Faire fondre le beurre dans une petite poêle. Faire revenir l'oignon et le céleri pendant 3 à 4 minutes, le temps que l'oignon soit fondant. Verser dans un grand bol, ajouter la mie de pain, la sauge, le persil, les blancs d'œufs, le sel et le poivre. Cette farce doit être très humide.

3 Garnir de farce l'intérieur du poulet ; refermer par un cure-dent ou une brochette de bois. Brider la volaille à la ficelle de cuisine. La badigeonner de beurre fondu, puis la mettre dans la plaque à rôtir. Cuire au four pendant 1 heure 30 minutes en arrosant de temps en temps ; le jus d'un poulet à point doit être incolore. Transférer dans le plat de service, couvrir et attendre 10 minutes avant de découper.

4 Pendant ce temps, préparer la sauce en posant la plaque à rôtir sur le feu. Verser la farine sur le jus de cuisson et tourner pour obtenir un mélange homogène. Si la sauce est trop épaisse, mouiller d'un peu d'eau ou de bouillon de volaille. Saler et poivrer. Servir le poulet avec sa sauce et la farce à la sauge.

VALEUR NUTRITIONNELLE PAR PORTION : protides 70 g ; lipides 30 g ; glucides 33 g ; fibres 2,5 g ; cholestérol 255 mg ; 2 865 kJ (684 cal)

Fermer la volaille ; brider les ailes et les pattes avec de la ficelle de cuisine.

Poser la plaque à rôtir sur le feu et verser la farine sur le jus de cuisson.

POULET EN CROÛTE DE SEL

Préparation : 40 minutes + 30 minutes de réfrigération
Cuisson : 1 heure 35 minutes
Pour 4 personnes

4 petits poulets de 400 g chacun
2 cuil. à soupe d'huile d'olive
1 cuil. à soupe de sauce de soja
2 cuil. à soupe de jus d'orange
1 cuil. à soupe de cassonade
750 g de farine
1 kg de gros sel
4 fines lanières d'écorce d'orange
4 anis étoilés

1 Vider les volailles et les dégraisser. Essuyer au papier absorbant. Disposer les poulets dans un plat à four non métallique. Fouetter dans un bol le mélange d'huile, de sauce de soja, de jus d'orange et de cassonade. Enduire les poulets de cette préparation, au pinceau, à l'intérieur et à l'extérieur. Couvrir et laisser 30 minutes au réfrigérateur. Préchauffer le four à 240 °C.

2 Disposer la farine tamisée en puits dans une grande terrine et ajouter le gros sel. Verser au centre 600 ml d'eau en une fois. Incorporer petit à petit l'eau à la farine et au sel ; pétrir pour obtenir une pâte ferme. Poser celle-ci sur une surface farinée et former une boule souple.

3 Diviser la pâte en quatre parties égales, étendre chacune au rouleau en formant une abaisse assez large pour envelopper un poulet. Farcir les volailles d'une écorce d'orange et d'un anis étoilé. Envelopper chacune dans une feuille de papier d'aluminium huilée puis la disposer sur le ventre au centre d'une abaisse de pâte.

4 Envelopper les poulets dans leur pâte et presser tout autour en veillant à ne laisser aucun jour. Les disposer sur le dos dans un grand plat à rôtir. Faire cuire 1 heure 35 minutes ou jusqu'à ce que les croûtes soient bien dorées. Casser les croûtes au marteau et les jeter. Servir les volailles avec une garniture de légumes braisés.

VALEUR NUTRITIONNELLE PAR PORTION : protides 52 g ; lipides 15 g ; glucides 280 g ; fibres 14 g ; cholestérol 25 mg ; 6205 kJ (1 482 cal)

Enduire les poulets, à l'intérieur et à l'extérieur, de la préparation à la sauce de soja.

Poser la pâte sur une surface farinée et former une boule souple.

Farcir chaque poulet d'une écorce d'orange et d'un anis étoilé.

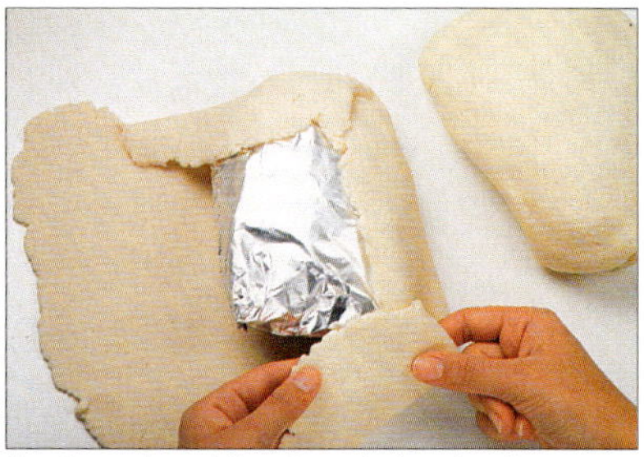

Envelopper les volailles d'une abaisse de pâte en veillant à ne laisser aucun jour.

POULET RÔTI FARCI AU PAIN

Préparation : 40 minutes
Cuisson : 1 heure 30 minutes
Pour 6 personnes

3 tranches de bacon, finement hachées
6 tranches de pain complet, sans la croûte
3 oignons nouveaux, hachés
2 cuil. à soupe de noix de pecan hachées
2 cuil. à café de raisins de Corinthe
15 g de persil frais finement haché
1 œuf, légèrement battu
60 ml de lait
1 poulet de 1,4 kg
40 g de beurre, fondu
1 cuil. à soupe d'huile
1 cuil. à soupe de sauce de soja
1 gousse d'ail, écrasée
375 ml de bouillon de volaille
1 cuil. à soupe de farine

1 Préchauffer le four à température modérée (180 °C). Faire revenir le bacon dans une poêle sèche, à feu vif pendant 5 minutes, le temps qu'il devienne croustillant. Couper le pain en dés de 1 cm et verser ceux-ci dans un bol. Ajouter le bacon, les oignons nouveaux, les noix de pecan, les raisins secs, le persil, et l'œuf battu avec le lait. Saler et poivrer.

2 Vider et dégraisser l'intérieur du poulet, l'essuyer au papier absorbant. Le farcir avec l'apprêt au bacon. Replier les ailerons par-dessous, serrer les pattes sur les flancs et brider à la petite ficelle.

3 Poser la volaille sur la grille d'une plaque à rôtir. La badigeonner de beurre fondu, d'huile et de sauce de soja. Verser le restant de sauce dans la plaque avec l'ail et la moitié du bouillon. Rôtir pendant 1 heure 15 minutes en arrosant de temps en temps avec le fond de cuisson, le temps que le poulet soit doré et à point. Piquer jusqu'à l'os entre la cuisse et le flanc : le jus qui s'exprime doit être incolore. S'il reste encore rosé, prolonger la cuisson. Disposer la volaille dans le plat de service. Couvrir d'une feuille de papier d'aluminium et tenir 5 minutes au chaud avant de découper.

4 Ne garder qu'une cuillerée à soupe de jus de cuisson et poser la plaque à rôtir sur le feu. Verser la farine et la délayer pour obtenir un mélange fluide. Tourner constamment à feu doux pendant 5 minutes pour faire brunir. Ajouter petit à petit le bouillon restant et remuer jusqu'à ce que la sauce bout et devienne consistante. Verser encore un peu de bouillon ou d'eau si le mélange est trop épais. Assaisonner de sel et de poivre noir fraîchement moulu. Passer la sauce et servir le poulet avec la saucière, et une garniture de pois gourmands et de pommes de terre rôties.

VALEUR NUTRITIONNELLE PAR PORTION : protides 33 g ; lipides 20 g ; glucides 15 g ; fibres 3 g ; cholestérol 110 mg ; 1 530 kJ (365 cal)

Essuyer le poulet au papier absorbant et le farcir à la cuillère.

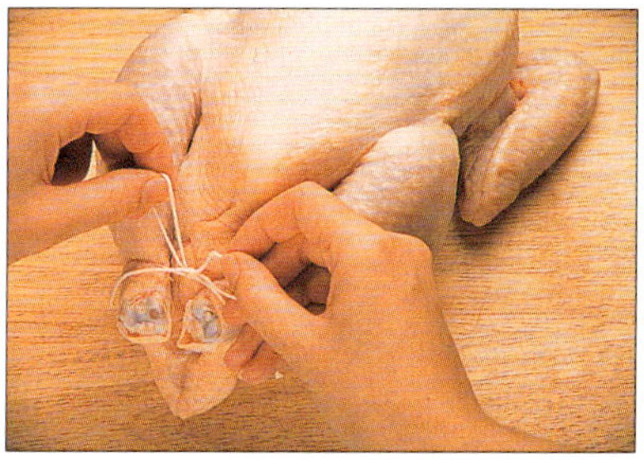

Replier les ailerons par-dessous, serrer les pattes et brider à la petite ficelle.

CUISSES DE POULET SAUCE GROSEILLE

Préparation : 25 minutes + 2 heures de marinade
Cuisson : 30 minutes
Pour 4 personnes

4 cuisses de poulet entières (haut de cuisse et pilon)
125 ml de vin rouge
1 cuil. à soupe de thym frais finement haché
1 cuil. à soupe d'huile d'olive
1 cuil. à soupe de romarin frais finement haché
160 g de gelée de groseille

1 Dégraisser et dénerver le poulet si nécessaire. Disposer les cuisses dans un plat non métallique. Mélanger le vin, le thym et le romarin dans un pot et verser cette préparation sur le poulet. Couvrir et laisser 2 heures au réfrigérateur ou toute la nuit.
2 Préchauffer le four à température moyennement élevée (200 °C). Égoutter le poulet et réserver la marinade. Disposer les cuisses dans une plaque à rôtir et les badigeonner d'huile. Cuire au four 30 minutes, le temps que la viande soit à point, en tournant de temps en temps.
3 Mélanger la marinade et la gelée de groseille dans une petite casserole. Tourner à feu modéré jusqu'à ce que la sauce soit homogène. Amener à ébullition, baisser le feu et cuire 15 minutes à découvert. Napper le poulet de sauce et servir avec du romarin et des groseilles.

VALEUR NUTRITIONNELLE PAR PORTION : protides 37 g ; lipides 8,5 g ; glucides 5 g ; fibres 0 g ; cholestérol 0 mg ; 1 112 kJ (266 cal)

Arroser les morceaux de volaille du mélange de vin, de thym et de romarin.

Disposer les cuisses de poulet dans une plaque à rôtir et le badigeonner d'huile.

Tourner la marinade et la gelée de groseille dans une petite casserole pour obtenir une sauce homogène.

POULET AUX FIGUES ET AU CITRON

Préparation : 20 minutes
Cuisson : 35 minutes
Pour 4 personnes

4 hauts de cuisse (cuisses sans pilons) de poulet bien charnus
1 écorce de citron
1/2 cuil. à café de gingembre râpé
1/2 cuil. à café de garam masala
1 cuil. à soupe de sauce de soja
2 cuil. à soupe d'huile d'olive
125 ml de vin blanc doux
60 ml de jus de citron
1 cuil. à café d'eau de gingembre (ginger wine)
2 cubes de bouillon de volaille, écrasés
6 grosses figues sèches, coupées en 2
2 cuil. à café de gingembre confit finement émincé

1 Dégraisser et dénerver le poulet. Préchauffer le four à température modérée (180 °C). Prélever l'écorce de citron au couteau économe et la tailler en longues et fines lanières. Mettre ces zestes dans une petite casserole avec un peu d'eau. Faire bouillir 2 minutes, égoutter et réserver.
2 Mélanger le gingembre, le garam masala et la sauce de soja. Enrober les morceaux de poulet de cette marinade.
3 Dans une sauteuse, mettre l'huile à chauffer et faire sauter le poulet 5 minutes sur chaque côté ; elles doivent être dorées mais pas encore à point. Égoutter sur du papier absorbant et transférer dans un plat à four.
4 Verser dans la sauteuse le vin blanc, l'eau de gingembre, le jus de citron, les cubes de bouillon et le reste de marinade. Amener à ébullition. Ajouter les figues et le gingembre confit. Retirer du feu et verser cette préparation sur le poulet. Cuire au four 20 minutes en retournant la viande une fois. Servir avec le zeste de citron.

VALEUR NUTRITIONNELLE PAR PORTION : protides 20 g ; lipides 12 g ; glucides 7 g ; fibres 2 g ; cholestérol 44 mg ; 1 018 kJ (245 cal)

Prélever le zeste sur l'écorce du citron et le tailler en très fines lanières.

Disposer les morceaux de poulet dans un plat allant au four.

Jeter les moitiés de figues et le gingembre confit dans la marinade au vin bouillante.

POULET TANDOORI

Préparation : 30 minutes + 4 heures 30 minutes de marinade
Cuisson : 45 minutes
Pour 4 à 6 personnes

6 cuisses de poulet en filets
60 ml de jus de citron
3 cuil. à café de coriandre moulue
1 cuil. à soupe de cumin en poudre
1/2 petit oignon, haché
4 gousses d'ail
1 cuil. à soupe de gingembre frais râpé
1 cuil. à soupe de jus de citron
1 cuil. à café de sel
1/4 de cuil. à café de paprika
1 pincée de piment en poudre
250 g de yaourt nature
Colorant alimentaire rouge
Quartiers de citron, pour la présentation

1 Dégraisser le poulet si nécessaire et le disposer dans un grand plat. Le badigeonner de jus de citron, couvrir et laisser mariner 30 minutes au réfrigérateur.
2 Au mixeur, réduire en fine purée la coriandre, le cumin, l'oignon, l'ail, le gingembre, le jus de citron et le sel. Y ajouter le paprika, le piment, le yaourt et quelques gouttes de colorant pour obtenir une sauce homogène et d'une belle couleur.
3 Enrober le poulet de cette préparation tandoori. Couvrir et laisser au moins 4 heures au réfrigérateur.
4 Préchauffer le four à température modérée (180 °C). Disposer le poulet sur la grille d'une plaque à rôtir (ou sur la grille du four au-dessus de la lèchefrite) et faire cuire à point 45 minutes, sans retourner.

VALEUR NUTRITIONNELLE PAR PORTION (6) : protides 20 g ; lipides 6 g ; glucides 3 g ; fibres 0 g ; cholestérol 70 mg ; 645 kJ (155 cal)

NOTE : on peut ajouter davantage de colorant rouge à la préparation au yaourt si l'on souhaite retrouver la teinte profonde du tandoori traditionnel.

Badigeonner le poulet de jus de citron et le laisser mariner 30 minutes au réfrigérateur.

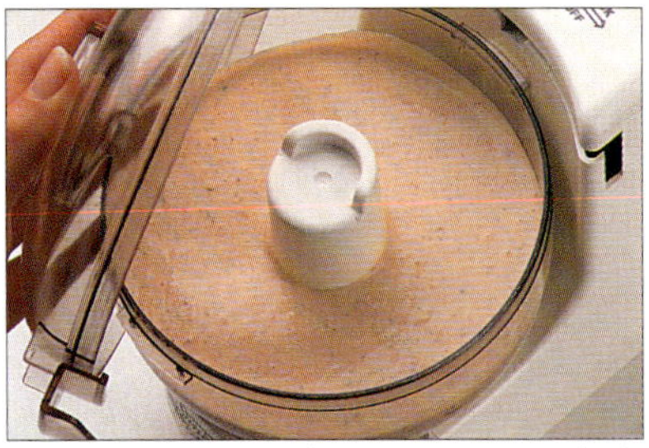

Passer au mixeur les ingrédients de la sauce tandoori, qui doit prendre une belle couleur.

Enrober les cuisses de poulet de la préparation au yaourt.

Disposer les morceaux de volaille sur la grille d'une plaque à rôtir.

POULET ET BROCOLIS AU FOUR

Préparation : 20 minutes
Cuisson : 1 heure
Pour 6 personnes

30 g de beurre
4 blancs de poulet crus, coupés en cubes
4 oignons nouveaux, émincés
2 gousses d'ail, écrasées
2 cuil. à soupe de farine
375 ml de bouillon de volaille
2 cuil. à café de moutarde de Dijon
280 g de brocolis, coupés en bouquets
1 kg de pommes de terre, coupées en quartiers
2 cuil. à soupe de lait
60 g de beurre
2 œufs
30 g d'amandes effilées grillées
Ciboulette ciselée, pour la présentation

1 Préchauffer le four à température modérée (180 °C). Faire fondre la moitié du beurre dans une grande poêle, et y mettre les cubes de poulet à rissoler en plusieurs fois jusqu'à ce qu'ils soient dorés et à point. Retirer de la poêle. Faire fondre dans celle-ci le reste du beurre et y mettre l'oignon et l'ail à revenir pendant 2 minutes. Ajouter la farine et bien mélanger. Verser le bouillon et cuire, en tournant, jusqu'à ce que le mélange bouillant épaississe. Ajouter la moutarde puis le poulet. Saler et poivrer.
2 Entre-temps, cuire les brocolis à la vapeur ou au four à micro-ondes ; veiller à ce qu'ils ne soient pas trop cuits. Les rafraîchir dans l'eau glacée et les égoutter.
3 Cuire les pommes de terre à l'eau bouillante salée pendant 15 à 20 minutes. Les égoutter et les réduire en purée en leur incorporant le lait, le beurre et les œufs. Disposer les brocolis au fond d'un plat à four et verser dessus le poulet préparé. Recouvrir de purée de pomme de terre à la cuillère ou à la poche à douille. Parsemer d'amandes et cuire au four pendant 25 minutes, le temps que le plat soit bien doré. Garnir de ciboulette avant de servir.

VALEUR NUTRITIONNELLE PAR PORTION : protides 25 g ; lipides 20 g ; glucides 25 g ; fibres 5,5 g ; cholestérol 135 mg ; 1 610 kJ (385 cal)

Tailler les blancs de poulet en cubes avec un couteau de cuisine bien affûté.

Faire revenir les morceaux de poulet à la poêle en plusieurs fois.

Verser le bouillon et remuer sur le feu jusqu'à ce que le mélange épaississe.

POULET ÉPICÉ EN CRAPAUDINE

Préparation : 15 minutes + 4 heures de marinade
Cuisson : 20 minutes
Pour 4 personnes

- 2 petits poulets (de 750 g environ chacun) ou 1 kg de pilons
- 2 cuil. à soupe de vinaigre de malt ou de jus de citron
- 1 1/2 cuil. à café de piment en poudre
- 1 1/2 cuil. à café de paprika doux en poudre
- 2 cuil. à café de coriandre moulue
- 2 cuil. à café de cumin en poudre
- 1 cuil. à café de garam masala
- 1 cuil. à soupe de gingembre frais finement râpé
- 1 cuil. à soupe d'ail écrasé
- 1 cuil. à café de sel
- 80 g de yaourt nature
- 3 cuil. à soupe de ghee (beurre clarifié) fondu, ou d'huile

1 Essuyer les volailles au papier absorbant. Mélanger le vinaigre, le piment, le paprika, la coriandre, le cumin, le garam masala, le gingembre, l'ail, le sel et le yaourt dans un grand saladier de verre ou de céramique.

2 Découper la colonne vertébrale des poulets au coupe-volaille et la retirer. Retourner les volailles et les aplatir. Inciser la peau. Disposer les crapaudines au fond d'un plat et les enrober de marinade en la faisant bien pénétrer dans la chair. Couvrir et laisser 4 heures au réfrigérateur.

3 Poser les poulets en crapaudine sur un gril froid légèrement huilé. Badigeonner de ghee fondu. Griller les volailles à chaleur modérée pendant 20 minutes ; les retourner une fois à mi-cuisson et les badigeonner de temps en temps du reste de marinade.

Servir avec des pains indiens, nans ou chapatis, et des quartiers de citron.

VALEUR NUTRITIONNELLE PAR PORTION : protides 72 g ; lipides 20 g ; glucides 1,5 g ; fibres 0 g ; cholestérol 196 mg ; 2 009 kJ (480 cal)

VARIANTE : le gril donne une chair savoureuse, mais, pour obtenir un goût de fumé incomparable, préparer le poulet de la même façon et le griller au barbecue.

CONSEIL : si l'on retire la peau du poulet, les arômes de la marinade pénétreront beaucoup mieux les chairs, et le plat contiendra nettement moins de matières grasses.

Mélanger le vinaigre, le piment, le paprika, la coriandre, le cumin, le garam masala, le gingembre, l'ail, le sel et le yaourt.

Découper la colonne vertébrale des poulets au coupe-volaille et la retirer.

Griller les volailles à chaleur modérée en les badigeonnant de temps en temps de marinade.

POULET AUX AUBERGINES ET À LA TOMATE

Préparation : 30 minutes
Cuisson : 1 heure 30 minutes
Pour 4 personnes

1 poivron rouge
1 aubergine
3 tomates, coupées en quartiers
200 g de gros champignons de Paris, coupés en 2
1 oignon, coupé en quartiers
Huile de cuisson
1 1/2 cuil. à soupe de concentré de tomate
125 ml de bouillon de volaille
60 ml de vin blanc
2 tranches fines de bacon
4 blancs de poulet crus
4 petits brins de romarin frais

1 Préchauffer le four à température modérée (180 °C). Couper le poivron et l'aubergine en dés et mélanger dans un plat à four avec les tomates, les champignons et l'oignon. Arroser d'un filet d'huile et cuire 1 heure au four en remuant une fois, le temps que le plat commence à dorer.

2 Verser dans le plat le mélange de concentré de tomate, de bouillon et de vin, et cuire le tout 10 minutes, le temps que la sauce épaississe.

3 Entre-temps, dégraisser le bacon si nécessaire et couper les tranches en deux. Envelopper les blancs de volaille d'une bande de bacon et maintenir le tout par un bâtonnet. Piquer sous le bacon une brindille de romarin. Faire rissoler à feu modéré dans une poêle antiadhésive légèrement huilée, en dorant les deux côtés. Couvrir et cuire de 10 à 15 minutes, jusqu'à ce que le poulet soit à point. Retirer les bâtonnets. Servir sur le lit de légumes, nappé de sauce.

VALEUR NUTRITIONNELLE PAR PORTION : protides 35 g ; lipides 4,5 g ; glucides 8 g ; fibres 5 g ; cholestérol 70 mg ; 965 kJ (230 cal)

Arroser les légumes d'un filet d'huile avant d'enfourner le plat.

Lorsque les légumes sont fondants, verser dessus la sauce au vin, à la tomate et au bouillon.

Entourer les blancs de volaille d'une bande de bacon et attacher le tout par un bâtonnet piqué en dessous.

BALLOTTINE DE POULET

Préparation : 40 minutes
Cuisson : 1 heure 45 minutes
Pour 8 personnes

1 poulet de 1,6 kg
2 poivrons rouges
1 pied (1 kg) de bettes
30 g de beurre
1 oignon, finement émincé
1 gousse d'ail, écrasée
50 g de parmesan râpé
80 g de mie de pain fraîche, émiettée
1 cuil. à soupe d'origan frais haché
200 g de ricotta

1 Désosser le poulet avec un couteau de cuisine bien affûté en commençant par fendre le dos le long de la colonne vertébrale. Détacher la chair d'un côté jusqu'au bréchet, en prenant soin de ne pas percer la peau. Continuer en dégageant les os de la cuisse, du pilon et de l'aile. Trancher l'articulation entre la cuisse et le pilon et couper l'aileron. Procéder de la même façon pour l'autre côté, puis soulever la cage thoracique pour ne laisser que la chair, les pilons restant attachés au corps. Racler les os des cuisses et des ailes, les retirer et ramener la chair des membres à l'intérieur du corps. Mettre le poulet désossé au réfrigérateur, côté peau en dessous.

2 Préchauffer le four à température modérée (180 °C). Couper les poivrons en quatre, les épépiner et les débarrasser de leurs parties blanches. Les disposer, peau au-dessus, sous le gril chaud, jusqu'à ce que la peau noircisse et cloque. Les enfermer dans un sac en plastique, les laisser refroidir, puis les peler.

3 Ne garder que les feuilles des bettes et les couper en fines lanières. Faire fondre le beurre dans une grande poêle ; y mettre l'oignon et l'ail à revenir 5 minutes. Lorsqu'ils sont fondants, leur ajouter les feuilles de bette ; attendre qu'elles se ramollissent et que le liquide de cuisson soit évaporé. Passer au mixeur les feuilles de bette, l'ail et l'oignon, le parmesan, la mie de pain, l'origan et la moitié de la ricotta. Assaisonner de sel et de poivre fraîchement moulu.

4 Garnir l'intérieur du poulet de la farce aux bettes et recouvrir celle-ci de poivron. Rouler la ricotta et en entourer la farce. Fermer étroitement les flancs et les extrémités de la ballottine, la maintenir par des cure-dents de bois et la ficeler tous les 3 cm.

5 Huiler légèrement une grande feuille de papier d'aluminium, disposer la ballottine au centre et l'enfermer hermétiquement. Mettre dans un plat allant au four et cuire pendant 1 heure 15 minutes ou 1 heure 30 minutes ; la volaille est à point lorsque, en la piquant au centre, le jus qui perle est incolore. Laisser refroidir, puis garder au réfrigérateur avant d'enlever le papier d'aluminium, les bâtonnets et la ficelle. Couper en tranches de 1 cm de large et servir.

VALEUR NUTRITIONNELLE PAR PORTION : protides 40 g ; lipides 12 g ; glucides 9 g ; fibres 1,5 g ; cholestérol 105 mg ; 1 290 kJ (310 cal)

NOTE : si l'on hésite à désosser soi-même la volaille, demander au boucher de s'en charger et, pour plus de sûreté, passer commande la veille.

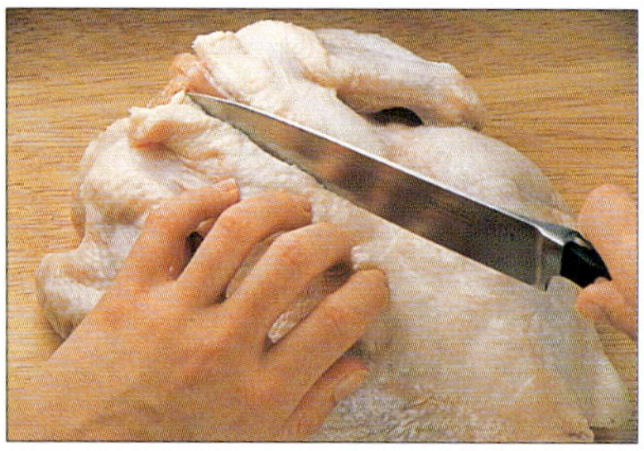
Fendre le dos de la volaille le long de la colonne vertébrale avec un couteau de cuisine affûté.

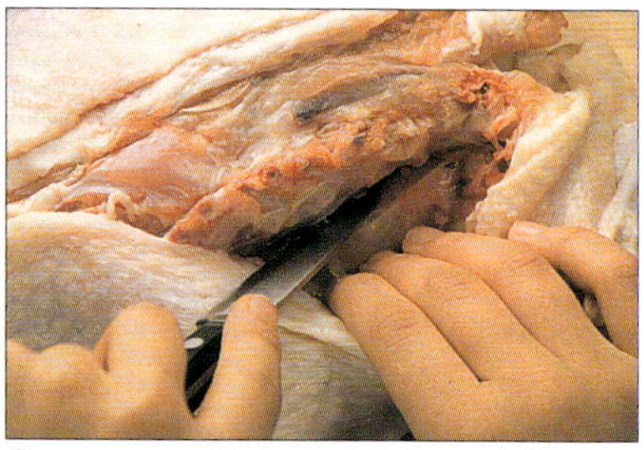
Commencer par détacher la chair d'un seul côté du poulet jusqu'au bréchet.

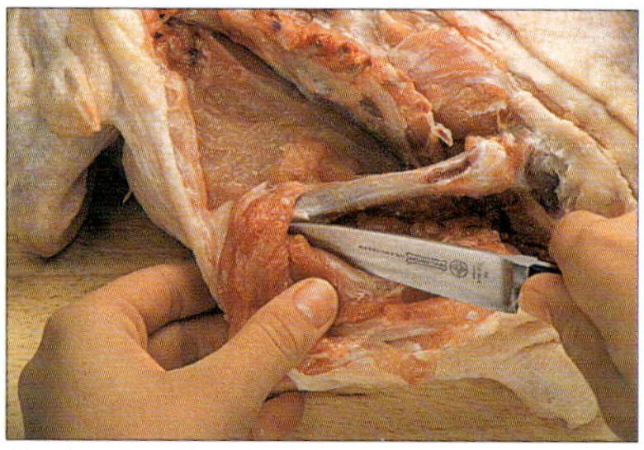
Continuer en dégageant les os de la cuisse, du pilon et de l'aile.

Trancher l'articulation entre la cuisse et le pilon et couper l'aileron.

Garnir l'intérieur du poulet de la farce aux bettes et recouvrir celle-ci de poivron.

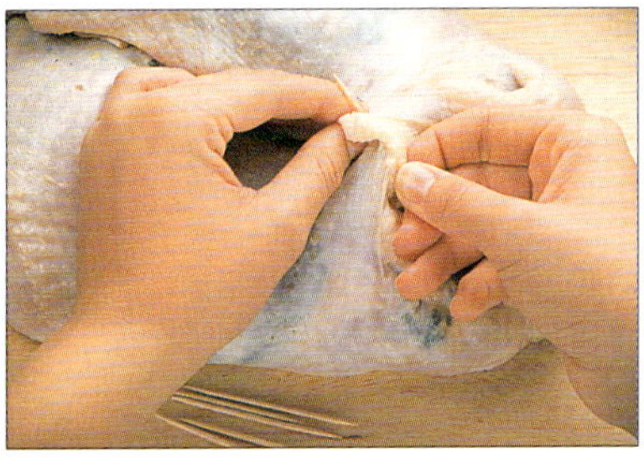

Rouler la ballottine et la tenir fermée par des cure-dents de bois.

POULET GLACÉ AU MIEL

Préparation : 15 minutes
Cuisson : 55 minutes
Pour 6 à 8 personnes

2 petits poulets (1,5 kg en tout)
1 cuil. à soupe d'huile d'olive légère

GLAÇAGE AU MIEL
90 g de miel
1 citron (jus et zeste finement râpé)
1 cuil. à soupe de romarin frais finement haché
1 cuil. à soupe de vin blanc sec
1 cuil. à soupe de vinaigre de vin blanc
2 cuil. à café de moutarde de Dijon
1 1/2 cuil. à soupe d'huile d'olive

1 Préchauffer le four à température modérée (180 °C). Couper les poulets en deux sur les côtés de la colonne vertébrale. Jeter celle-ci. Couper en deux les demi-poulets, les badigeonner d'huile et les assaisonner légèrement. Disposer les morceaux sur la grille d'une plaque à rôtir, côté peau en dessous, et cuire pendant 20 minutes.

2 Préparer le glaçage au miel en mélangeant le miel, le jus et le zeste de citron, le romarin, le vin, le vinaigre, la moutarde et l'huile dans une petite casserole. Amener à ébullition, baisser le feu et cuire pendant 5 minutes.

3 Retourner les morceaux de poulet à mi-cuisson et les napper de glaçage chaud. Remettre au four pendant 20 minutes. Arroser une seconde fois et terminer par 15 minutes de cuisson.

VALEUR NUTRITIONNELLE PAR PORTION (8) : protides 70 g ; lipides 10 g ; glucides 8,5 g ; fibres 0,5 g ; cholestérol 150 mg ; 1 693 kJ (405 cal)

Couper les poulets en deux sur les côtés de la colonne vertébrale.

Couper en deux les demi-poulets ; utiliser des ciseaux de cuisine plutôt qu'un couteau.

Rôtir les morceaux de poulet, les retourner à mi-cuisson et les napper de glaçage chaud.

POULET RÔTI À L'AIL ET AUX LÉGUMES

Préparation : 20 minutes
Cuisson : 1 heure 20 minutes
Pour 4 personnes

315 g de patates douces à chair jaune, pelées et coupées en quartiers
315 g de pommes de terre roseval, pelées et coupées en quartiers
315 g de potiron, pelé et coupé en cubes
60 ml d'huile d'olive
1 poulet coupé en 8 morceaux, ou 1,5 kg de morceaux de poulet
1 cuil. à soupe de feuilles de thym frais
20 grosses gousses d'ail, dans leur peau (voir Note)
1/2 cuil. à café de sel gris

1 Préchauffer le four à température élevée (220 °C). Amener à ébullition une grande quantité d'eau salée, y jeter les patates douces, les pommes de terre et le potiron pendant 5 minutes. Bien égoutter.
2 Disposer le poulet et les légumes dans un plat à four, arroser d'huile d'olive, parsemer de thym et répandre les gousses d'ail. Saupoudrer de sel gris.
3 Rôtir pendant 1 heure 15 minutes, en retournant le poulet toutes les 20 minutes. La volaille doit être bien dorée et les légumes croustillants sur les bords. Servir aussitôt.

VALEUR NUTRITIONNELLE PAR PORTION : protides 35 g ; lipides 20 g ; glucides 28 g ; fibres 6 g ; cholestérol 97 mg ; 1 848 kJ (440 cal)

NOTE : la quantité d'ail peut paraître excessive, mais les gousses perdent leur piquant à la cuisson : leur chair devient douce et fondante. On écrasera les gousses pour en exprimer le contenu crémeux que l'on répandra sur le poulet aux légumes.

Cuire 5 minutes à l'eau bouillante les patates douces, les pommes de terre et le potiron.

Arroser d'huile le poulet et les légumes, puis répandre dessus le thym et les gousses d'ail.

Retourner le poulet et les légumes toutes les 20 minutes, jusqu'à ce qu'ils soient bien croustillants.

CRÊPES FOURRÉES AU POULET ET AUX ARTICHAUTS

Préparation : 30 minutes
Cuisson : 1 heure
Pour 4 personnes

1 cuil. à café de levure chimique
165 g de farine
1/4 de cuil. à café de sel
2 œufs
300 ml de lait
90 g de beurre
600 ml de bouillon de volaille
2 jaunes d'œufs
250 ml de crème fleurette
1 cuil. à café de jus de citron
300 g de poulet cuit, haché grossièrement
350 g de cœurs d'artichauts, égouttés et émincés
2 cuil. à café de thym frais haché
2 cuil. à café de persil frais haché
100 g de parmesan râpé

1 Tamiser 125 g de farine avec la levure et le sel ; former un puits dans une jatte. Verser au centre les œufs battus avec le lait et fouetter le tout pour former une pâte homogène. Faire chauffer une poêle et en badigeonner légèrement le fond de beurre fondu. Y verser 60 ml de pâte et cuire à feu modéré jusqu'à ce que le dessous de la crêpe soit doré ; la retourner et cuire l'autre côté. La faire glisser dans un plat et la tenir au chaud sous un linge pendant que l'on prépare les autres crêpes.

2 Faire fondre le beurre dans une casserole et verser la farine restante. Cuire 2 minutes puis retirer du feu. Ajouter le bouillon et délayer délicatement au fouet. Verser les œufs et le lait, fouetter. Remettre sur le feu et amener lentement à ébullition en tournant constamment. Faire épaissir la sauce bouillante pendant 30 secondes, retirer du feu et verser le jus de citron. Assaisonner de sel et de poivre noir fraîchement moulu.

3 Préchauffer le four à température moyennement élevée (200 °C). Arroser le fond d'un plat à gratin de beurre fondu ; y étaler 2 crêpes, dont les bords se chevauchent légèrement. Garnir uniformément de poulet, d'artichauts et d'herbes. Verser dessus un tiers de la sauce et recouvrir de 2 autres crêpes. Garnir de nouveau et terminer par 3 crêpes. Recouvrir de la sauce restante, saupoudrer de parmesan et cuire au four pendant 30 à 35 minutes, le temps que le plat soit bien doré.

VALEUR NUTRITIONNELLE PAR PORTION : protides 40 g ; lipides 60 g ; glucides 37 g ; fibres 4 g ; cholestérol 305 mg ; 3 568 kJ (850 cal)

Faire chauffer une poêle, verser la pâte à crêpe et cuire jusqu'à ce que le dessous soit doré.

Hors du feu, fouetter délicatement le mélange d'œufs et de crème.

Disposer les crêpes au fond du plat et les garnir de la moitié de l'apprêt au poulet et aux artichauts.

POULET RÔTI À L'ORANGE

Préparation : 15 minutes + 3 heures de marinade
Cuisson : 40 minutes
Pour 8 personnes

2 poulets de 800 g chacun
100 g de beurre, ramolli
2 gousses d'ail, écrasées
1 cuil. à soupe de zeste d'orange finement râpé
60 ml de jus d'orange

1 Préchauffer le four à température élevée (220 °C). Aux ciseaux de cuisine ou au coupe-volaille, couper les poulets en deux, par le dos et le bréchet. Essuyer l'extérieur et l'intérieur au papier absorbant.
2 Bien mélanger le beurre, l'ail et le zeste d'orange. Détacher délicatement la peau de la volaille en passant un doigt entre chair et peau, et y glisser le beurre d'orange aussi uniformément que possible. Disposer les demi-poulets dans un plat de céramique, couvrir et laisser 3 heures au réfrigérateur ou, de préférence, toute la nuit.
3 Bien égoutter les poulets et les disposer, côté peau au-dessus, sur la grille de deux plaques à rôtir. Mouiller chaque plat de 2 cuil. à soupe d'eau.
4 Faire rôtir au four pendant 30 à 40 minutes, le temps que la volaille soit bien dorée. Couvrir de papier d'aluminium et laisser reposer 15 minutes. Servir les poulets en 4 morceaux.

VALEUR NUTRITIONNELLE PAR PORTION : protides 30 g ; lipides 15 g ; glucides 1 g ; fibres 0 g ; cholestérol 95 mg ; 990 kJ (235 cal)

NOTE : employer autant que possible du jus d'orange pressé.

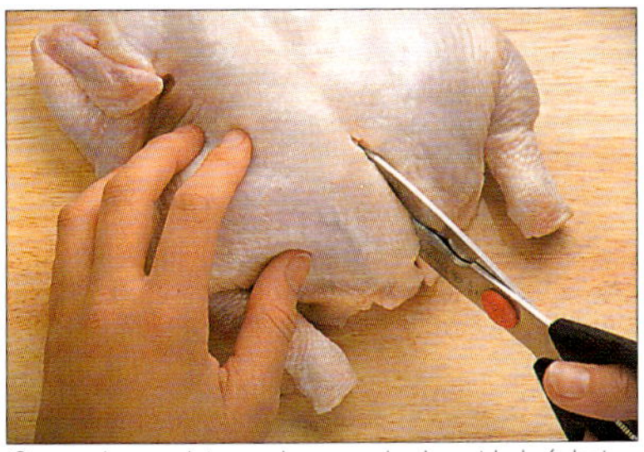

Couper les poulets en deux, par le dos et le bréchet.

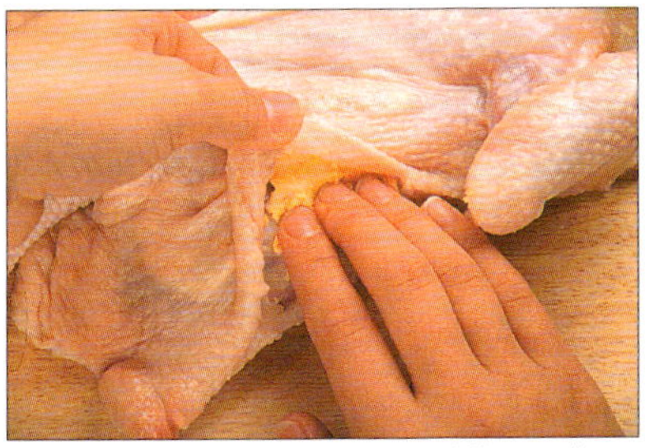

Détacher délicatement la peau de la volaille et y glisser le beurre d'orange.

Disposer les demi-poulets, côté peau au-dessus, sur les grilles de plaques à rôtir.

POULET FUMÉ AU CINQ-ÉPICES

Préparation : 30 minutes + 8 heures de marinade
Cuisson : 35 minutes
Pour 6 personnes

1 poulet de 1,7 kg
60 ml de sauce de soja
1 cuil. à soupe de gingembre frais finement râpé
2 écorces sèches de clémentine (voir Note p. 85)
1 anis étoilé
1/4 de cuil. à café de cinq-épices
45 g de cassonade

1 Passer le poulet sous l'eau courante et le sécher au papier absorbant. Dégraisser l'intérieur. Mettre la volaille dans une terrine avec la sauce de soja et le gingembre râpé. Couvrir et laisser quelques heures au réfrigérateur ou toute la nuit, en retournant de temps en temps.

2 Placer un panier métallique de cuisson à la vapeur ou une grille dans une cocotte d'une taille suffisante pour accueillir le poulet et remplir d'eau jusqu'à ce niveau. Poser le poulet sur le panier et amener à ébullition. Fermer hermétiquement, baisser le feu et cuire à la vapeur pendant 15 minutes. Éteindre le feu et laisser, toujours à couvert, pendant encore 15 minutes. Transférer le poulet dans un bol.

3 Laver la cocotte et la tapisser de 3 ou 4 grandes feuilles de papier d'aluminium. Piler au mortier l'écorce de clémentine et l'anis étoilé ou les écraser au rouleau à pâtisserie pour obtenir une poudre ayant l'aspect de la chapelure. Ajouter le cinq-épices et la cassonade ; en parsemer le fond de la cocotte.

4 Replacer le panier ou la grille et poser le poulet dessus. Faire partir à feu modéré et, quand le mélange d'épices commence à fumer, couvrir hermétiquement. Mettre sur feu doux et fumer le poulet pendant 20 minutes. Vérifier la cuisson en piquant la cuisse : le jus qui perle doit être incolore. Retirer le poulet de la cocotte et le laisser tiédir avant de le découper ou de l'émincer à la chinoise.

VALEUR NUTRITIONNELLE PAR PORTION : protides 46 g ; lipides 4,5 g ; glucides 10 g ; fibres 0 g ; cholestérol 100 mg ; 1 126 kJ (270 cal)

VARIANTE : si l'on souhaite raccourcir le temps de cuisson, employer des filets de volaille. Six blancs mettront 7 minutes à cuire à la vapeur, et le fumage prendra 8 minutes sur chaque côté. Une longue macération n'est pas nécessaire dans ce cas.

Mettre la volaille dans une terrine avec la sauce de soja et le gingembre râpé.

Faire cuire le poulet à la vapeur dans un panier où l'eau affleure.

Piler au mortier l'anis étoilé et l'écorce de clémentine.

Tapisser la cocotte d'aluminium et en garnir le fond du mélange d'écorce, d'anis, d'épices et de cassonade.

AYAM PANGGANG (POULET RÔTI AUX ÉPICES)

Préparation : 20 minutes
Cuisson : 1 heure
Pour 4 à 6 personnes

1 poulet de 1,5 kg
3 cuil. à café de piments verts et rouges hachés
3 gousses d'ail, pelées
2 cuil. à café de poivre vert séché, écrasé
2 cuil. à café de cassonade
2 cuil. à soupe de sauce de soja
2 cuil. à café de curcuma moulu
1 cuil. à soupe de jus de citron vert
30 g de beurre, fractionné

1 Préchauffer le four à température modérée (180 °C). À l'aide d'un couperet, fendre le poulet en deux par la colonne vertébrale. Replier les ailerons pour les empêcher de brûler. Poser les moitiés de poulet, côté peau au-dessus, sur la grille d'une plaque à rôtir et cuire au four pendant 30 minutes.

2 Entre-temps, passer brièvement au mixeur ou piler les piments, l'ail, le poivre vert et la cassonade. Ajouter la sauce de soja, le curcuma et le jus de citron vert et hacher par impulsions.

3 Enrober la volaille de cette marinade épicée, déposer les morceaux de beurre dessus et cuire au four encore 25 à 30 minutes. Servir chaud ou à la température ambiante avec des quartiers de citron et des herbes fraîches.

VALEUR NUTRITIONNELLE PAR PORTION (6) : protides 38 g ; lipides 8 g ; glucides 1,5 g ; fibres 0 g ; cholestérol 95 mg ; 970 kJ (232 cal)

À l'aide d'un couperet, fendre le poulet en deux par la colonne vertébrale.

Passer brièvement au mixeur ou piler les piments, l'ail, le poivre vert et la cassonade.

Enrober la volaille de marinade et cuire au four le temps que la viande soit à point.

POULET RÔTI FARCI AUX ÉPICES

Préparation : 30 minutes
Cuisson : 1 heure 20 minutes
Pour 6 personnes

3 petits piments rouges séchés
1 cuil. à café de graines de fenouil
1 cuil. à café de graines de cumin
1 cuil. à café de graines de coriandre
2 g de sel
1 poulet de 1,5 kg
2 gousses d'ail, hachées
1 cuil. à soupe d'huile d'arachide
2 oignons, hachés
250 g de porc haché
80 g de cacahuètes, grillées et hachées grossièrement
60 ml de jus de citron vert
1 cuil. à soupe de menthe fraîche hachée
2 cuil. à soupe de feuilles de coriandre fraîche hachées
1 cuil. à soupe d'huile
125 ml de lait de coco

1 Préchauffer le four à température modérée (180 °C). Réduire en poudre, au mixeur ou au pilon et au mortier, les piments, les graines de fenouil, de cumin, de coriandre et le sel.

2 Dégraisser le poulet. Le frotter d'ail à l'intérieur et à l'extérieur.

3 Faire chauffer l'huile dans un wok et y mettre les oignons à revenir à feu modéré pendant 3 minutes. Ajouter le hachis de porc et le rissoler pendant 10 minutes. Retirer du feu, verser les cacahuètes, le jus de citron, la menthe et la coriandre. Laisser refroidir cette farce avant d'en garnir le poulet. Refermer l'ouverture par une brochette de bois et brider les pattes.

4 Badigeonner légèrement d'huile le poulet puis le frotter avec le mélange d'épices. Poser la volaille sur la grille d'une plaque à rôtir et cuire pendant 30 minutes. Sortir le plat du four et arroser de lait de coco et de jus de cuisson. Prolonger la cuisson de 40 minutes en arrosant fréquemment, jusqu'à ce que la viande soit à point. Enlever la brochette et la ficelle avant de servir.

VALEUR NUTRITIONNELLE PAR PORTION : protides 52 g ; lipides 20 g ; glucides 5 g ; fibres 2 g ; cholestérol 105 mg ; 1 695 kJ (405 cal)

Réduire en poudre les piments, les graines de fenouil, de cumin, de coriandre et le sel.

Dans le wok, faire revenir les oignons à feu modéré.

Garnir l'intérieur du poulet de farce refroidie.

Frotter le poulet avec le mélange d'épices.

Tourtes et feuilletés

FEUILLETÉ AU POULET ET AUX POIREAUX

Préparation : 20 minutes
Cuisson : 40 minutes
Pour 4 personnes

50 g de beurre
2 gros poireaux, lavés et finement émincés
4 oignons nouveaux, émincés
1 gousse d'ail, écrasée
30 g de farine
375 ml de bouillon de volaille
125 ml de crème fleurette
1 poulet rôti de taille moyenne, haché
2 feuilles de pâte feuilletée (fraîche ou décongelée)
60 ml de lait

1 Préchauffer le four à température moyennement élevée (200 °C). Faire fondre le beurre dans une poêle ; y verser les poireaux, les oignons et l'ail. Cuire à feu doux pendant 6 minutes, le temps que les poireaux soient fondants, mais non dorés. Ajouter la farine en pluie et bien mélanger. Mouiller peu à peu de bouillon et cuire, en tournant régulièrement, jusqu'à ce que le mélange soit bien homogène.

2 Ajouter la crème fleurette et le poulet. Verser cet apprêt dans une tourtière (ou un moule à tarte) de 20 cm de diamètre et laisser refroidir.

3 Découper un cercle de pâte feuilletée qui recouvre la garniture. Passer un peu de lait sur le bord du moule. Poser le couvercle de pâte, qui doit déborder la tourtière. Couper l'excédent et froncer le pourtour de la croûte avec le dos d'une fourchette. Découper la seconde abaisse en lanières de 1 cm de large et les enrouler en spirale, sans les serrer. Disposer ces spirales sur le couvercle en commençant par le centre et en les espaçant ; ce décor ne doit pas nécessairement couvrir entièrement la tourte. Piquer la pâte entre les spirales de quelques trous par où s'échappera la vapeur. Badigeonner d'un peu de lait et cuire au four de 25 à 30 minutes, le temps que la croûte soit bien dorée. S'assurer de la cuisson des spirales, qui ne doivent pas être crues en leur centre.

VALEUR NUTRITIONNELLE PAR PORTION : protides 25 g ; lipides 55 g ; glucides 40 g ; fibres 3 g ; cholestérol 185 mg ; 3 105 kJ (740 cal)

NOTE : on peut préparer de petits feuilletés en garnissant 4 ramequins beurrés de 300 ml chacun environ. Découper 4 ronds de pâte et faire dorer 15 minutes au four.

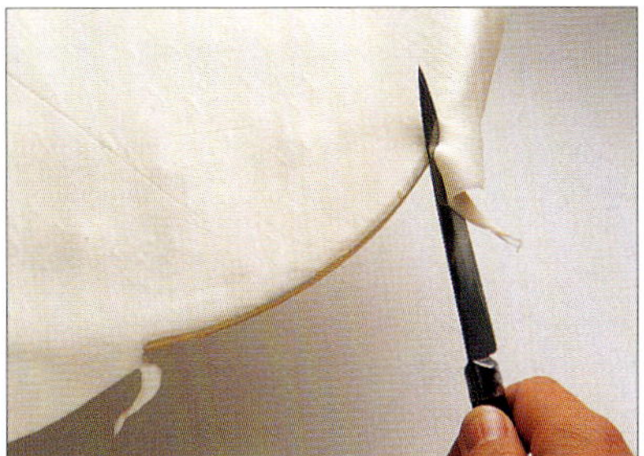

Fermer hermétiquement le couvercle de pâte et recouper l'excédent.

Former des spirales de pâte et en décorer le dessus du feuilleté.

RAMEQUINS DE POULET AUX BRIOCHES

Préparation : 25 minutes
Cuisson : 35 minutes
Pour 6 personnes

60 g de beurre
1 oignon, haché
40 g de farine
670 ml de lait
125 g de fromage râpé
2 cuil. à café de moutarde à l'ancienne
450 g de poulet haché
600 g de jardinière de légumes surgelée

BRIOCHES
250 g de farine levante
15 g de beurre
250 ml de lait
2 cuil. à soupe de persil frais haché
1 cuil. à soupe de lait

1 Préchauffer le four à température assez élevée (210 °C). Beurrer ou huiler légèrement six ramequins de porcelaine de 250 ml. Faire fondre le beurre dans une cocotte. Y mettre l'oignon à revenir à feu modéré jusqu'à ce qu'il soit fondant. Verser la farine en pluie et tourner pendant 1 minute, le temps que ce roux prenne couleur et que des petites bulles crèvent à la surface. Verser le lait peu à peu en tournant constamment jusqu'à ébullition et épaississement de la béchamel. Retirer du feu. Ajouter à la sauce le fromage râpé, la moutarde, le poulet et la jardinière de légumes. Répartir cet apprêt dans les ramequins.

2 Préparer les brioches. Verser la farine dans une jatte et incorporer le beurre du bout des doigts pendant 2 minutes pour obtenir une pâte s'émiettant finement. Faire un puits au centre et y verser le lait avec le persil. Incorporer les éléments en « coupant » la pâte avec un couteau métallique étroit. Travailler cette pâte jusqu'à ce qu'elle soit molle et collante. La déposer sur une surface farinée.

3 Former une boule de pâte souple et l'abaisser sur une épaisseur de 2,5 cm. Découper à l'emporte-pièce des ronds de 4,5 cm de diamètre. Rassembler les chutes, les rouler en boule et continuer de la même manière. Poser trois ronds de pâte sur chaque ramequin au poulet et les badigeonner de lait. Cuire 25 minutes au four ; les brioches doivent être dorées et le poulet aux légumes bien chaud.

VALEUR NUTRITIONNELLE PAR PORTION : protides 17 g ; lipides 30 g ; glucides 14 g ; fibres 0,5 g ; cholestérol 95 mg ; 1 656 kJ (396 cal)

Ajouter à la béchamel le fromage râpé, la moutarde, le poulet et la jardinière de légumes.

Travailler cette pâte en la « coupant » avec un couteau métallique étroit.

Poser trois ronds de pâte à brioche sur chaque ramequin garni.

FEUILLETÉS AU POULET ET AUX POIS GOURMANDS

Préparation : 40 minutes
Cuisson : 30 minutes
Pour 8 personnes

- 200 g de pois gourmands
- 1 cuil. à soupe d'huile
- 6 cuisses de poulet désossées, coupées en lamelles de 1 cm de large
- 40 g de beurre
- 2 cuil. à soupe de farine
- 185 ml de bouillon de volaille
- 170 ml de vin blanc sec
- 1 cuil. à soupe de moutarde à l'ancienne
- 150 g de feta, coupée en dés de 1 cm
- 50 g de tomates séchées, finement hachées
- 24 feuilles rectangulaires de pâte à brik
- 60 g de beurre, fondu
- Graines de sésame et de tournesol

1 Préchauffer le four à température assez élevée (210 °C). Effiler les pois gourmands, puis les plonger 1 minute dans l'eau bouillante ; ils doivent rester croquants et d'un beau vert. Les égoutter.

2 Mettre l'huile à chauffer dans une cocotte et y faire sauter rapidement le poulet en plusieurs fois à feu modéré. Égoutter sur du papier absorbant.

3 Faire fondre le beurre dans une casserole et verser la farine dessus. Tourner à feu doux pendant 2 minutes, le temps que le roux se colore et épaississe en bouillonnant. Verser le bouillon, le vin et la moutarde en tournant pour obtenir un mélange lisse. Sans cesser de tourner, faire bouillir et épaissir la sauce à feu modéré. Ajouter le poulet, les pois gourmands, la feta et les tomates ; mélanger délicatement. Retirer du feu et laisser refroidir. Diviser cette préparation en huit parts égales.

4 Badigeonner de beurre fondu trois feuilles de pâte à brik et les superposer. Garnir au bord d'un des petits côtés, rabattre la pâte au centre et la rouler la pâte pour former un petit feuilleté cylindrique. Le badigeonner de nouveau d'un peu de beurre et le disposer, fermeture en dessous, dans un plat à gratin huilé. Épuiser la farce et la pâte de la même manière. Badigeonner une dernière fois le dessus des feuilletés de beurre fondu, les parsemer de graines de sésame et de tournesol. Cuire 20 minutes au four, jusqu'à ce que les feuilletés soient bien dorés et chauds.

VALEUR NUTRITIONNELLE PAR PORTION : protides 34 g ; lipides 20 g ; glucides 20 g ; fibres 2 g ; cholestérol 100 mg ; 1 720 kJ (410 cal)

Faire dorer rapidement les lamelles de poulet à l'huile.

Mélanger dans la sauce, le poulet, le sucre, les pois gourmands, la feta et les tomates.

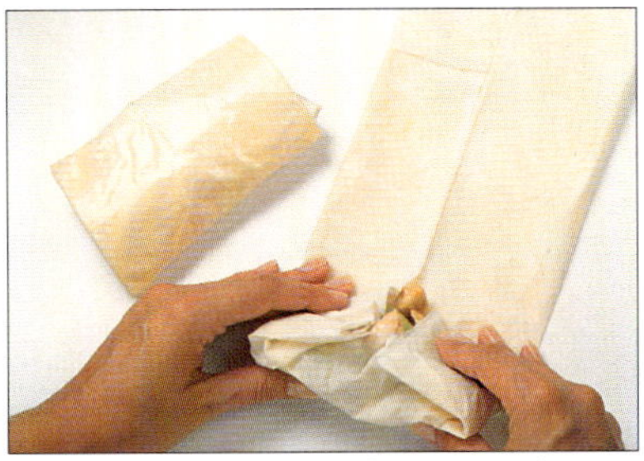

Garnir un rectangle de pâte, le fermer et le rouler pour former un feuilleté cylindrique.

TOURTE AU POULET ET AU JAMBON

Préparation : 40 minutes
Cuisson : 1 heure
Pour 1 tourte de 20 cm de diamètre

PÂTE
375 g de farine
180 g de beurre, fractionné
80 ml d'eau glacée

GARNITURE
1 kg de poulet haché
1/2 cuil. à café de thym séché
1/2 cuil. à café de sauge séchée
2 œufs, légèrement battus
3 oignons nouveaux, finement hachés
2 cuil. à café de zeste de citron finement haché
1 cuil. à café de moutarde de Dijon
80 ml de crème fleurette
100 g de jambon blanc maigre, finement haché
1 œuf, légèrement battu

1 Préchauffer le four à température modérée (180 °C). Malaxer au robot la farine et le beurre pour former une pâte friable. Verser presque toute l'eau et pétrir 20 secondes. Ajouter de l'eau si nécessaire jusqu'à ce que la pâte soit homogène. La transférer sur une surface légèrement farinée et former une boule souple. Étendre au rouleau les deux tiers de la pâte et foncer avec cette abaisse une tourtière ou un moule à tarte de 20 cm de diamètre, en laissant déborder la pâte de 2 cm. Couvrir d'un film plastique et garder les chutes.

2 Préparer la garniture en mélangeant dans une terrine avec une cuillère en bois le poulet, le thym, la sauge, les œufs, les oignons, le zeste de citron, la moutarde et la crème. Garnir le fond de pâte de la moitié de cet apprêt et en lisser la surface. Parsemer de jambon haché et couvrir du reste de garniture au poulet.

3 Badigeonner d'œuf battu le bord intérieur de la croûte. Avec la pâte restante, étendre au rouleau une seconde abaisse et en couvrir la garniture. Presser les bords pour les faire adhérer et les égaliser au couteau.

4 Replier le bord de la tourte vers l'intérieur et le créneler du bout de l'index. Décorer le dessus de motifs de pâte prélevée sur les restes. Badigeonner à l'œuf battu et faire dorer au four pendant 1 heure. Servir chaud ou à la température ambiante.

VALEUR NUTRITIONNELLE PAR PORTION : protides 52 g ; lipides 38 g ; glucides 52 g ; fibres 3 g ; cholestérol 277 mg ; 3 180 kJ (759 cal)

Malaxer la farine et le beurre au robot pour former une pâte friable.

Mélanger le poulet, le thym, la sauge, les œufs, les oignons, le zeste de citron, la moutarde et la crème.

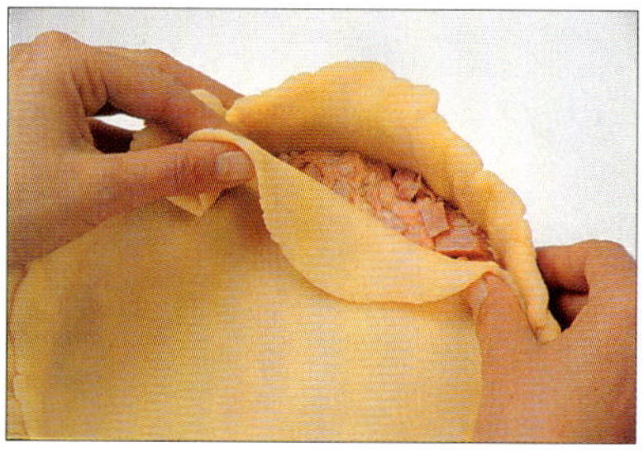
Recouvrir de pâte le fond garni de la tourte et presser les bords pour les faire adhérer.

Replier le bord de la tourte vers l'intérieur et le créneler du bout de l'index.

QUICHE AU POULET ET AUX ASPERGES

Préparation : 25 minutes + 40 minutes de réfrigération
Cuisson : 1 heure 20 minutes
Pour 8 personnes

250 g de farine
100 g de beurre, fractionné
1 jaune d'œuf

GARNITURE
150 g d'asperges, hachées
25 g de beurre
1 oignon, haché
60 g de moutarde à l'ancienne
200 g de fromage frais crémeux
125 ml de crème fleurette
3 œufs, légèrement battus
200 g de poulet cuit, haché
1/2 cuil. à café de poivre noir

1 Malaxer au robot la farine et le beurre pour former une pâte friable. Ajouter le jaune d'œuf et 60 ml d'eau. Faire tourner l'appareil par impulsions et ajouter de l'eau si nécessaire jusqu'à obtenir une pâte homogène. Déposer celle-ci sur une surface farinée et former une boule. Couvrir de film plastique et entreposer 30 minutes au froid. Graisser une tourtière cannelée à fond mobile de 19 cm de diamètre.

2 Étendre la pâte au rouleau et en foncer le moule. Recouper au couteau ce qui déborde. Poser la tourtière au fond d'un plat à four et laisser 10 minutes au réfrigérateur. Préchauffer le four à température moyennement élevée (200 °C). Couvrir la tarte de papier sulfurisé et remplir le moule de haricots secs pour empêcher la pâte de trop gonfler. Cuire 10 minutes au four. Enlever les haricots secs et le papier sulfurisé, puis reprendre la cuisson pendant 10 minutes, jusqu'à ce que la pâte ait pris couleur et soit sèche. Laisser refroidir. Baisser le four à 180 °C.

3 Préparer la garniture en faisant cuire les asperges à l'eau bouillante ou à la vapeur. Égoutter et sécher au papier absorbant. Faire fondre le beurre dans une poêle et y cuire l'oignon jusqu'à ce qu'il soit transparent. Retirer du feu, ajouter la moutarde et le fromage frais. Tourner jusqu'à ce que ce dernier ait fondu, puis verser la crème, les œufs, le poulet et les asperges. Incorporer tous ces ingrédients.

4 Garnir le fond de tarte de cet apprêt et saupoudrer de poivre noir. Cuire au four de 50 minutes à 1 heure, le temps que la quiche soit prise et gonfle. Laisser refroidir au moins 15 minutes avant de couper les parts.

VALEUR NUTRITIONNELLE PAR PORTION : protides 15 g ; lipides 30 g ; glucides 25 g ; fibres 2 g ; cholestérol 190 mg ; 1 860 kJ (440 cal)

Lorsque le mélange de farine et de beurre forme une pâte friable, ajouter le jaune d'œuf.

Bien sécher les asperges pour éviter qu'elles ne détrempent la pâte.

Verser la moutarde et le fromage frais et tourner jusqu'à ce que celui-ci ait fondu.

TOURTE AU POULET ET À LA CORIANDRE

Préparation : 40 minutes
Cuisson : 45 minutes
Pour 4 personnes

50 g de beurre
2 oignons, hachés
100 g de champignons de Paris, émincés
250 g de poulet cuit, haché grossièrement
2 œufs durs
1 cuil. à soupe de farine
280 ml de bouillon de volaille
1 jaune d'œuf
15 g de coriandre fraîche hachée
250 g de pâte feuilletée, en bloc ou roulée
1 œuf, légèrement battu, pour le glaçage

1 Faire fondre la moitié du beurre dans une sauteuse ; y mettre l'oignon et les champignons à revenir pendant 5 minutes, le temps qu'ils soient fondants, et ajouter le poulet. Avec la moitié de cette préparation, garnir une tourtière à bord uni de 20 cm de diamètre. Couper les œufs durs en rondelles et en parsemer l'apprêt. Recouvrir avec le reste de garniture.

2 Préchauffer le four à température moyennement élevée (200 °C). Faire fondre le beurre restant dans une casserole, ajouter la farine et cuire 1 minute. Verser le bouillon peu à peu sur ce roux et chauffer pendant 4 minutes en tournant constamment, puis retirer du feu. Mettre le jaune d'œuf et la coriandre, assaisonner de sel et de poivre noir fraîchement moulu. Laisser refroidir avant de verser cette sauce sur la garniture au poulet.

3 Étendre au rouleau une abaisse de pâte plus grande que la tourtière. Humidifier le bord de celle-ci et recouvrir la garniture en appuyant fermement sur le bord pour faire adhérer la pâte. En couper l'excédent et reprendre les restes d'abaisse pour former une longue bande de pâte. Couper celle-ci en trois longueurs égales et les tresser. Badigeonner le couvercle de la tourte à l'œuf battu et appliquer la tresse tout autour. Dorer une dernière fois à l'œuf, inciser le centre du couvercle et cuire 35 minutes au four.

VALEUR NUTRITIONNELLE PAR PORTION : protides 25 g ; lipides 35 g ; glucides 30 g ; fibres 3 g ; cholestérol 385 mg ; 2220 kJ (530 cal)

Ajouter le poulet aux oignons et aux champignons.

Couper les œufs durs en rondelles et les disposer sur la garniture de la tourte.

Ajouter le jaune d'œuf et la coriandre au bouillon lié à la farine.

Dorer à l'œuf le pourtour de la tourte, et la border d'une tresse de pâte.

TOURTE DE POULET AU CURRY

Préparation : 40 minutes
Cuisson : 1 heure
Pour 6 personnes

PÂTE
250 g de farine
1 cuil. à café de curcuma moulu
1 cuil. à café de cumin en poudre
125 g de beurre, en dés
1 œuf, légèrement battu
2 à 3 cuil. à soupe d'eau froide

1 poulet cuit, poché ou rôti
40 g de beurre
1 oignon, haché
2 cuil. à soupe de curry en poudre
1 cuil. à café de graines de cumin
1 cuil. à soupe de farine
375 ml de bouillon de volaille
125 ml de crème fleurette
1 cuil. à soupe de chutney à la mangue
200 g de patates douces, coupées en gros dés
Du lait, pour le glaçage

1 Préparer la pâte en malaxant au robot la farine, le curcuma, le cumin et le beurre pendant 15 secondes, pour obtenir un mélange friable. Ajouter l'œuf et 2 à 3 cuil. à soupe d'eau froide pour lier la pâte. Déposer celle-ci sur une surface légèrement farinée, pétrir et former une boule de pâte homogène. Couvrir d'un film plastique et laisser 20 minutes au réfrigérateur, le temps de préparer la garniture.

2 Dépouiller et désosser le poulet ; couper la chair en dés. Faire fondre le beurre dans une sauteuse ; y faire revenir l'oignon, le temps qu'il devienne fondant et transparent. Ajouter le curry et les graines de cumin ; prolonger la cuisson 1 minute.

3 Verser la farine et chauffer pendant 30 secondes. Retirer du feu et ajouter le bouillon peu à peu, en veillant à ce que le mélange ne présente jamais de grumeaux. Remettre sur le feu et cuire, en tournant, jusqu'à ce que la sauce épaississe et que des bulles crèvent à la surface. Ajouter la crème, le chutney, les patates douces et la chair de poulet. Laisser mijoter 5 minutes. Assaisonner de sel et de poivre noir fraîchement moulu. Retirer du feu et laisser refroidir complètement. Préchauffer le four à température moyenne (190 °C).

4 Diviser la pâte en deux parts égales. Étendre au rouleau, sur une surface légèrement farinée, une première abaisse aux dimensions d'une tourtière de 23 cm de diamètre. Foncer de pâte et déposer la garniture au fond.

5 Étendre la seconde abaisse et en couvrir la tourte. Humidifier les bords et les presser pour les faire adhérer. Couper l'excédent de pâte et le récupérer pour y découper des décors. Badigeonner de lait le dessous de ces formes et les appliquer délicatement sur le dessus de la tourte.

6 Badigeonner de lait le couvercle de la tourte et faire dorer au four pendant 40 minutes. Servir chaud ou à la température ambiante.

VALEUR NUTRITIONNELLE PAR PORTION : protides 30 g ; lipides 50 g ; glucides 40 g ; fibres 5 g ; cholestérol 240 mg ; 2 795 kJ (710 cal)

NOTE : il est indispensable que la garniture soit froide lorsqu'on en remplit le fond de la tourte, sinon elle détremperait la pâte.

Ajouter l'œuf et suffisamment d'eau pour lier la pâte.

Après avoir dépouillé et désossé le poulet, couper la chair en gros dés.

Verser le bouillon peu à peu et veiller à ce que la sauce ne présente jamais de grumeaux.

Garnir le fond de la tourte de l'apprêt au poulet.

Faire adhérer les bords de la tourte et couper l'excédent de pâte.

Badigeonner de lait le dessus de la tourte avant de l'enfourner.

PASTILLA DE POULET À LA MAROCAINE

Préparation : 40 minutes
Cuisson : 40 minutes
Pour 4 à 6 personnes

1 cuil. à soupe d'huile d'olive
1 oignon rouge, haché
2 à 3 gousses d'ail, écrasées
2 cuil. à café de gingembre frais haché
1 cuil. à café de curcuma moulu
1 cuil. à café de cumin en poudre
1 cuil. à café de coriandre moulue
500 g de poulet cuit, émincé
60 g d'amandes effilées, grillées
50 g de coriandre fraîche hachée
20 g de persil frais haché
1 cuil. à café de zeste de citron râpé
2 cuil. à soupe de bouillon de volaille ou d'eau
1 œuf, légèrement battu
9 feuilles de pâte à brik
50 g de beurre, fondu
1 cuil. à café de sucre en poudre
1/4 de cuil. à café de cannelle en poudre

1 Faire chauffer l'huile dans une sauteuse ; y mettre l'oignon, l'ail et le gingembre à revenir, le temps que l'oignon devienne fondant. Ajouter le curcuma, le cumin et la coriandre et cuire 1 à 2 minutes en tournant. Retirer du feu, mettre la chair de poulet, les amandes, la coriandre fraîche, le persil et le zeste de citron. Laisser tiédir 5 minutes, puis verser le bouillon ou l'eau et l'œuf battu.

2 Préchauffer le four à température modérée (180 °C). Graisser un plat à four. Couper six feuilles de pâte à brik en carrés d'environ 30 cm de côté et garder les chutes. Couper chacune des trois feuilles restantes en trois bandes égales. Couvrir d'un linge humide. Badigeonner un carré de beurre fondu et le disposer dans le plat à four. Le recouvrir d'une deuxième feuille en la décalant d'un quart de tour par rapport à la première et la badigeonner de beurre. Continuer avec les autres carrés de pâte en formant approximativement une étoile à huit branches. Remplir le centre d'apprêt au poulet, en laissant 5 cm de chaque côté.

3 Ramener les côtés des feuilles sur la garniture en laissant le centre à découvert. Badigeonner les chutes de pâte de beurre fondu, les plisser légèrement et les disposer au centre de la pastilla. Saupoudrer d'un mélange de sucre et de cannelle. Cuire au four pendant 25 minutes, le temps que la pastilla soit bien dorée et à point.

VALEUR NUTRITIONNELLE PAR PORTION (6) : protides 30 g ; lipides 20 g ; glucides 15 g ; fibres 2 g ; cholestérol 130 mg ; 1 510 kJ (360 cal)

Déchiqueter délicatement la chair de poulet avec les doigts.

Ramener les côtés de la pastilla sur sa garniture en laissant le centre à découvert.

Plisser légèrement les chutes de pâte et les disposer au centre de la pastilla.

GOUGÈRE AU POULET ET AU BACON

Préparation : 40 minutes
Cuisson : 50 minutes
Pour 6 personnes

60 g de beurre
1 à 2 gousses d'ail, écrasées
1 oignon rouge, haché
3 tranches de bacon, hachées
30 g de farine
375 ml de lait
125 ml de crème fleurette
2 cuil. à café de moutarde à l'ancienne
250 g de poulet cuit, haché
30 g de persil frais haché

PÂTE À CHOUX
60 g de beurre, fractionné
60 g de farine
2 œufs, légèrement battus
35 g de parmesan

1 Faire fondre le beurre dans une poêle ; y mettre l'oignon, l'ail et le bacon à revenir pendant 5 à 7 minutes, en tournant de temps en temps jusqu'à ce que les ingrédients soient cuits, mais sans roussir. Ajouter la farine et chauffer 1 minute. Verser le lait peu à peu et tourner jusqu'à épaississement. Cuire 2 minutes, ajouter la crème et la moutarde. Retirer du feu ; mélanger la chair de poulet et le persil aux autres ingrédients. Poivrer.

2 Préparer la pâte. Mettre dans une casserole le beurre mouillé de 125 ml d'eau et le faire fondre en tournant. Amener à ébullition, verser la farine en pluie et tourner le tout sans arrêter pendant 2 minutes, jusqu'à ce que la pâte se détache de la paroi. Laisser tiédir 5 minutes. Ajouter l'œuf et fouetter au mixeur à main jusqu'à ce que la pâte épaississe en devenant brillante. Ajouter le parmesan.

3 Préchauffer le four à température assez élevée (210 °C). Graisser un plat à four rond et profond de 23 cm de diamètre, le garnir de la préparation au poulet et border de cuillerées de pâte à choux. Cuire au four pendant 20 minutes, le temps que les choux gonflent et dorent. Saupoudrer de parmesan râpé.

VALEUR NUTRITIONNELLE PAR PORTION : protides 25 g ; lipides 35 g ; glucides 15 g ; fibres 1 g ; cholestérol 215 mg ; 2010 kJ (480 cal)

Faire revenir l'ail, l'oignon et le bacon en tournant sans les laisser roussir.

Amener à ébullition le beurre et l'eau, puis jeter la farine en pluie d'un seul coup.

Tourner la pâte à choux avec une cuillère en bois jusqu'à ce qu'elle se détache de la paroi.

Garnir le plat à four, puis le border de cuillerées de pâte à choux.

CROÛTES AU POULET ET AUX POIREAUX

Préparation : 1 heure
Cuisson : 1 heure
Pour 4 à 6 personnes

50 g de beurre
1 kg de blancs de poulet crus, coupés en lamelles
1 gros poireau (225 g), paré et finement émincé
1 branche de céleri, finement émincée
1 cuil. à soupe de farine
250 ml de bouillon de volaille
250 ml de crème fleurette
3 cuil. à café de moutarde de Dijon
3 cuil. à café de poivre vert au naturel, égoutté et rincé

GARNITURE
400 g de pommes de terre à purée, coupées en quartiers
165 g de farine levante
1/2 cuil. à café de sel
30 g de vieux cheddar (ou cantal) râpé
100 g de beurre froid, fractionné
1 jaune d'œuf, légèrement battu, pour le glaçage

1 Faire fondre la moitié du beurre dans une casserole. Quand il commence à mousser, y mettre le poulet à dorer. Retirer de la casserole. Ajouter le beurre restant et faire revenir le poireau et le céleri à feu modéré jusqu'à ce qu'ils soient fondants. Remettre le poulet dans la casserole.
2 Saupoudrer le poulet de farine et tourner pendant 1 minute. Verser hors du feu le bouillon et la crème. Bien mélanger en veillant à ce qu'il ne se forme pas de grumeaux. Remettre sur le feu, amener à ébullition, baisser le feu et laisser mijoter pendant une vingtaine de minutes. Ajouter la moutarde et le poivre vert, assaisonner de sel et de poivre noir fraîchement moulu. Transvaser cette préparation dans un plat de porcelaine à feu d'une contenance de 1,5 litre environ et laisser refroidir. Préchauffer le four à température moyenne (200 °C).
3 Préparer la garniture. Cuire les pommes de terre à l'eau. Les égoutter et les réduire en purée. Mettre dans le bol du mixeur la farine, le sel, le fromage et le beurre. Faire tourner l'appareil par impulsions jusqu'à ce que ces ingrédients prennent un aspect légèrement grumeleux. Ajouter cette préparation à la purée de pommes de terre et la pétrir comme une pâte.
4 Étendre cette pâte sur une surface farinée pour obtenir une abaisse de 1 cm d'épaisseur. La découper à l'emporte-pièce en cercles de 6 cm de diamètre. Reprendre les restes jusqu'à épuisement de la pâte. Soulever délicatement à la main les ronds de pâte et les déposer sur la garniture refroidie en les faisant se chevaucher légèrement.
5 Dorer les cercles de pâte au jaune d'œuf et délayer d'un peu de lait pour ajuster la quantité si nécessaire. Cuire au four pendant 30 minutes, le temps que la garniture soit bien chaude et la croûte dorée.

VALEUR NUTRITIONNELLE PAR PORTION (6) : protides 45 g ; lipides 30 g ; glucides 30 g ; fibres 4 g ; cholestérol 185 mg ; 2 405 kJ (570 cal)

NOTE : si l'on souhaite préparer un plat plus allégé en matières grasses, cuire le poulet à l'étape 1 dans une poêle antiadhésive. On peut également remplacer le vieux cheddar, ou cantal, par un fromage plus maigre et réduire la quantité de beurre incorporée dans la garniture.

Laver soigneusement les poireaux avant de les couper en tranches très fines.

Retirer la casserole du feu et y verser le bouillon de volaille et la crème.

Ajouter la moutarde et le poivre vert à la préparation de poulet et de poireaux bien chaude.

Pétrir à la main la préparation au fromage et la purée de pommes de terre.

Étendre la pâte au rouleau et y détacher des cercles à l'emporte-pièce.

Disposer régulièrement les ronds de pâte sur la garniture refroidie.

STRUDEL AU POULET ET AU CRESSON

Préparation : 30 minutes
Cuisson : 50 minutes
Pour 6 personnes

- 60 g de mie de pain fraîche, émiettée
- 1 à 2 cuil. à café de graines de sésame
- 1 botte de cresson (60 g)
- 4 blancs de poulet crus
- 25 g de beurre
- 3 cuil. à soupe de moutarde de Dijon
- 250 ml de crème fraîche épaisse
- 15 feuilles de pâte à brik
- 100 g de beurre, fondu

1 Préchauffer le four à température moyenne (190 °C) ; y faire dorer la mie de pain et les graines de sésame, séparément. Cuire le cresson à la vapeur pendant 3 à 5 minutes ; il doit être simplement ramolli. L'égoutter.

2 Émincer le poulet en fines lamelles. Faire fondre le beurre dans une casserole et y mettre le poulet à dorer. Une fois cuit à point, le retirer de la casserole, saler et poivrer. Verser dans la casserole la moutarde et la crème et réduire à feu doux à environ 125 ml. Ajouter hors du feu le poulet et le cresson.

3 Badigeonner de beurre fondu une feuille de pâte à brik et la saupoudrer de mie de pain grillée. Couvrir d'une deuxième feuille, badigeonner de beurre fondu et saupoudrer de chapelure. Procéder de la même façon pour toute la pâte et la chapelure restantes. Disposer ce feuilletage sur une plaque à four.

4 Garnir le feuilletage d'apprêt au poulet, au milieu et sur presque toute la longueur. Ramener les côtés sur la garniture et rouler la pâte, en laissant la fermeture en dessous. Badigeonner du beurre fondu restant et parsemer de graines de sésame. Cuire 30 minutes au four et laisser légèrement tiédir avant de servir.

VALEUR NUTRITIONNELLE PAR PORTION : protides 25 g ; lipides 65 g ; glucides 30 g ; fibres 2 g ; cholestérol 235 mg ; 3 350 kJ (795 cal)

Ramollir le cresson à la vapeur et bien l'égoutter.

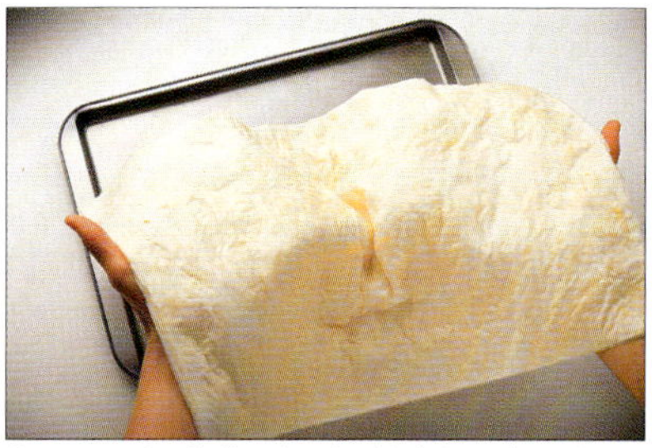
Superposer les feuilles de pâte à brik beurrées et les étaler sur une plaque.

Ramener sur la garniture les côtés du feuilletage et le rouler en strudel.

FEUILLETÉ AU POULET PIMENTÉ

Préparation : 45 minutes
Cuisson : 1 heure 20 minutes
Pour 4 à 6 personnes

2 cuil. à soupe d'huile d'olive
1 oignon, haché
750 g de blancs de poulet crus, coupés en gros dés
3 gousses d'ail, écrasées
1 cuil. à café de piment en poudre
2 cuil. à café de graines de cumin
1 cuil. à soupe de farine
2 x 410 g de tomates au jus, concassées
1 cuil. à soupe de cassonade
1 poivron rouge, coupé en fines lanières
375 g de haricots rouges cuits, rincés et égouttés
15 feuilles de pâte à brik
100 g de beurre, fondu

1 Faire chauffer la moitié de l'huile dans une grande poêle ; y mettre l'oignon à dorer et fondre. Retirer de la poêle, ajouter l'huile restante et faire revenir le poulet à feu vif.
2 Ajouter l'ail, le piment en poudre et les graines de cumin ; cuire 1 minute. Remettre l'oignon dans la poêle, verser la farine et cuire 30 secondes. Ajouter les tomates concassées.
3 Verser la cassonade et le poivron ; laisser mijoter tous les ingrédients à feu doux pendant 40 minutes, le temps que la préparation réduise et épaississe. Monter le feu et, en tournant constamment pour empêcher le tout de brûler, ajouter les haricots rouges. Laisser tiédir puis verser le tout dans un plat à four ovale de 20 x 28 cm. Préchauffer le four à température modérée (180 °C).
4 Couper les feuilles de pâte à brik en deux, les badigeonner de beurre fondu et les chiffonner. En recouvrir complètement la garniture. Badigeonner du beurre fondu restant et cuire au four pendant 25 à 30 minutes, le temps que le feuilleté soit doré.

VALEUR NUTRITIONNELLE PAR PORTION (6) : protides 40 g ; lipides 25 g ; glucides 35 g ; fibres 7 g ; cholestérol 105 mg ; 2 175 kJ (515 cal)

Ajouter au poulet rissolé l'ail, le piment en poudre et les graines de cumin.

Verser les haricots rouges cuits en tournant constamment pour empêcher la préparation de brûler.

Chiffonner les feuilles de pâte à brik et en recouvrir complètement la garniture.

MARMITES EN CROÛTE « MINCEUR » AU POULET

Préparation : 50 minutes + 30 minutes de réfrigération
Cuisson : 1 heure
Pour 4 personnes

300 g de blancs de poulet crus
1 feuille de laurier
500 ml de bouillon de volaille
2 grosses pommes de terre, coupées en dés
250 g de patates douces à chair jaune, coupées en dés
2 branches de céleri, émincées
2 carottes, coupées en dés
1 oignon, émincé
1 panais (ou navet), émincé
1 gousse d'ail, écrasée
1 cuil. à soupe de fécule de maïs
250 ml de lait écrémé
155 g de petits pois décongelés
1 cuil. à soupe de ciboulette fraîche ciselée
1 cuil. à soupe de persil frais haché
185 g de farine levante
20 g de beurre
80 ml de lait
1 œuf, légèrement battu
1/2 cuil. à café de graines de sésame

1 Mélanger le poulet, la feuille de laurier et le bouillon dans une grande poêle antiadhésive et laisser mijoter à feu doux pendant 10 minutes, le temps que le poulet soit à point. Retirer celui-ci et, une fois refroidi, le couper en gros dés. Ajouter dans la poêle les pommes de terre, la patate douce, le céleri et la carotte et cuire à couvert pendant 10 minutes ; les légumes doivent être fondants. Les retirer de la poêle à l'aide d'une écumoire.

2 Faire fondre l'oignon, le panais et l'ail 10 minutes à découvert. Jeter la feuille de laurier. Réduire cette cuisson en purée.

3 Délayer la fécule de maïs avec 2 cuil. à soupe de lait écrémé pour obtenir un mélange lisse. Verser dans la purée de légumes avec le lait restant, et remettre le tout dans la poêle. Tourner à feu doux jusqu'à ce que la sauce épaississe et que des bulles crèvent à la surface. Préchauffer le four à température moyennement élevée (200 °C).

4 Mélanger la purée avec les autres légumes en morceaux et les petits pois, le poulet, la ciboulette et le persil. Saler et poivrer. Répartir cet apprêt dans quatre petites soupières de porcelaine individuelles (de 440 ml chacune environ).

5 Préparer la pâte. Verser la farine tamisée dans une terrine et lui incorporer le beurre du bout des doigts. Creuser un puits au centre et y verser le lait, délayé de 80 ml d'eau, quantité nécessaire pour obtenir une détrempe molle. Déposer celle-ci sur une surface légèrement farinée et la pétrir pour former une boule souple. Couper la pâte en quatre parties égales et les abaisser de manière qu'elles dépassent le bord des soupières de 1 cm. Passer à l'œuf le contour des ronds de pâte et en recouvrir l'ouverture des marmites ; appuyer tout autour pour faire adhérer ces couvercles.

6 Dorer la pâte à l'œuf battu et parsemer les couvercles de graines de sésame. Cuire 30 minutes au four jusqu'à ce que les croûtes soient dorées et les marmites bien chaudes.

VALEUR NUTRITIONNELLE PAR PORTION : protides 30 g ; lipides 10 g ; glucides 65 g ; fibres 9,5 g ; cholestérol 100 mg ; 2 045 kJ (490 cal)

Couper les légumes en morceaux de taille identique pour qu'ils aient le même temps de cuisson.

Cuire à point le poulet dans son bouillon, avec le laurier.

Réduire en fine purée l'oignon, le panais et l'ail cuits.

Tourner constamment la sauce jusqu'à ébullition et épaississement.

Détremper la farine avec suffisamment de liquide pour obtenir une pâte molle.

Dorer à l'œuf le bord des couvercles de pâte puis les faire adhérer sur l'ouverture des soupières.

FEUILLETÉ AU POULET ET AUX CHAMPIGNONS

Préparation : 45 minutes + 30 minutes de réfrigération
Cuisson : 40 minutes
Pour 4 personnes

- 50 g de beurre
- 2 tranches de bacon, hachées
- 4 oignons nouveaux, hachés
- 100 g de champignons de Paris, émincés
- 1 cuil. à soupe de farine
- 185 ml de lait
- 1 cuil. à soupe de crème fleurette
- 180 g de blancs de poulet cuits, en dés
- 20 g de persil frais haché
- 2 rouleaux de pâte feuilletée prête à l'emploi
- 1 jaune d'œuf, légèrement battu, pour le glaçage

1 Faire fondre le beurre dans une casserole ; y mettre à rissoler le bacon et l'oignon, en tournant, pendant 2 à 3 minutes. Ajouter les champignons et cuire encore 3 minutes, toujours en remuant. Verser la farine et la mélanger avec ces ingrédients, puis tout le lait, en une fois, et tourner jusqu'à ce que le mélange épaississe. Cuire 1 minute et retirer du feu. Ajouter la crème, le poulet et le persil. Laisser refroidir.

2 Découper dans les abaisses de pâte feuilletée deux cercles de 23 cm de diamètre en utilisant une assiette ou un moule à tarte comme emporte-pièce. Poser un rond de pâte sur la plaque huilée du four. Garnir le centre de l'apprêt au poulet, en le faisant légèrement bomber et en laissant un bord de 2 cm tout autour. Délayer le jaune d'œuf d'une cuil. à café d'eau, et en badigeonner le bord de la pâte.

3 De la pointe d'un couteau, tracer des « parts » sur le second cercle de pâte en veillant à ne pas le transpercer. Poser ce couvercle sur la garniture et le tirer légèrement pour l'ajuster sur le fond. Du dos de la lame, cranter le rebord de la tourte tous les centimètres environ. Couvrir et laisser 30 minutes au réfrigérateur. Préchauffer le four à température moyenne (190 °C). Dorer la tourte à l'œuf délayé et pratiquer une petite ouverture au centre pour laisser la vapeur s'échapper. Cuire au four pendant 25 minutes, le temps que la croûte soit bien dorée.

VALEUR NUTRITIONNELLE PAR PORTION : protides 25 g ; lipides 40 g ; glucides 35 g ; fibres 2 g ; cholestérol 160 mg ; 2 395 kJ (570 cal)

Ajouter la crème, le poulet et le persil au contenu de la poêle.

De la pointe d'un couteau, tracer des « parts » sur le rond de pâte qui doit couvrir la tourte.

Du dos de la lame, cranter le rebord de la tourte tous les centimètres environ.

TARTELETTES ÉPICÉES AU POULET

Préparation : 50 minutes
Cuisson : 45 minutes
Pour 8 personnes

2 gros oignons, finement hachés
400 g d'aubergines, coupées en dés
2 gousses d'ail, écrasées
2 x 410 g de tomates concassées au jus
1 cuil. à soupe de concentré de tomate
3 cuil. à café de cassonade
1 cuil. à soupe de vinaigre de vin rouge
15 g de persil frais haché
4 rouleaux de pâte sablée toute prête
2 cuil. à café de graines de cumin écrasées
2 cuil. à café de coriandre moulue
1 cuil. à café de paprika
400 g de blancs de poulet crus
Huile de cuisson
Crème fraîche, en accompagnement
Feuilles de coriandre fraîche

1 Faire dorer l'oignon dans un peu d'huile. Ajouter les aubergines avec l'ail et cuire quelques minutes. Ajouter les tomates, le concentré, la cassonade et le vinaigre. Amener à ébullition, baisser le feu et laisser mijoter 20 minutes à couvert. À découvert, cuire encore 10 minutes, le temps que la préparation épaississe. Ajouter le persil, saler et poivrer. Préchauffer le four à 190 °C.

2 Graisser huit moules à tarte de 7,5 cm de diamètre, les foncer de pâte et décorer le bord. Piquer le fond à la fourchette et faire dorer au four pendant 15 minutes.

3 Mélanger le cumin, la coriandre et le paprika. Enrober le poulet de cette poudre. Faire chauffer de l'huile dans une poêle et y faire rissoler le poulet. Couper les blancs cuits à point en lamelles obliques. Garnir les fonds de tarte de l'apprêt aux aubergines puis de chair de poulet, de crème en terminant par les feuilles de coriandre.

VALEUR NUTRITIONNELLE PAR PORTION : protides 20 g ; lipides 35 g ; glucides 45 g ; fibres 5 g ; cholestérol 65 mg ; 2315 kJ (550 cal)

Faire réduire la préparation à la tomate et ajouter le persil.

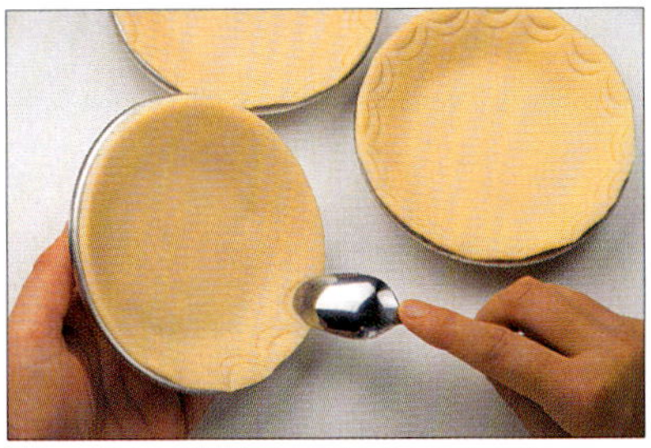

Décorer à la cuillère le bord des fonds de tarte.

Enrober les blancs de poulet du mélange de cumin, de coriandre et de paprika.

PETITS PÂTÉS THAÏS AU POULET ET AU CURRY VERT

Préparation : 45 minutes + 30 minutes de réfrigération
Cuisson : 45 minutes
Pour 4 personnes

125 g de farine
65 g de beurre froid, fractionné

GARNITURE
200 g de haricots verts
1 cuil. à soupe d'huile
1 cuil. à soupe de pâte de curry vert thaï
125 ml de lait de coco
500 g de cuisses de poulet désossées, coupées en dés
2 feuilles de citronnier kaffir
2 cuil. à café de sauce de poisson
1 cuil. à soupe de jus de citron vert
2 cuil. à café de cassonade
1 cuil. à soupe de fécule de maïs
1 œuf, légèrement battu, pour dorer

1 Malaxer au mixeur la farine et le beurre pour obtenir un mélange d'aspect finement émietté. Mouiller de 1 à 2 cuil. à soupe d'eau et faire tourner l'appareil par impulsions jusqu'à ce que la pâte se forme ; ajouter de l'eau si nécessaire. Déposer cette pâte sur une surface légèrement farinée et pétrir rapidement pour obtenir une boule souple. Couvrir la pâte d'un film plastique et laisser au moins 30 minutes au réfrigérateur.
2 Couper les haricots verts en tronçons. Faire chauffer l'huile dans un wok ou une sauteuse. Ajouter la pâte de curry et chauffer 1 minute en tournant constamment. Verser le lait de coco et 60 ml d'eau ; amener à ébullition. Ajouter le poulet, les haricots verts et les feuilles de citronnier ; bien mélanger et laisser mijoter pendant 15 minutes, le temps que le poulet soit à point. Verser la sauce de poisson, le jus de citron vert et la cassonade. Dans un petit bol, bien délayer la fécule de maïs de 1 cuil. à soupe d'eau. Ajouter au curry et tourner constamment jusqu'à ce que le mélange épaississe et que des bulles crèvent à la surface. Retirer les feuilles de citronnier et répartir l'apprêt entre quatre ramequins d'une capacité de 125 ml environ chacun.
3 Diviser la pâte en quatre parts égales et abaisser chacune entre deux feuilles de papier sulfurisé pour obtenir des cercles excédant légèrement le diamètre des ramequins. Badigeonner à l'œuf le bord de ces derniers et les couvrir d'un rond de pâte ; appuyer tout autour pour faire adhérer ces couvercles. Couper l'excédent de pâte et décorer le bord des couvercles avec le bord d'une petite cuillère. Pratiquer une petite ouverture au centre pour laisser la vapeur s'échapper pendant la cuisson. Dorer à l'œuf. Ranger les ramequins sur la plaque du four et cuire pendant 20 à 25 minutes, le temps que les croûtes soient bien dorées. Servir aussitôt.

VALEUR NUTRITIONNELLE PAR PORTION : protides 35 g ; lipides 30 g ; glucides 30 g ; fibres 3 g ; cholestérol 175 mg ; 2 225 kJ (530 cal)

NOTE : le lait de coco est de qualité très variable. On peut obtenir un aspect « caillé » à la cuisson, mais ce défaut d'apparence n'affectera pas la saveur du plat.

CONSEIL : les feuilles de citronnier kaffir séchées se conservent un an dans un sachet en plastique.

Chauffer la pâte de curry pendant 1 minute, puis ajouter le lait de coco.

Ajouter au contenu du wok le poulet, les haricots verts et les feuilles de citronnier.

Verser la fécule de maïs délayée dans le curry et tourner jusqu'à ébullition et épaississement de la sauce.

Retirer les feuilles de citronnier avant de garnir les ramequins.

Abaisser au rouleau des ronds de pâte et en couvrir les ramequins.

Badigeonner à l'œuf les couvercles de pâte pour qu'ils dorent à la cuisson.

TOURTE AU POULET FAMILIALE

Préparation : 40 minutes + 20 minutes de réfrigération
Cuisson : 1 heure
Pour 6 personnes

PÂTE
250 g de farine levante
125 g de beurre, fractionné
1 œuf

GARNITURE
1 poulet rôti
30 g de beurre
1 oignon, finement haché
310 g de purée de maïs
315 ml de crème fleurette

1 Préparer la pâte. Malaxer la farine et le beurre 15 secondes au mixeur pour obtenir un mélange d'aspect finement émietté. Ajouter l'œuf et 2 à 3 cuil. à soupe d'eau ; actionner l'appareil pendant 30 secondes, le temps que la pâte se forme. Déposer cette pâte sur une surface légèrement farinée et pétrir rapidement pour obtenir une boule souple. Couvrir la pâte d'un film plastique et laisser 20 minutes au réfrigérateur.

2 Entre-temps, préparer la garniture. Prélever toute la chair de poulet sur la carcasse et l'émincer finement. Faire fondre le beurre dans une sauteuse ; y mettre l'oignon à revenir pendant 3 minutes. Ajouter le poulet, le maïs et la crème. Amener à ébullition, baisser le feu et laisser mijoter 10 minutes. Retirer du feu et laisser tiédir.

3 Préchauffer le four à température modérée (180 °C). Abaisser la moitié de la pâte entre deux feuilles de film plastique pour obtenir des fonds de tarte de 23 cm de diamètre. Remplir ces fonds de garniture au poulet.

4 Étendre une seconde abaisse qui formera le couvercle de la tourte. Badigeonner de lait et appuyer sur les bords pour les faire adhérer. Couper l'excédent de pâte, former deux longs rouleaux et les tresser. Badigeonner le bord de la tourte d'un peu de lait et mettre la tresse en place sur le pourtour. Cuire au four pendant 45 minutes.

VALEUR NUTRITIONNELLE PAR PORTION : protides 18 g ; lipides 48 g ; glucides 44 g ; fibres 4 g ; cholestérol 212 mg ; 2832 kJ (676 cal)

Ajouter l'œuf et l'eau à la farine et au beurre, et malaxer cette pâte au robot.

Verser la chair de poulet, le maïs et la crème sur l'oignon et amener à ébullition.

Abaisser la moitié de la pâte entre deux feuilles de film plastique.

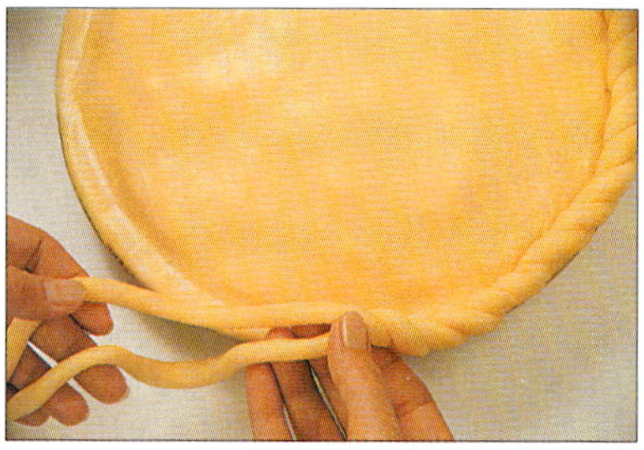

Dorer le bord de la tourte avec un peu de lait, puis placer la tresse tout autour.

TOURTE AU POULET À LA SAUGE ET À L'ESTRAGON

Préparation : 25 minutes
Cuisson : 1 heure 10 minutes
Pour 4 à 6 personnes

- 1,5 kg de cuisses de poulet en filets
- 2 cuil. à soupe d'huile d'olive
- 2 tranches de bacon, finement hachées
- 1 oignon, haché grossièrement
- 4 feuilles de sauge fraîche, hachées
- 1 cuil. à soupe d'estragon frais haché
- 45 g de beurre, fondu
- 2 cuil. à soupe de farine
- 125 ml de lait
- 220 g de purée de maïs
- 2 rouleaux de pâte feuilletée prête à l'emploi
- 1 œuf, légèrement battu

1 Préchauffer le four à température assez élevée (210 °C). Beurrer une tourtière de 23 cm de diamètre. Couper le poulet en gros dés. Faire chauffer l'huile dans une sauteuse. Y mettre le poulet, le bacon et l'oignon à revenir à feu modéré pendant 5 minutes. Ajouter la sauge, l'estragon, 250 ml d'eau, du sel et du poivre. Amener à ébullition, baisser le feu et cuire 25 minutes à couvert, le temps que le poulet soit tendre. Égoutter et réserver le jus de cuisson.

2 Faire fondre le beurre dans une cocotte. Verser la farine et tourner à feu doux pendant 1 minute. Retirer du feu et verser peu à peu le lait et le jus de cuisson en tournant. Remettre sur le feu et tourner à feu modéré jusqu'à ce que la sauce épaississe. Ajouter la chair de poulet et la purée de maïs. Garnir le fond de la tourtière avec cet apprêt.

3 Dorer à l'œuf une abaisse de pâte feuilletée et poser une autre dessus. Badigeonner à l'œuf le bord du moule et couvrir la garniture de pâte. Couper l'excédent.

4 Décorer le dessus de la tourte de motifs de pâte. Dorer à l'œuf et inciser le couvercle. Cuire 15 minutes au four, réduire la température (180 °C) et prolonger la cuisson pendant 10 à 15 minutes, le temps que la croûte soit croustillante et dorée. Laisser reposer 5 minutes avant de servir.

VALEUR NUTRITIONNELLE PAR PORTION : protides 66 g ; lipides 40 g ; glucides 34 g ; fibres 2,5 g ; cholestérol 217 mg ; 3 150 kJ (753 cal)

Ajouter à l'apprêt au poulet la sauge, l'estragon, l'eau, du sel et du poivre.

Verser le poulet et le maïs dans la sauce et bien mélanger le tout.

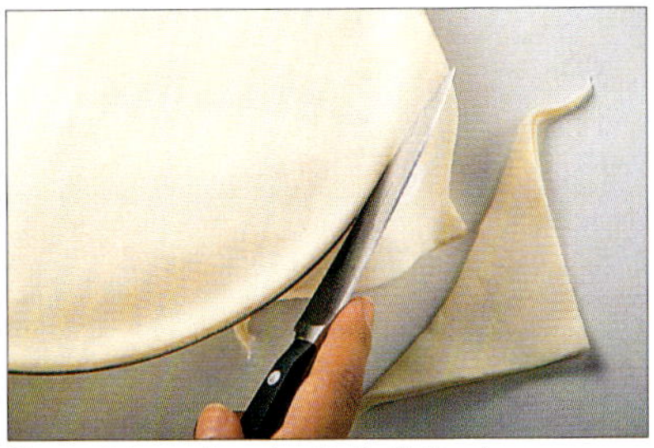

Recouvrir la garniture de pâte feuilletée et couper l'excédent au couteau.

Dorer la tourte à l'œuf et inciser le couvercle pour laisser la vapeur s'échapper.

Plats en cocotte

POULET À LA MÉDITERRANÉENNE

Préparation : 30 minutes
Cuisson : 1 heure 10 minutes
Pour 4 personnes

8 côtelettes de poulet (cuisses avec la carcasse)
2 cuil. à soupe d'huile d'olive
150 g d'échalotes
4 gousses d'ail
125 ml de vin blanc
425 g de tomates au jus, concassées
2 cuil. à café de concentré de tomate
12 olives Kalamata
1 cuil. à soupe de vinaigre de vin rouge
1 cuil. à soupe de feuilles d'origan frais
1 cuil. à soupe de basilic frais ciselé
1 cuil. à café de sucre en poudre
4 tranches de jambon de Parme
1 cuil. à café de zeste de citron râpé
30 g de persil frais haché
1 cuil. à soupe de câpres, rincées

1 Préchauffer le four à température modérée (180 °C). Retirer la peau du poulet et le dégraisser. Faire chauffer la moitié de l'huile dans une sauteuse et y rissoler le poulet à feu vif pendant 3 à 4 minutes sur chaque côté. Disposer les morceaux dans une cocotte allant au four.

2 Faire chauffer l'huile restante dans la même sauteuse. Y mettre les échalotes et l'ail à fondre, pendant 4 minutes à feu modéré. Verser le vin et amener à ébullition.

3 Ajouter les tomates, le concentré de tomate, les olives, le vinaigre, l'origan, le basilic et le sucre. Assaisonner de sel et de poivre noir. Faire bouillir en tournant pendant 2 minutes et verser cette sauce sur le poulet. Couvrir hermétiquement et cuire au four pendant 45 minutes.

4 Entre-temps, garnir le fond d'une poêle d'une couche de jambon de Parme et le faire revenir à sec pendant 3 minutes en le retournant une fois, jusqu'à ce qu'il soit croustillant. Le couper en gros morceaux et réserver.

5 Retirer le poulet et le mettre dans un plat de service ; couvrir et tenir au chaud. Poser la cocotte sur le feu et faire réduire le fond de cuisson à feu vif pendant 5 minutes en tournant de temps en temps, jusqu'à ce que la sauce ait épaissi. Verser sur le poulet, puis parsemer de zeste de citron, de persil et de câpres. Garnir de jambon de Parme.

VALEUR NUTRITIONNELLE PAR PORTION : protides 75 g ; lipides 25 g ; glucides 15 g ; fibres 8 g ; cholestérol 155 mg ; 2390 kJ (570 cal)

Faire fondre les échalotes et l'ail, puis mouiller de vin blanc.

Foncer la poêle de jambon de Parme et le faire revenir jusqu'à ce qu'il soit croustillant.

POULET À L'IRANIENNE

Préparation : 20 minutes
Cuisson : 1 heure
Pour 6 personnes

1,5 kg de petites cuisses de poulet
60 g de farine
2 cuil. à soupe d'huile d'olive
1 gros oignon, haché
2 gousses d'ail, hachées
1/2 cuil. à café de cannelle en poudre
4 tomates mûres, concassées
6 dattes fraîches dénoyautées et coupées en 2
2 cuil. à soupe de raisins de Corinthe
500 ml de consommé de volaille
2 cuil. à café de zeste de citron finement râpé
80 g d'amandes, grillées et hachées grossièrement
2 cuil. à soupe de persil frais haché

1 Fariner les morceaux de poulet et éliminer l'excédent de farine. Faire chauffer l'huile dans une sauteuse, à feu modéré. Y mettre le poulet à rissoler de tous les côtés, en retournant souvent le morceaux. Les retirer de la sauteuse et les égoutter.
2 Faire revenir l'oignon, l'ail et la cannelle dans la sauteuse pendant 5 minutes en tournant souvent, le temps que l'oignon devienne fondant.
3 Ajouter les tomates, les dattes, les raisins secs et le consommé ; amener à ébullition. Remettre le poulet dans cette sauce, qui doit le baigner, baisser le feu et laisser mijoter à découvert pendant 30 minutes. Verser le zeste de citron, saler et poivrer. Monter le feu et laisser bouillir 5 minutes, le temps que la sauce épaississe. Parsemer d'amandes et de persil. Accompagner de riz au beurre.

VALEUR NUTRITIONNELLE PAR PORTION : protides 42 g ; lipides 16 g ; glucides 17 g ; fibres 3,5 g ; cholestérol 83 mg ; 1 597 kJ (382 cal)

VARIANTE : on peut remplacer les cuisses de poulet par des pilons.

Fariner les morceaux de poulet et secouer pour enlever l'excédent de farine.

Faire bien dorer le poulet tout autour en le retournant régulièrement pour l'empêcher d'attacher.

Ajouter à l'oignon fondant les tomates, les dattes, les raisins secs et le consommé.

POULET ÉPICÉ À L'AIL

Préparation : 30 minutes
Cuisson : 1 heure
Pour 4 à 6 personnes

1 poulet de 1,4 kg
1 petit bouquet de coriandre
2 cuil. à soupe d'huile d'olive
4 gousses d'ail, écrasées
2 oignons rouges, finement émincés
1 gros poivron rouge, coupé en carrés
1 cuil. à café de gingembre en poudre
1 cuil. à café de piment en poudre
1 cuil. à café de graines de carvi broyées
1 cuil. à café de curcuma moulu
2 cuil. à café de coriandre moulue
2 cuil. à café de cumin en poudre
60 g de raisins secs
90 g d'olives noires
1 cuil. à café de zeste de citron finement râpé

1 Dégraisser et dénerver le poulet. Le couper en 12 morceaux. Hacher finement les racines de coriandre ; réserver les feuilles.
2 Faire chauffer l'huile dans une sauteuse. Y mettre l'ail, l'oignon, le poivron, le gingembre, le piment, les graines de carvi, le curcuma, la coriandre moulue, le cumin et les racines de coriandre fraîche. Cuire 10 minutes à feu modéré.
3 Ajouter les morceaux de poulet et bien mélanger les ingrédients. Mouiller de 375 ml d'eau et amener à ébullition. Baisser le feu et laisser mijoter pendant 45 minutes, le temps que le poulet soit à point.
4 Verser les raisins secs, les olives noires et le zeste râpé ; prolonger la cuisson de 5 minutes. Servir avec des pâtes ou du riz. On peut parsemer le plat de feuilles de coriandre fraîche.

VALEUR NUTRITIONNELLE PAR PORTION : protides 33 g ; lipides 13 g ; glucides 13 g ; fibres 2 g ; cholestérol 105 mg ; 1 236 kJ (295 cal)

VARIANTE : le poulet entier découpé peut être remplacé par des morceaux de poulet.

Laver la coriandre, hacher finement les racines et réserver les feuilles.

Faire revenir à l'huile l'oignon, l'ail, le poivron et les épices.

Ajouter les morceaux de poulet dans la sauteuse et bien mélanger les ingrédients.

Verser sur la préparation au poulet les raisins secs, les olives noires et le zeste râpé.

POULET À LA PROVENÇALE

Préparation : 45 minutes
Cuisson : 1 heure 20 minutes
Pour 4 personnes

4 tomates
1,5 kg de morceaux de poulet
20 g de beurre
1 cuil. à soupe d'huile
20 g de beurre
1 gros oignon, haché
2 gousses d'ail, hachées
1 petit poivron vert, haché
150 g de champignons, finement émincés
1 cuil. à soupe de farine
250 ml de vin blanc
1 cuil. à soupe de vinaigre de vin blanc
2 cuil. à soupe de concentré de tomate
90 g de petites olives noires
20 g de persil frais haché

1 Inciser en croix la base des tomates et les plonger 30 secondes dans un bol d'eau bouillante, puis les rafraîchir dans l'eau froide. Les égoutter et les peler à partir de l'incision. Les couper en deux et les épépiner à la petite cuillère. Concasser la chair en petits dés. Préchauffer le four à température modérée (180 °C).

2 Dégraisser les morceaux de poulet et les essuyer au papier absorbant. Faire chauffer la moitié du beurre et de l'huile dans une cocotte. Mettre la moitié du poulet à rissoler à feu vif et le réserver. Faire chauffer le reste du beurre et de l'huile et cuire les autres morceaux de poulet. Réserver.

3 Faire fondre le beurre complémentaire dans la cocotte ; y faire revenir l'oignon et l'ail pendant 3 minutes. Ajouter le poivron et les champignons ; cuire encore 3 minutes. Verser la farine et cuire 1 minute. Ajouter le vin, le vinaigre, les tomates concassées et le concentré de tomate ; chauffer 2 minutes en tournant, le temps que la sauce commence à épaissir.

4 Remettre le poulet dans la cocotte en veillant à ce qu'il soit entièrement baigné de sauce. Couvrir et cuire au four 1 heure. Ajouter les olives et le persil, mélanger. Assaisonner de sel et de poivre noir fraîchement moulu. Servir avec des pâtes.

VALEUR NUTRITIONNELLE PAR PORTION : protides 55 g ; lipides 15 g ; glucides 9,5 g ; fibres 5 g ; cholestérol 125 mg ; 1 675 kJ (401 cal)

NOTE : si l'on préfère une sauce plus consistante, retirer le poulet de la cocotte et faire réduire le fond de cuisson à feu vif. Remettre le poulet dans sa sauce, ajouter les olives et le persil.

Égoutter les tomates ébouillantées puis rafraîchies, et les peler à partir de l'incision.

Couper les tomates en deux et les épépiner à la petite cuillère.

Faire dorer les morceaux de poulet en plusieurs fois, à feu vif.

POULET AUX ABRICOTS

Préparation : 10 minutes
Cuisson : 1 heure
Pour 4 personnes

6 côtelettes de poulet (cuisses avec la carcasse)
425 ml de nectar d'abricot
40 g de soupe à l'oignon en sachet
425 g d'oreillons d'abricots au sirop, égouttés
60 g de crème fraîche

1 Préchauffer le four à température modérée (180 °C). Enlever la peau du poulet et le disposer dans un plat à four. Mélanger le nectar d'abricot avec la soupe à l'oignon et verser cette préparation sur le poulet.

2 Couvrir et cuire au four pendant 50 minutes ; ajouter les oreillons d'abricots et prolonger la cuisson 5 minutes. Verser la crème au dernier moment. Ce plat est délicieux accompagné d'une purée de pommes de terre onctueuse ou de riz, qui s'imbiberont de jus de cuisson.

VALEUR NUTRITIONNELLE PAR PORTION : protides 23 g ; lipides 6 g ; glucides 10 g ; fibres 0 g ; cholestérol 63 mg ; 780 kJ (187 cal)

NOTE : si l'on recherche une recette plus diététique, employer une crème fraîche allégée.

Mélanger le nectar d'abricot avec la soupe à l'oignon en sachet.

Ajouter les oreillons d'abricots au poulet et cuire encore 5 minutes.

POULET À LA CRÈME ET AUX CHAMPIGNONS

Préparation : 20 minutes
Cuisson : 40 minutes
Pour 6 personnes

2 cuil. à soupe d'huile d'olive
200 g de champignons de Paris, coupés en 2
200 g de rosés des prés, émincés
1 petit poivron rouge, coupé en lanières
4 blancs de poulet crus, coupés en gros dés
2 cuil. à soupe de farine
250 ml de bouillon de volaille
125 ml de vin rouge
3 oignons nouveaux, finement hachés
315 ml de crème fleurette
1 cuil. à soupe de ciboulette ciselée
1 cuil. à soupe de persil frais haché
1/2 cuil. à café de curcuma moulu

1 Faire chauffer l'huile dans une sauteuse ; y faire revenir les champignons et le poivron pendant 4 minutes à feu modéré. Retirer les légumes fondants et les réserver.

2 Faire sauter rapidement le poulet dans la sauteuse à feu assez vif, en plusieurs fois. Saupoudrer de farine et prolonger la cuisson de 2 minutes, le temps que la farine blondisse. Verser le bouillon et le vin, amener à ébullition, baisser le feu et cuire 10 minutes.

3 Lorsque le poulet est cuit à point, ajouter les oignons et la crème, reprendre l'ébullition et laisser mijoter 10 à 15 minutes, le temps que la crème ait réduit et épaissi. Remettre le poivron et les champignons dans la sauteuse, verser la ciboulette, le persil et le curcuma. Mélanger, assaisonner et chauffer le tout 5 minutes.

VALEUR NUTRITIONNELLE PAR PORTION : protides 40 g ; lipides 33 g ; glucides 6,5 g ; fibres 2 g ; cholestérol 150 mg ; 2 060 kJ (493 cal)

Choisir de très gros rosés des prés, et les essuyer avec un linge humide avant de les émincer.

Verser les oignons et la crème dans la sauteuse et reprendre l'ébullition.

Ajouter le poivron, les champignons, la ciboulette, le persil et le curcuma.

POULET AUX CHAMPIGNONS ET AU PAPRIKA

Préparation : 25 minutes
Cuisson : 20 minutes
Pour 4 personnes

4 blancs de poulet crus
30 g de farine
30 g de beurre
1 cuil. à soupe d'huile
1 oignon, finement haché
2 gousses d'ail, écrasées
250 g de champignons de Paris, finement émincés
1 cuil. à soupe de paprika doux
1 cuil. à soupe de concentré de tomate
125 ml de bouillon de volaille
80 g de crème fraîche
2 cuil. à soupe de persil frais haché

1 Dégraisser et dénerver le poulet. Le couper en gros dés et fariner ceux-ci en les secouant dans un sac de plastique avec la farine. Faire chauffer la moitié du beurre et de l'huile dans une sauteuse ; y mettre le poulet à dorer en plusieurs fois, à feu modéré pendant 5 minutes. Égoutter sur du papier absorbant.

2 Faire chauffer le beurre et l'huile restants dans la sauteuse. Y faire revenir l'oignon et l'ail à feu modéré pendant 2 minutes. Lorsque l'oignon est fondant, ajouter les champignons et les cuire pendant 1 à 2 minutes. Retirer du feu, ajouter le paprika et le poulet cuit ; tourner.

3 Mélanger le concentré de tomate et le bouillon dans un bol. Verser dans la sauteuse et incorporer tous les ingrédients. Saler et poivrer. Remettre sur le feu, porter à ébullition, baisser le feu et cuire 5 minutes, le temps que le poulet soit à point. Verser la crème et chauffer sans laisser bouillir. Parsemer de persil et servir.

VALEUR NUTRITIONNELLE PAR PORTION : protides 54 g ; lipides 25 g ; glucides 10 g ; fibres 3 g ; cholestérol 156 mg ; 2 007 kJ (480 cal)

Fariner les morceaux de poulet en les secouant dans un sac de plastique avec la farine.

Retirer du feu, mettre le poulet et le paprika, et bien mélanger tous les ingrédients.

Verser la crème fraîche sur la préparation et faire chauffer sans laisser bouillir.

POULET EN COCOTTE À L'ORANGE

Préparation : 50 minutes
Cuisson : 1 heure 30 minutes
Pour 4 à 6 personnes

2 petits poulets
1 cuil. à soupe d'huile d'olive
2 tranches de bacon épaisses, finement émincées
50 g de beurre
16 petits oignons grelots
2 à 3 gousses d'ail, écrasées
3 cuil. à café de gingembre frais râpé
2 cuil. à café de zeste d'orange râpé
2 cuil. à café de cumin en poudre
2 cuil. à café de coriandre moulue
2 cuil. à soupe de miel
250 ml de jus d'orange
250 ml de vin blanc
125 ml de bouillon de volaille ou de légumes
1 botte de carottes nouvelles
1 gros panais (ou navet), pelé
Coriandre fraîche et zeste d'orange, pour la présentation

1 Couper les poulets en huit morceaux chacun à l'aide de ciseaux de cuisine ou d'un coupe-volaille ; détacher la colonne vertébrale. Dégraisser et, éventuellement, enlever la peau.

2 Faire chauffer 1 cuil. à café d'huile dans une cocotte. Y mettre le bacon à rissoler pendant 2 à 3 minutes, à feu modéré. Retirer de la cocotte et égoutter sur du papier absorbant. Mettre dans la cocotte le reste de beurre et d'huile et faire bien colorer les oignons à feu modéré. Remuer de temps en temps la cocotte pour répartir la cuisson. Retirer du feu et réserver.

3 Mettre les morceaux de poulet à rissoler dans la cocotte en plusieurs fois et à feu modéré. Retirer de la cocotte et égoutter sur du papier absorbant.

4 Faire fondre le beurre restant dans la cocotte et y mettre à revenir pendant 1 minute l'ail, le gingembre, le zeste d'orange, le cumin, la coriandre et le miel. Ajouter le jus d'orange, le vin et le bouillon. Amener à ébullition, baisser le feu et laisser mijoter à couvert pendant 40 minutes.

5 Remettre les oignons et le bacon dans la cocotte et prolonger la cuisson pendant 15 minutes. Enlever le couvercle et terminer par 15 minutes de cuisson.

6 Laver les carottes et les éplucher si nécessaire en laissant juste la naissance des fanes. Couper le panais en bâtonnets. Jeter ces légumes dans la cocotte, couvrir et étuver pendant 10 à 15 à minutes. Veiller à ne pas faire trop cuire les carottes, qui perdraient leur belle couleur. Quand les légumes sont juste fondants, disposer sur les assiettes deux ou trois morceaux de poulet, entourés de garniture de légumes et nappés de sauce. Parsemer de feuilles de coriandre et de zeste d'orange.

VALEUR NUTRITIONNELLE PAR PORTION : protides 42 g ; lipides 12 g ; glucides 22 g ; fibres 2 g ; cholestérol 135 mg ; 1 635 kJ (395 cal)

Couper chaque poulet en huit morceaux à l'aide de ciseaux de cuisine.

Faire bien dorer les oignons grelots au beurre et à l'huile.

Mettre le poulet à rissoler en plusieurs fois et égoutter sur du papier absorbant.

Verser le jus d'orange, le vin blanc et le bouillon, et porter à ébullition.

Remettre les oignons grelots dorés et le bacon revenu dans la cocotte.

Couper le panais en bâtonnets et laisser la naissance des fanes sur les carottes.

POULET CHASSEUR

Préparation : 20 minutes
Cuisson : 1 heure 30 minutes
Pour 4 personnes

1 kg de cuisses de poulet en filets
2 cuil. à soupe d'huile
1 gousse d'ail, écrasée
1 gros oignon, émincé
100 g de champignons de Paris
1 cuil. à café de feuilles de thym frais
400 g de tomates au jus, concassées
60 ml de bouillon de volaille
60 ml de vin blanc
1 cuil. à soupe de concentré de tomate

1 Préchauffer le four à température modérée (180 °C). Dégraisser et dénerver le poulet si nécessaire. Faire chauffer l'huile dans une sauteuse et y mettre le poulet à revenir en plusieurs fois, à feu modéré. Égoutter sur du papier absorbant et disposer dans une cocotte.

2 Faire revenir dans la sauteuse l'ail, l'oignon et les champignons pendant 5 minutes. Verser sur le poulet avec le thym et les tomates.

3 Mélanger le bouillon, le vin et le concentré de tomate ; en mouiller le poulet. Couvrir et cuire au four 1 heure 15 minutes.

VALEUR NUTRITIONNELLE PAR PORTION : protides 60 g ; lipides 15 g ; glucides 6 g ; fibres 2 g ; cholestérol 125 mg ; 1710 kJ (410 cal)

NOTE : on évitera d'employer un vin médiocre pour la sauce ; il dénaturerait la saveur de ce plat.

Faire revenir le poulet dans la cocotte en plusieurs fois, à feu modéré et égoutter sur du papier absorbant.

Cuire l'ail, l'oignon et les champignons dans la cocotte jusqu'à ce qu'ils soient fondants.

Verser sur le poulet le mélange de bouillon, de vin et de concentré de tomate.

POULET EN COCOTTE À LA THAÏE

Préparation : 40 minutes
Cuisson : 25 minutes
Pour 4 personnes

- 1 tige de citronnelle
- 4 feuilles de citronnier kaffir
- 1 litre de bouillon de volaille
- 400 ml de crème de noix de coco
- 30 g de lait de coco en poudre
- 2 cuil. à soupe d'huile d'arachide
- 400 g de blancs de poulet crus, coupés en lamelles
- 12 grosses crevettes, décortiquées en laissant la queue
- 8 oignons nouveaux, émincés
- 2 cuil. à café de gingembre frais finement râpé
- 4 gousses d'ail, hachées
- 2 petits piments rouges, épépinés et finement hachés
- 500 g de nouilles de blé aux œufs (nouilles hokkien)
- 1 cuil. à café de pâte de crevette
- 2 cuil. à soupe de jus de citron vert
- 90 g de germes de soja
- Feuilles de menthe fraîche, pour la présentation
- Feuilles de coriandre fraîche, pour la présentation

1 Ne hacher, finement, que le bulbe de la citronnelle. Retirer la nervure centrale des feuilles de citronnier et les couper en lanières.

2 Verser dans une cocotte la citronnelle, les feuilles de citronnier, le bouillon, la crème de noix de coco et le lait de coco en poudre. Amener à ébullition en tournant constamment pour dissoudre le lait de coco en poudre, baisser le feu et cuire à couvert pendant 15 minutes.

3 Faire chauffer un wok sur feu vif et verser l'huile d'arachide. Ajouter le poulet, les crevettes, les oignons, le gingembre, l'ail et le piment. Faire sauter pendant 5 à 10 minutes, le temps que le poulet et les crevettes soient juste à point.

4 Mettre les nouilles dans le lait de coco frémissant, puis le poulet et les crevettes du wok. Ajouter la pâte de crevette et le jus de citron vert. Attendre que les nouilles soient cuites.

5 Répartir les germes de soja dans de grands bols de service, verser dessus les nouilles, le poulet et les crevettes. Napper de sauce, parsemer de menthe et de coriandre, et servir aussitôt.

VALEUR NUTRITIONNELLE PAR PORTION : protides 40 g ; lipides 35 g ; glucides 10 g ; fibres 4 g ; cholestérol 135 mg ; 2 150 kJ (515 cal)

Hacher finement le bulbe de citronnelle au couteau de cuisine affûté.

Faire sauter au wok le poulet, les crevettes, les oignons, le gingembre, l'ail et le piment.

Mettre les nouilles dans la préparation au lait de coco frémissante.

POULET EN COCOTTE AUX CHAMPIGNONS

Préparation : 20 minutes
Cuisson : 1 heure
Pour 4 personnes

20 g de cèpes séchés (ou frais)
30 g de farine
1,5 kg de morceaux de poulet
2 cuil. à soupe d'huile
1 gros oignon, haché
2 gousses d'ail, écrasées
60 ml de bouillon de volaille
80 ml de vin blanc
425 g de tomates au jus
1 cuil. à soupe de vinaigre balsamique
3 brindilles de thym frais
1 feuille de laurier
300 g de rosés des prés, finement émincés

1 Préchauffer le four à température modérée (180 °C). Mettre les cèpes séchés dans un bol et les couvrir de 60 ml d'eau bouillante. Les laisser gonfler 5 minutes environ.

2 Assaisonner la farine de sel et de poivre. Fariner légèrement les morceaux de poulet.

3 Faire chauffer l'huile dans une cocotte et y mettre le poulet à rissoler, en plusieurs fois. Réserver. Verser l'oignon et l'ail dans la cocotte et les faire revenir de 3 à 5 minutes, le temps que l'oignon soit fondant. Verser le bouillon.

4 Remettre le poulet dans la cocotte avec les cèpes et le reste du mouillement, vin, tomates, vinaigre, avec le thym et le laurier. Couvrir et cuire au four pendant 30 minutes.

5 La cuisson écoulée, soulever le couvercle et verser les rosés des prés, puis prolonger la cuisson, à découvert, pendant 15 à 20 minutes, le temps que la sauce épaississe légèrement. Servir aussitôt.

VALEUR NUTRITIONNELLE PAR PORTION : protides 55 g ; lipides 10 g ; glucides 7 g ; fibres 4 g ; cholestérol 115 mg ; 1515 kJ (360 cal)

Couvrir les cèpes séchés d'eau bouillante pour les faire gonfler.

Rouler les morceaux de poulet dans la farine et secouer pour en enlever l'excédent.

Faire rissoler les morceaux de poulet dans la cocotte en plusieurs fois.

POULET AU CACAO

Préparation : 25 minutes
Cuisson : 1 heure
Pour 4 personnes

8 pilons de poulet
Farine d'enrobage
Huile de cuisson
1 gros oignon, finement haché
2 gousses d'ail, hachées
1 cuil. à café de cumin en poudre
1 cuil. à café de piment en poudre
2 cuil. à café de cacao en poudre
440 g de tomates au jus, concassées en gros morceaux
440 ml de purée de tomate
250 ml de bouillon de volaille
Amandes grillées, pour la présentation
Persil frais haché, pour la présentation

1 Retirer la peau des pilons. Les essuyer au papier absorbant et les fariner légèrement. Verser une goutte d'huile dans une poêle antiadhésive et y faire revenir le poulet à feu vif pendant 8 minutes en le retournant en cours de cuisson pour qu'il soit bien doré. Retirer de la poêle et réserver.

2 Faire fondre l'oignon et l'ail dans la poêle, avec le cumin, le piment en poudre, le cacao, 1 cuil. à café de sel et 1/2 cuil. à café de poivre noir, en mouillant de 60 ml d'eau.

3 Verser les tomates concassées, la purée de tomate et le bouillon de volaille. Amener à ébullition puis ajouter les pilons de poulet, couvrir et laisser mijoter 45 minutes. Lorsque la viande est à point, faire réduire la sauce à découvert pendant 5 minutes à feu doux. Parsemer d'amandes et de persil. Ce plat est délicieux avec des haricots.

VALEUR NUTRITIONNELLE PAR PORTION : protides 25 g ; lipides 7 g ; glucides 10 g ; fibres 4 g ; cholestérol 100 mg ; 910 kJ (220 cal)

NOTE : ce plat mexicain traditionnel est en principe parfumé avec une variété particulière de cacao noir et non avec de la poudre de cacao ordinaire.

Retirer la peau des pilons et les essuyer au papier absorbant.

Retourner les pilons dans la poêle pour les faire dorer de tous côtés.

Verser l'oignon, l'ail, le cumin, le piment en poudre, le cacao, le sel et le poivre, et mouiller d'eau.

POULET À LA MAROCAINE

Préparation : 20 minutes + 2 heures de marinade
Cuisson : 1 heure 25 minutes
Pour 4 personnes

8 gros pilons de poulet
3 gousses d'ail, écrasées
1 cuil. à café de gingembre frais râpé
1 cuil. à café de curcuma moulu
2 cuil. à café de cumin en poudre
1 cuil. à café de cardamome en poudre
1 cuil. à café de zeste de citron finement râpé
2 cuil. à soupe d'huile
1 oignon, émincé
500 ml de bouillon de volaille
6 dattes dénoyautées, hachées
20 g de noix de coco râpée

1 Dégraisser et dénerver le poulet. Mettre les morceaux dans un grand bol. Mélanger l'ail, le gingembre, le curcuma, le cumin, la cardamome et le zeste dans un petit bol et verser le tout sur le poulet ; tourner les pilons pour bien les enrober. Couvrir et laisser macérer 2 heures.

2 Préchauffer le four à température modérée (180 °C). Faire chauffer l'huile dans une sauteuse et y mettre le poulet à rissoler rapidement à feu modéré. Égoutter sur du papier absorbant. Transférer le poulet dans une cocotte allant au four.

3 Mettre l'oignon dans la sauteuse et le laisser fondre 5 minutes en tournant. Verser l'oignon, le bouillon de volaille, les dattes et la noix de coco dans la cocotte. Couvrir et cuire au four pendant 1 heure 15 minutes, en tournant de temps en temps, jusqu'à ce que le poulet soit à point.

VALEUR NUTRITIONNELLE PAR PORTION : protides 47 g ; lipides 18 g ; glucides 9 g ; fibres 2,8 g ; cholestérol 100 mg ; 1 622 kJ (388 cal)

NOTE : on peut laisser macérer le poulet toute une nuit.

VARIANTE : on peut parfaitement remplacer les dattes par des pruneaux ou des abricots secs.

Verser sur le poulet l'ail, le gingembre, le curcuma, le cumin, la cardamome et le zeste de citron.

Égoutter les pilons de poulet sur du papier absorbant et les mettre dans la cocotte.

Verser dans la cocotte l'oignon, le bouillon, les dattes et la noix de coco.

GRATIN DE POULET AUX CHAMPIGNONS ET À LA CRÈME

Préparation : 40 minutes
Cuisson : 1 heure 10 minutes
Pour 4 personnes

1 poulet de 1,4 kg
1 oignon, émincé
2 clous de girofle
8 à 10 grains de poivre
1 cuil. à café de sel
90 g de beurre
500 g de champignons de Paris
2 gousses d'ail, écrasées
2 cuil. à soupe de farine
125 ml de crème fleurette
1 cuil. à soupe de moutarde de Dijon
125 g de fromage râpé
80 g de chapelure
15 g de persil frais finement haché

1 Préchauffer le four à température modérée (180 °C). Dégraisser et dénerver le poulet. Le couper en dix morceaux et disposer ceux-ci dans un plat à gratin avec l'oignon, les clous de girofle, les grains de poivre et le sel ; mouiller de 750 ml d'eau. Cuire au four pendant 30 minutes. Retirer le poulet du plat, passer le jus de cuisson et le recueillir dans un bol ; en réserver 500 ml. Faire fondre la moitié du beurre dans une poêle et y mettre les champignons à revenir. Ajouter l'ail, cuire encore 2 minutes. Transvaser dans un bol.

2 Faire fondre le beurre restant dans la poêle. Y ajouter la farine et chauffer 2 minutes. Verser petit à petit le fond de cuisson et tourner pour faire le mélange. Amener à ébullition et, hors du feu, ajouter la crème, la moutarde et les champignons.

3 Remettre le poulet et sa sauce dans le plat à gratin. Saupoudrer d'un mélange de fromage râpé, de chapelure et de persil. Cuire au four 30 minutes.

VALEUR NUTRITIONNELLE PAR PORTION : protides 75 g ; lipides 60 g ; glucides 16 g ; fibres 4,5 g ; cholestérol 275 mg ; 3 727 kJ (890 cal)

Disposer le poulet dans un plat à gratin avec l'oignon, les clous de girofle, les grains de poivre et le sel.

Retirer la sauce du feu et y verser la crème, la moutarde et les champignons.

Saupoudrer le poulet d'un mélange de fromage râpé, de chapelure et de persil.

POULET ÉPICÉ AUX HARICOTS

Préparation : 30 minutes
Cuisson : 45 à 50 minutes
Pour 4 personnes

1 cuil. à soupe d'huile d'olive
4 oignons nouveaux, finement hachés
1 branche de céleri, finement hachée
1 piment jalapeño, épépiné et haché
500 g de poulet haché
3 gousses d'ail, écrasées
1/4 de cuil. à café de cannelle en poudre
1/4 de cuil. à café de piment en poudre
1 cuil. à café de cumin en poudre
2 cuil. à café de farine
425 g de tomates au jus, concassées
125 ml de bouillon de volaille
600 g de cocos cuits (ou haricots mungo en conserve)
2 cuil. à soupe de cassonade
15 g de coriandre fraîche finement hachée

1 Faire chauffer l'huile dans une sauteuse et y mettre l'oignon à fondre. Ajouter le céleri et le piment ; faire revenir 1 à 2 minutes. Augmenter le feu, ajouter le hachis de poulet et le rissoler en écrasant à la fourchette la viande qui s'agglutinerait en cours de cuisson. Verser l'ail, la cannelle, le piment et le cumin. Cuire 1 minute. Verser la farine et bien mélanger le tout.

2 Verser les tomates concassées et le bouillon. Amener à ébullition, baisser le feu et laisser mijoter à couvert pendant 10 à 15 minutes.

3 Ajouter les cocos cuits dans la sauteuse et prolonger la cuisson de 15 minutes, le temps que le fond de cuisson réduise et épaississe. Saupoudrer de cassonade, de sel et de poivre. Parsemer de coriandre au moment de servir.

VALEUR NUTRITIONNELLE PAR PORTION : protides 35 g ; lipides 8,5 g ; glucides 12 g ; fibres 6,5 g ; cholestérol 63 mg ; 1 113 kJ (266 cal)

Rissoler le poulet haché en écrasant la viande qui s'agglutinerait en cours de cuisson.

Verser les tomates et le bouillon de volaille dans la sauteuse et amener à ébullition.

Ajouter les cocos cuits dans la sauteuse et prolonger la cuisson de 15 minutes.

POULET AU BASILIC ET À LA NOIX DE COCO

Préparation : 30 minutes
Cuisson : 15 à 20 minutes
Pour 4 personnes

1 cuil. à soupe d'huile d'arachide
1 oignon rouge, finement haché
1 cuil. à café de piment rouge finement haché
1 cuil. à café de piment vert finement haché
2 gousses d'ail, écrasées
1 cuil. à café de citronnelle, le bulbe seulement, haché
1 cuil. à café de gingembre frais râpé
500 g de poulet haché
2 cuil. à soupe de sauce de poisson
1 cuil. à soupe de sucre de palme ou de cassonade
250 g de crème de noix de coco
20 g de feuilles de basilic frais en fines lanières
Piment rouge frais, pour la présentation

1 Faire chauffer l'huile dans une sauteuse, ajouter l'oignon et le faire fondre 2 minutes à feu doux. Ajouter les piments rouge et vert, l'ail, la citronnelle et le gingembre ; cuire 1 minute.

2 Verser le poulet haché dans la sauteuse et écraser à la fourchette ou à la spatule de bois la viande qui s'agglutinerait en cours de cuisson. Ajouter la sauce de poisson et le sucre.

3 Verser la crème de noix de coco et cuire à feu doux, sans laisser bouillir, pendant 10 minutes environ. Au moment de servir, incorporer le basilic, garnir de piment rouge et servir avec du riz parfumé (riz jasmin).

VALEUR NUTRITIONNELLE PAR PORTION : protides 30 g ; lipides 20 g ; glucides 4,5 g ; fibres 2 g ; cholestérol 62 mg ; 1 352 kJ (323 cal)

Ajouter à l'oignon fondant le piment, l'ail, la citronnelle et le gingembre.

Verser la sauce de poisson et la cassonade dans la sauteuse, et bien mélanger.

Verser la crème de noix de coco et cuire 10 minutes environ, sans laisser bouillir.

POULET EN COCOTTE AUX POIREAUX ET AU VIN BLANC

Préparation : 30 minutes
Cuisson : 1 heure
Pour 6 personnes

2 kg de côtelettes de poulet (cuisses avec la carcasse)
60 g de farine, salée et poivrée
2 cuil. à soupe d'huile
30 g de beurre
4 tranches de bacon, hachées grossièrement
2 poireaux
2 branches de céleri
2 gousses d'ail, écrasées
2 carottes, coupées en fines lamelles
1 feuille de laurier
375 ml de bouillon de volaille
250 ml de bon vin blanc

1 Dégraisser et dénerver le poulet. Enrober légèrement les côtelettes de farine. Faire chauffer l'huile et le beurre dans une sauteuse. Y mettre le poulet à rissoler rapidement, en plusieurs fois. Égoutter sur du papier absorbant. Faire revenir le bacon 3 minutes et l'égoutter sur du papier absorbant. Vider l'excédent de matière grasse déposée dans la sauteuse, et en garder 2 cuil. à café environ.

2 Couper les poireaux et le céleri en lanières ; les verser dans la sauteuse avec l'ail. Cuire, en tournant, jusqu'à ce que le poireau soit fondant.

3 Ajouter le poulet, le bacon, la carotte, le laurier, le bouillon et le vin. Amener à ébullition, baisser le feu et cuire à couvert pendant 30 minutes. Puis, pour faire réduire la sauce, prolonger de 15 minutes la cuisson à découvert.

VALEUR NUTRITIONNELLE PAR PORTION : protides 75 g ; lipides 20 g ; glucides 89 g ; fibres 6,5 g ; cholestérol 150 mg ; 3 595 kJ (860 cal)

CONSEIL : un gros poulet entier, coupé en morceaux, convient aussi à cette recette.

Enrober légèrement les côtelettes de poulet de farine salée et poivrée.

Faire revenir dans la sauteuse le poireau, le céleri et l'ail en tournant.

Ajouter le poulet, le bacon, les carottes, le laurier, le bouillon et le vin, et porter à ébullition.

GOULACHE DE POULET

Préparation : 25 minutes
Cuisson : 45 minutes
Pour 4 à 6 personnes

800 g de cuisses de poulet en filets
60 g de farine
2 cuil. à soupe d'huile
2 oignons, hachés
1 à 2 gousses d'ail, écrasées
2 cuil. à soupe de paprika doux
125 ml de bon vin rouge
1 cuil. à soupe de concentré de tomate
425 g de tomates au jus
200 g de champignons de Paris
125 ml de bouillon de volaille
80 g de crème fraîche

1 Rincer le poulet et bien le sécher. Le dégraisser et le dénerver. Couper en cubes de 3 cm de côté environ. Saler et poivrer la farine, en enrober légèrement, les morceaux de volaille, secouer pour enlever l'excédent de farine et le réserver. Faire chauffer la moitié de l'huile dans une sauteuse. Faire revenir rapidement le poulet en plusieurs fois à feu modéré. Retirer de la sauteuse et égoutter sur du papier absorbant.

2 Faire chauffer l'huile restante dans la sauteuse ; y faire revenir l'oignon et l'ail, jusqu'à ce que l'oignon soit fondant. Verser le paprika et la farine réservée ; chauffer en tournant pendant 1 minute. Ajouter le poulet, le vin, le concentré de tomate et les tomates au jus non égouttées et concassées. Amener à ébullition, baisser le feu et cuire à couvert pendant 15 minutes.

3 Verser les champignons et le bouillon. Prolonger la cuisson de 10 minutes, à couvert. Ajouter la crème et faire bien chauffer le plat en tournant, mais sans laisser bouillir.

VALEUR NUTRITIONNELLE PAR PORTION :
protides 35 g ; lipides 20 g ; glucides 14 g ; fibres 3 g ; cholestérol 105 mg ; 1 668 kJ (399 cal)

Dégraisser et dénerver le poulet, puis le couper en cubes.

Ajouter le poulet, le vin rouge, le concentré de tomate et les tomates concassées.

Verser la crème fraîche et faire chauffer, mais sans laisser bouillir.

POULET ET LÉGUMES EN POT

Préparation : 20 minutes + 30 minutes de marinade
Cuisson : 25 minutes
Pour 4 personnes

500 g de cuisses de poulet en filets
1 cuil. à soupe de sauce de soja
1 cuil. à soupe de xérès sec
6 shiitake séchés
2 petits poireaux
250 g de patates douces à chair jaune
2 cuil. à soupe d'huile d'arachide
5 cm de gingembre frais, coupé en fines lamelles
125 ml de bouillon de volaille
1 cuil. à café d'huile de sésame
3 cuil. à café de fécule de maïs

1 Essuyer le poulet au papier absorbant et le couper en petits morceaux. Mettre ceux-ci dans un plat avec la sauce de soja et le xérès, couvrir et laisser macérer 30 minutes au réfrigérateur.
2 Faire tremper les shiitake à l'eau chaude pendant 30 minutes. Les égoutter et les presser pour en exprimer toute l'eau. Couper les pieds et les chapeaux en lamelles
3 Laver soigneusement les poireaux et les couper en fines rondelles. Couper les patates douces de la même manière.
4 Égoutter le poulet et réserver la marinade. Faire chauffer la moitié de l'huile d'arachide dans un wok, ou une sauteuse, en faisant doucement tourner le récipient pour l'enrober d'huile. Verser délicatement la moitié des morceaux de poulet et les faire sauter rapidement. Transférer dans un plat creux en terre allant au four ou une cocotte. Faire revenir le reste de poulet et le mettre dans le plat en terre.
5 Faire chauffer l'huile restante dans le wok ; y mettre le poireau et le gingembre à revenir pendant 1 minute. Ajouter les champignons, le reste de marinade, le bouillon et l'huile de sésame. Verser le tout dans le plat en terre, mettre la patate douce et cuire à couvert sur le feu, à chaleur très douce, pendant 20 minutes. Délayer la fécule de maïs avec un peu d'eau et verser dans le plat. Continuer la cuisson en tournant, jusqu'à ébullition et épaississement du mélange. Servir aussitôt le poulet et ses légumes avec du riz blanc ou complet à la vapeur, ou des nouilles.

VALEUR NUTRITIONNELLE PAR PORTION : protides 3 g ; lipides 11 g ; glucides 13 g ; fibres 2,5 g ; cholestérol 0 mg ; 690 kJ (165 cal)

Laver soigneusement les poireaux et les couper en fines rondelles.

Faire sauter les morceaux de poulet marinés et les dorer de tous côtés.

Ajouter aux poireaux les champignons, la marinade, le bouillon de volaille et l'huile de sésame.

POULET POCHÉ AUX OIGNONS NOUVEAUX

Préparation : 5 minutes
Cuisson : 1 heure
Pour 6 personnes

1 poulet de 1,8 kg
3 tranches de gingembre frais
1 1/2 cuil. à café de sel
Eau glacée (voir Conseil)

SAUCE AUX OIGNONS NOUVEAUX
2 cuil. à soupe d'huile
3 oignons nouveaux, finement émincés
1 cuil. à soupe de sauce de soja

1 Dégraisser l'intérieur du poulet et couper le croupion. Disposer la volaille dans une cocotte et couvrir d'eau. Ajouter le gingembre et le sel, amener à ébullition, couvrir et cuire dans l'eau frémissante pendant 20 minutes.
2 Éteindre le feu en laissant la cocotte hermétiquement fermée et laisser ainsi 35 minutes. Retirer délicatement la volaille de la cocotte, en veillant à la vider de son fond de cuisson. La plonger dans une grande jatte remplie d'eau glacée ; cette opération interrompt la cuisson et resserre la peau, donnant une chair qui reste juteuse.
3 Laisser le poulet refroidi dans l'eau glacée et le garder 1 heure au réfrigérateur. Peu avant de servir, égoutter la volaille et la couper en lamelles, à l'asiatique.
4 Préparer la sauce aux oignons nouveaux. Faire chauffer l'huile dans un wok, y verser les oignons nouveaux et les faire revenir rapidement. Verser dessus la sauce de soja. Servir le poulet nappé de sa sauce.

VALEUR NUTRITIONNELLE PAR PORTION : protides 50 g ; lipides 11 g ; glucides 0,5 g ; fibres 0 g ; cholestérol 110 mg ; 1 265 kJ (302 cal)

CONSEIL : utiliser ce mode de cuisson chaque fois que l'on préparera un plat demandant du poulet poché. La volaille n'étant pas bouillie, et refroidie rapidement après cuisson, tous les sucs sont retenus à l'intérieur, ce qui donne une viande particulièrement tendre et juteuse. Pour obtenir ce résultat, il est indispensable que l'eau dans laquelle on plonge la volaille soit glacée. On ajoutera le contenu de deux ou trois bacs à glaçons pour maintenir la température aussi basse que possible.

Couvrir le poulet d'eau, ajouter le gingembre et le sel.

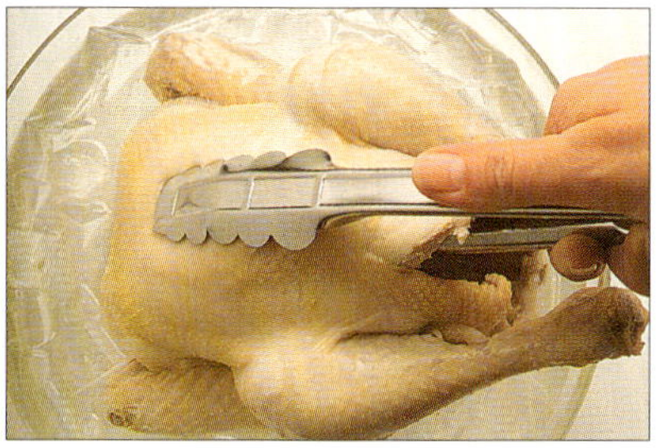

Plonger la volaille dans une grande quantité d'eau glacée pour interrompre la cuisson.

Au moment de servir, égoutter le poulet et le couper en lamelles, à l'asiatique.

POULET ROUGE

Préparation : 20 minutes + 2 heures de marinade
Cuisson : 1 heure
Pour 6 personnes

1,5 kg de morceaux de poulet
6 gousses d'ail, écrasées
250 ml de vinaigre de cidre
375 ml de bouillon de volaille
1 feuille de laurier
1 cuil. à café de graines de coriandre
1 cuil. à café de grains de poivre noir
60 ml sauce de soja
1 cuil. à café de graines de rocouyer ou 1/2 cuil. à café de paprika et de curcuma mélangés
2 cuil. à soupe d'huile

1 Mélanger tous les ingrédients, sauf l'huile, dans un grand bol. Couvrir et laisser 2 heures au réfrigérateur.

2 Mettre les ingrédients dans une cocotte. Porter à ébullition, baisser le feu et cuire à couvert pendant 30 minutes. Puis prolonger de 10 minutes la cuisson à découvert, le temps que la chair de poulet soit à point. Retirer du récipient et réserver. Ramener à ébullition et cuire 10 minutes à feu vif pour réduire le fond de cuisson de moitié.

3 Faire chauffer l'huile dans un wok ou une grande poêle antiadhésive et y mettre le poulet à rissoler en plusieurs fois, à feu modéré, pendant 5 minutes. Lorsqu'il est bien croustillant, le servir nappé de sauce réduite et accompagner de riz.

VALEUR NUTRITIONNELLE PAR PORTION : protides 38 g ; lipides 10 g ; glucides 0,5 g ; fibres 0,5 g ; cholestérol 83 mg ; 1 070 kJ (256 cal)

NOTE : on trouvera le rocou, ou graines de rocouyer, qui colore les plats en rouge, dans les magasins d'alimentation spécialisés.

Arroser le poulet de marinade et le garder, à couvert, 2 heures au réfrigérateur.

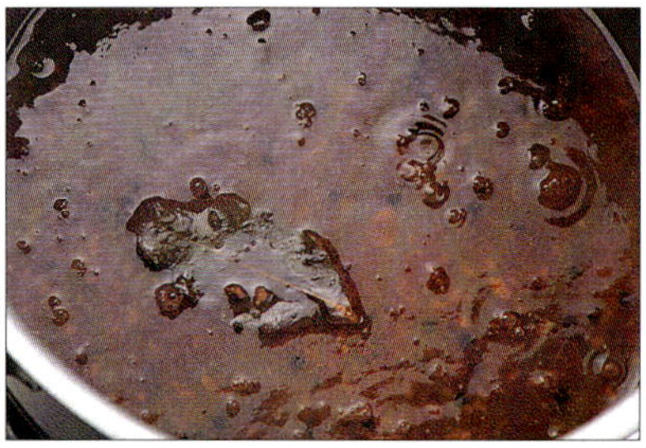

Après avoir retiré le poulet, faire bouillir le fond de cuisson et le réduire de moitié.

Faire sauter les morceaux de poulet en plusieurs fois et les rendre bien croustillants.

POULET AUX PETITS LÉGUMES

Préparation : 45 minutes
Cuisson : 2 heures
Pour 4 personnes

1,5 kg de morceaux de poulet (8 portions environ)
60 g de beurre clarifié
12 oignons grelots
250 ml de vin blanc sec
250 ml de bouillon de volaille
250 ml de crème fleurette
12 petites carottes nouvelles
16 pois gourmands
16 pointes d'asperges
12 champignons de Paris
1 cuil. à soupe de ciboulette fraîche ciselée

1 Saler et poivrer légèrement les morceaux de poulet. Faire fondre la moitié du beurre dans une sauteuse et saisir le poulet en plusieurs fois, sur chaque côté, pendant 2 à 3 minutes, pour qu'il garde toute sa saveur. Mettre les morceaux dans une cocotte et ajouter les oignons. Préchauffer le four à température moyenne (200 °C).

2 Verser le vin dans la sauteuse et cuire à feu modéré en déglaçant le fond et la paroi à la spatule de bois. Ajouter le bouillon puis la crème et fouetter. Amener à ébullition, baisser le feu et laisser mijoter 20 minutes. Napper le poulet de cette sauce et cuire au four 1 heure 10 minutes.

3 Entre-temps, faire bouillir de l'eau salée dans une casserole. Cuire à l'eau ou à la vapeur, séparément et al dente, les carottes, les pois gourmands et les asperges. Plonger les légumes dans l'eau glacée, égoutter et réserver.

4 Faire fondre le reste du beurre dans la sauteuse et y mettre les champignons à sauter 2 à 3 minutes en tournant constamment.

5 Verser les champignons au-dessus du plat avec les légumes croquants et cuire 20 minutes jusqu'à ce que le poulet soit à point. Dégraisser la sauce et mélanger délicatement les légumes aux autres ingrédients. Parsemer de ciboulette et servir.

VALEUR NUTRITIONNELLE PAR PORTION : protides 95 g ; lipides 50 g ; glucides 15 g ; fibres 4 g ; cholestérol 350 mg ; 4 040 kJ (965 cal)

Saisir dans la moitié du beurre les morceaux de poulet assaisonnés.

Plonger les légumes blanchis dans de l'eau glacée pour interrompre la cuisson.

Disposer les légumes égouttés au-dessus du plat et cuire 20 minutes.

POULET EN COCOTTE À LA TOMATE

Préparation : 35 minutes
Cuisson : 50 minutes
Pour 4 à 6 personnes

- 4 tranches de bacon
- 2 cuil. à soupe d'huile
- 50 g de beurre
- 300 g de petits champignons de Paris, coupés en 2
- 1,5 kg de morceaux de poulet
- 2 oignons, hachés
- 2 gousses d'ail, écrasées
- 400 g de tomates au jus
- 250 ml de bouillon de volaille
- 250 ml de crème fleurette
- 2 cuil. à soupe de persil frais haché
- 2 cuil. à soupe de thym citron frais haché

1 Couper le bacon en morceaux et le faire revenir dans une cocotte à feu modéré. Le retirer et l'égoutter sur du papier absorbant. Réserver.

2 Faire chauffer dans la cocotte la moitié de l'huile et un tiers du beurre. Lorsque celui-ci commence à mousser, verser les champignons et les cuire jusqu'à ce qu'ils soient blonds et fondants. Les retirer avec une spatule à trous.

3 Ajouter l'huile restante avec un peu de beurre et faire rissoler les morceaux de poulet en plusieurs fois à feu vif. Les retirer bien dorés et légèrement croustillants.

4 Faire fondre le beurre restant ; y mettre l'ail et l'oignon à revenir 3 minutes à feu modéré. Ajouter les tomates, le bouillon et la crème. Remettre le bacon, les champignons et le poulet dans la cocotte ; laisser mijoter 25 minutes à feu doux. Verser les herbes, assaisonner de sel et de poivre noir fraîchement moulu et prolonger la cuisson de 5 minutes avant de servir.

VALEUR NUTRITIONNELLE PAR PORTION : protides 70 g ; lipides 40 g ; glucides 7 g ; fibres 3 g ; cholestérol 215 mg ; 2 650 kJ (630 cal)

Lorsque la matière grasse commence à mousser, y faire revenir les champignons.

Faire dorer les morceaux de poulet en plusieurs fois à feu vif et les sortir croustillants.

Verser les tomates, le bouillon et la crème sur l'ail et l'oignon fondants.

POULET EN COCOTTE AUX POIX CHICHES

Préparation : 35 minutes
Cuisson : 1 heure 35 minutes
Pour 4 personnes

50 g de beurre
1 oignon, haché grossièrement
3 gousses d'ail, écrasées
1 carotte, coupée en petits dés
1/2 branche de céleri, coupée en petit dés
1,5 kg de poulet (8 morceaux environ)
80 ml de marsala
250 ml de bouillon de volaille
2 cuil. à soupe de jus de citron
40 g de mie de pain fraîche, émiettée
300 g de pois chiches en conserve, rincés et égouttés
200 g de champignons de Paris, émincés
2 cuil. à soupe de menthe fraîche ciselée
2 cuil. à soupe de persil frais haché

1 Faire fondre la moitié du beurre dans une cocotte et y mettre l'oignon à revenir à feu modéré jusqu'à ce qu'il soit fondant. Ajouter l'ail, la carotte et le céleri et les laisser fondre 5 minutes. Retirer de la cocotte et réserver.

2 Faire fondre le beurre restant et y mettre le poulet à dorer en plusieurs fois à feu vif. Mettre tous les morceaux dans la cocotte avec les légumes en dés. Verser aussitôt le marsala et mélanger le tout en déglaçant le fond et la paroi avec une spatule en bois. Verser le bouillon et le jus de citron. Amener à ébullition, baisser le feu et cuire 1 heure à couvert, en tournant de temps en temps.

3 Retirer le poulet et le tenir au chaud. Au mixeur, réduire toute la garniture en purée, puis ajouter la mie de pain et hacher encore 15 secondes.

4 Remettre le poulet dans la cocotte, verser la purée, ajouter les pois chiches et les champignons. Laisser mijoter à couvert 15 minutes. Saler et poivrer. Parsemer de menthe et de persil avant de servir.

VALEUR NUTRITIONNELLE PAR PORTION : protides 120 g ; lipides 30 g ; glucides 50 g ; fibres 15 g ; cholestérol 260 mg ; 3 900 kJ (930 cal)

Faire doucement fondre l'ail, la carotte et le céleri pendant 5 minutes.

Verser le marsala sur le poulet et ses légumes en tournant constamment.

Ajouter la mie de pain à la purée de légumes, et mixer le tout.

COQ AU VIN

Préparation : 20 minutes
Cuisson : 1 heure
Pour 6 personnes

2 brindilles de thym frais
4 tiges de persil
2 feuilles de laurier
2 petites branches de céleri (facultatif)
2 kg de morceaux de poulet
Farine, assaisonnée de sel et de poivre fraîchement moulu
60 ml d'huile
4 tranches épaisses de bacon
12 oignons grelots
2 gousses d'ail, écrasées
2 cuil. à soupe de cognac
375 ml de vin rouge
375 ml de bouillon de volaille
60 g de concentré de tomate
250 g de champignons de Paris
Fines herbes fraîches, pour la présentation

1 Préparer un bouquet garni en enveloppant le thym, le persil et le laurier dans une petit carré de mousseline lié avec de la ficelle de cuisine, ou en attachant ces herbes entre deux petites branches de céleri.
2 Fariner les morceaux de poulet et les faire revenir en cocotte dans 2 cuil. à soupe d'huile, à feu modéré, en plusieurs fois. Égoutter sur du papier absorbant.
3 Essuyer le fond de la cocotte et y faire chauffer l'huile restante. Mettre le bacon, l'ail et les oignons, le temps que ces derniers soient bien dorés. Ajouter le poulet, le cognac, le vin, le bouillon, le bouquet garni et le concentré de tomate. Amener à ébullition, baisser le feu et cuire 30 minutes à couvert.
4 Verser les champignons et laisser mijoter 10 minutes à découvert ; le poulet doit être à point et la sauce réduite. Retirer le bouquet garni, parsemer de fines herbes et servir avec du pain croustillant.

VALEUR NUTRITIONNELLE PAR PORTION : protides 80 g ; lipides 20 g ; glucides 7 g ; fibres 2 g ; cholestérol 180 mg ; 2 420 kJ (580 cal)

Envelopper le thym, le persil et le laurier dans une mousseline ficelée.

Faire revenir à l'huile les morceaux de poulet, en plusieurs fois.

Remettre le poulet dans la cocotte avec le bouquet garni et le concentré de tomate, et mouiller.

POULET À LA MAJORCAINE

Préparation : 30 minutes
Cuisson : 1 heure 30 minutes
Pour 4 personnes

2 cuil. à soupe d'huile d'olive
30 g de beurre
1,5 kg de morceaux de poulet
1 orange
1 oignon rouge, finement émincé
2 gousses d'ail, hachées
185 ml de bouillon de volaille
125 ml de vin blanc
1 cuil. à soupe de farine
1 poivron rouge, coupé en quatre
12 olives vertes aux anchois
15 g de persil frais haché

1 Préchauffer le four à température modérée (180 °C). Faire chauffer l'huile et le beurre dans une sauteuse. Y mettre le poulet à revenir à feu vif en plusieurs fois puis déposer ces morceaux dans une cocotte. Découper deux larges zestes d'orange et les réserver. Peler le fruit à vif (en enlevant les parties blanches) et le couper en rondelles fines. Réserver.

2 Faire fondre l'oignon et l'ail dans la sauteuse pendant 3 minutes à feu modéré. Mélanger le bouillon et le vin. Verser la farine dans la sauteuse, puis, petit à petit, le bouillon et le vin ; remuer jusqu'à ce que la sauce commence à bouillir. Ajouter les zestes d'orange et verser le tout dans la cocotte sur les morceaux de poulet. Couvrir et cuire 1 heure au four.

3 Entre-temps, faire griller le poivron, peau au-dessus, pendant 8 minutes, jusqu'à ce que la peau noircisse et forme des cloques. Placer dans un sac de plastique et fermer. Laisser refroidir, puis peler et couper les quartiers en lanières.

4 Retirer le poulet de la cocotte et le tenir au chaud. Porter la sauce à ébullition sur le feu et la dégraisser. Faire réduire 5 minutes. Ajouter le poivron, les tranches d'orange, les olives et le persil. Retirer les zestes d'orange avant de servir, saler et poivrer, et napper le poulet de sa sauce.

VALEUR NUTRITIONNELLE PAR PORTION : protides 90 g ; lipides 25 g ; glucides 10 g ; fibres 4 g ; cholestérol 205 mg ; 2 700 kJ (645 cal)

Détacher deux zestes d'orange, enlever la peau blanche et couper la pulpe en rondelles.

Verser le bouillon de volaille et le vin mélangés sur les oignons fondants.

Faire griller les poivrons, peau au-dessus, jusqu'à ce qu'elle noircisse et forme des cloques.

Mélanger à la sauce les tranches d'orange, les olives et le persil.

Plats au curry

POULET AU CURRY VERT

Préparation : 20 minutes
Cuisson : 25 minutes
Pour 4 personnes

1 cuil. à soupe d'huile
1 oignon, haché
1 à 2 cuil. à soupe de pâte de curry vert (voir Notes)
375 ml de lait de coco
500 g de cuisses de poulet en filets, coupées en gros dés
100 g de haricots verts, coupés en tronçons
6 feuilles de citronnier kaffir
1 cuil. à soupe de sauce de poisson
1 cuil. à soupe de jus de citron vert
1 cuil. à soupe de zeste de citron vert finement râpé
2 cuil. à café de cassonade
7 g de feuilles de coriandre fraîche

1 Faire chauffer l'huile dans un wok ou une sauteuse. Y mettre l'oignon et la pâte de curry à cuire 1 minute environ, en tournant constamment. Verser le lait de coco et 125 ml d'eau. Amener à ébullition.

2 Ajouter les morceaux de poulet dans le wok, les haricots verts et les feuilles de citronnier ; bien mélanger. Laisser mijoter 15 à 20 minutes à découvert, le temps que le poulet soit à point. Verser la sauce de poisson, le jus et le zeste de citron vert, la cassonade. Bien mélanger et parsemer de coriandre fraîche juste avant de servir. Servir avec du riz à la vapeur.

VALEUR NUTRITIONNELLE PAR PORTION : protides 32 g ; lipides 28 g ; glucides 8 g ; fibres 3 g ; cholestérol 63 mg ; 1 702 kJ (407 cal)

NOTE : les cuisses de poulet désossées sont savoureuses et conviennent bien au curry. On peut les remplacer par des blancs. Ne pas trop cuire le poulet, qui perdrait sa tendreté. La pâte de curry préparée soi-même aura un parfum incomparable, mais, si l'on manque de temps, on s'en procurera dans les magasins d'alimentation asiatique.

Verser le lait de coco et l'eau dans le wok, et tourner avec une cuillère en bois.

Verser sur le poulet à point la sauce de poisson, le jus et le zeste de citron vert, et la cassonade.

CURRY PANANG AUX CACAHUÈTES

Préparation : 25 minutes
Cuisson : 30 à 40 minutes
Pour 4 personnes

- 1 cuil. à soupe d'huile
- 1 gros oignon rouge, haché
- 1 à 2 cuil. à soupe de pâte de curry Panang
- 250 ml de lait de coco
- 500 g de cuisses de poulet en filets, coupées en gros dés
- 4 feuilles de citronnier kaffir
- 60 g de crème de noix de coco
- 1 cuil. à soupe de sauce de poisson
- 1 cuil. à soupe de jus de citron vert
- 2 cuil. à café de cassonade
- 80 g de cacahuètes grillées, hachées
- 15 g de feuilles de basilic thaï
- 80 g d'ananas frais coupé en petits dés
- 1 petit concombre, en rondelles
- Sauce pimentée, en accompagnement

1 Faire chauffer l'huile dans un wok ou une grande poêle. Y mettre l'oignon et la pâte de curry à cuire 2 minutes à feu modéré. Verser le lait de coco et amener à ébullition.

2 Ajouter dans le wok le poulet et les feuilles de citronnier, baisser le feu et cuire 15 minutes. Retirer le poulet avec un panier métallique ou à l'écumoire. Faire réduire et épaissir la sauce pendant 5 minutes.

3 Remettre le poulet dans le wok. Ajouter la crème de noix de coco, la sauce de poisson, le jus de citron et la cassonade. Cuire 5 minutes puis verser les cacahuètes, le basilic et l'ananas. Servir avec le concombre à part, de la sauce de piment et du riz à la vapeur.

VALEUR NUTRITIONNELLE PAR PORTION : protides 40 g ; lipides 40 g ; glucides 16 g ; fibres 5 g ; cholestérol 63 mg ; 2466 kJ (590 cal)

Faire revenir à l'huile l'oignon et la pâte de curry dans le wok, et remuer à la cuillère en bois.

Retirer le poulet du wok et le réserver pendant la cuisson de la sauce.

Verser les cacahuètes hachées, le basilic et l'ananas juste avant de servir.

CURRY DE POULET À LA VIETNAMIENNE

Préparation : 30 minutes
Cuisson : 1 heure
Pour 4 personnes

1,5 kg de morceaux de poulet différents, cuisses, pilons, ailes
2 cuil. à soupe d'huile
4 gousses d'ail, finement hachées
5 cm de gingembre frais râpé
2 tiges de citronnelle, le bulbe seulement, finement hachées
2 cuil. à café de piment séché en morceaux
2 cuil. à soupe de curry en poudre
2 oignons, hachés
2 cuil. à café de sucre en poudre
1 cuil. à café de sel
375 ml de lait de coco
Ciboulette de Chine fraîche, taillée en long, pour la présentation
Cacahuètes grillées, pour la présentation

1 À l'aide d'un couperet ou d'un grand couteau de cuisine, couper les morceaux de poulet en deux en tranchant les os. Essuyer au papier absorbant.

2 Faire chauffer l'huile dans une cocotte. Y mettre l'ail, le gingembre, la citronnelle, le piment et le curry, et tourner constamment à feu modéré pendant 3 minutes. Ajouter les morceaux de poulet, l'oignon, le sucre et le sel ; mélanger doucement. Couvrir et cuire 8 minutes, le temps que l'oignon devienne fondant. Tourner alors le poulet pour bien l'enrober de sauce au curry. Couvrir de nouveau et cuire 15 minutes à feu doux ; le poulet sera braisé et rendra son jus.

3 Verser le lait de coco et l'eau dans la cocotte. Amener à ébullition, en tournant de temps en temps, baisser le feu et cuire à découvert 30 minutes, le temps que le poulet soit à point. Garnir de ciboulette chinoise, de coriandre et de cacahuètes avant de servir.

VALEUR NUTRITIONNELLE PAR PORTION : protides 60 g ; lipides 26 g ; glucides 11 g ; fibres 6 g ; cholestérol 125 mg ; 2 189 kJ (523 cal)

NOTE : dans les magasins spécialisés, on trouvera une variété de poudres de curry asiatiques convenant à la viande, au poulet ou au poisson.

Fendre chaque morceau de poulet en deux, ou confier cette tâche au boucher.

Tourner le poulet dans la sauce au curry à l'aide de deux cuillères en bois.

Verser le lait de coco et l'eau dans le plat, et bien mélanger tous les ingrédients.

BOULETTES DE POULET AU CURRY

Préparation : 25 minutes + 2 à 3 heures de réfrigération
Cuisson : 35 minutes
Pour 3 à 4 personnes

500 g de poulet haché
3 oignons nouveaux, finement hachés
2 cuil. à soupe de petites feuilles de coriandre fraîche
1 tige de citronnelle, le bulbe seulement, finement haché
60 ml de sauce de poisson
1 cuil. à café de bouillon de volaille en sachet
280 g de riz parfumé cuit (riz jasmin)
1 œuf entier et 1 blanc d'œuf
2 cuil. à café d'huile
2 cuil. à soupe de pâte de curry vert
800 ml de lait de coco en boîte
4 feuilles de citronnier kaffir
15 g de feuilles de basilic frais
1 cuil. à soupe de jus de citron

1 Mélanger le poulet haché, les oignons nouveaux, la coriandre fraîche, la citronnelle, 2 cuil. à soupe de sauce de poisson, le bouillon de volaille en sachet et du poivre. Verser le riz dessus et incorporer tous ces ingrédients à la main.

2 Dans un autre bol, fouetter l'œuf entier et le blanc d'œuf au batteur électrique pour obtenir une mousse consistante ; verser cette crème sur le hachis. Les mains légèrement farinées, former des boulettes de la taille d'une cuillerée à soupe. Disposer les boulettes au fond d'un plat, couvrir et laisser à raffermir 2 à 3 heures au réfrigérateur.

3 Faire chauffer l'huile dans une sauteuse et y tourner la pâte de curry à feu modéré pendant 1 minute. Verser petit à petit le lait de coco, mélanger et baisser le feu. Ajouter les feuilles de citronnier et les boulettes ; couvrir et laisser mijoter 25 à 30 minutes en tournant de temps en temps. Mettre les feuilles de basilic, le reste de sauce de poisson et le jus de citron. Servir avec du riz à la vapeur.

VALEUR NUTRITIONNELLE PAR PORTION (4) : protides 37 g ; lipides 46 g ; glucides 30 g ; fibres 4,5 g ; cholestérol 110 mg ; 2815 kJ (672 cal)

Fouetter l'œuf entier et le blanc d'œuf au batteur électrique pour obtenir une mousse consistante.

Les mains farinées, former des boulettes de la taille d'une cuillerée à soupe.

Mettre les feuilles de citronnier et les boulettes dans la sauce frémissante.

CURRY DE POULET À LA CRÈME

Préparation : 25 minutes
Cuisson : 40 minutes
Pour 4 personnes

- 1 cuil. à soupe d'huile
- 50 g de beurre
- 1 oignon, haché
- 2 gousses d'ail, écrasées
- 2 cuil. à café de gingembre frais râpé
- 1 piment vert, épépiné et finement haché
- 1/4 de cuil. à café de graines de cardamome écrasées
- 1 cuil. à café de garam masala
- 1 cuil. à café de curcuma moulu
- 1 cuil. à soupe de farine
- 375 ml de bouillon de volaille
- 80 ml de cognac
- 125 ml de crème fleurette
- 4 gros blancs de poulet crus, coupé chacun en 3 et aplatis
- Amandes effilées grillées, pour la présentation
- Coriandre fraîche hachée, pour la présentation

1 Faire chauffer l'huile et la moitié du beurre dans une sauteuse. Y mettre l'oignon à fondre à feu modéré jusqu'à ce qu'il soit transparent. Ajouter l'ail, le gingembre et le piment ; cuire 1 minute. Verser la cardamome, le garam masala et le curcuma ; cuire encore 1 minute. Verser la farine ; prolonger la cuisson d'1 minute.

2 Retirer du feu et verser peu à peu le bouillon de volaille, le cognac et la crème mélangés en tournant constamment. Remettre sur le feu et cuire, en tournant, jusqu'à ce que la sauce bout et épaississe. Couvrir et laisser mijoter à feu doux 15 minutes.

3 Entre-temps, faire fondre le beurre restant dans une poêle et y mettre à rissoler les morceaux de poulet. Verser ceux-ci dans la sauce au curry et faire réduire 10 à 15 minutes. Assaisonner de sel et de poivre noir. Avant de servir, parsemer d'amandes grillées et de coriandre.

VALEUR NUTRITIONNELLE PAR PORTION : protides 40 g ; lipides 35 g ; glucides 5 g ; fibres 2 g ; cholestérol 155 mg ; 2 295 kJ (545 cal)

Épépiner le piment vert et le hacher finement au couteau de cuisine affûté.

Faire fondre l'oignon à feu modéré jusqu'à ce qu'il soit transparent.

Verser peu à peu le mélange de bouillon de volaille, de cognac et de crème, en tournant.

POULET AU BEURRE

Préparation : 30 minutes + 4 heures de marinade
Cuisson : 20 minutes
Pour 4 personnes

1 kg de cuisses de poulet en filets
1 cuil. à café de sel
60 ml de jus de citron
250 g de yaourt
1 oignon, haché
2 gousses d'ail, écrasées
3 cm de gingembre frais râpé
1 piment vert, haché
3 cuil. à café de garam masala
2 cuil. à café de colorant alimentaire rouge
1 cuil. à café de colorant alimentaire jaune
125 ml de purée de tomate
2 cm de gingembre frais finement râpé
250 ml de crème fleurette
2 cuil. à café de sucre en poudre
2 pincées de piment en poudre
1 cuil. à soupe de jus de citron
1 cuil. à café de cumin en poudre
100 g de beurre
Feuilles de citronnier kaffir (voir Conseil)

1 Couper le poulet en lamelles de 2 cm d'épaisseur. Saler et arroser de jus de citron.
2 Réduire en purée au mixeur le yaourt, l'oignon, l'ail, le gingembre, le piment et 2 cuil. à café de garam masala.
3 Mélanger les colorants alimentaires dans un petit bol et en enrober les morceaux de poulet. Verser la préparation au yaourt et bien incorporer tous ces ingrédients. Couvrir et laisser 4 heures au réfrigérateur. Retirer le poulet de sa marinade et le laisser s'égoutter quelques minutes.
4 Préchauffer le four à température élevée (220 °C). Disposer le poulet dans un plat allant au four et cuire 15 minutes au four, le temps que la viande soit à point. Vider l'excédent de jus de cuisson, couvrir hermétiquement et tenir au chaud.
5 Dans un grand pot, délayer la purée de tomate de 125 ml d'eau. Ajouter le gingembre, la crème, le garam masala restant, le sucre, le piment en poudre, le jus de citron et le cumin ; bien mélanger.
6 Faire fondre le beurre dans une sauteuse à feu modéré. Verser le coulis de tomate et amener à ébullition. Cuire 2 minutes, baisser le feu et ajouter les morceaux de poulet. Bien les enrober de sauce et chauffer encore 2 minutes. Parsemer de feuilles de citronnier émiettées et servir avec du riz.

VALEUR NUTRITIONNELLE PAR PORTION : protides 55 g ; lipides 60 g ; glucides 10 g ; fibres 2 g ; cholestérol 330 mg ; 3390 kJ (805 cal)

NOTE : on peut laisser le poulet macérer toute une nuit au réfrigérateur. Il est très important de ne pas utiliser de plat métallique pour une marinade.

CONSEIL : on trouvera les feuilles de citronnier kaffir dans les magasins d'alimentation asiatique.

VARIANTE : on peut remplacer les cuisses de poulet en lamelles par des morceaux entiers. Inciser la partie la plus charnue et cuire au four de 30 à 40 minutes, le temps que la viande soit à point.

Saler et arroser de jus de citron les lamelles de poulet.

Passer au mixeur le yaourt, l'oignon, l'ail, le gingembre, le piment et le garam masala.

Badigeonner les morceaux de poulet de colorant alimentaire.

Vider le plat à four de tout excédent de jus de cuisson.

Mélanger le gingembre, la crème, le garam masala, le sucre, le piment, le jus de citron et le cumin.

Mettre les morceaux de poulet dans la sauteuse et bien les mélanger à la sauce.

CURRY DE POULET AU CITRON VERT

Préparation : 30 minutes
Cuisson : 45 minutes
Pour 4 personnes

PÂTE AUX ÉPICES

1 gros oignon, haché grossièrement
6 piments rouges, épépinés et finement hachés
4 gousses d'ail, écrasées
1 cuil. à café de bulbe de citronnelle finement haché
2 cuil. à café de galanga finement haché
1 cuil. à café de curcuma moulu

1 poulet de 1,6 kg
60 ml d'huile
250 ml de lait de coco
2 citrons verts coupés en 2
5 feuilles de citronnier kaffir, coupées en fines lanières
1 cuil. à soupe de sauce de poisson
2 cuil. à soupe de feuilles de coriandre fraîche
2 citrons verts, coupés en quartiers, pour la présentation

1 Préparer la pâte aux épices. Hacher au mixeur l'oignon, le piment, l'ail, la citronnelle, le galanga et le curcuma pour obtenir une purée assez grossière.

2 Fendre en gros cubes le poulet avec sa carcasse. Faire chauffer l'huile dans un wok ou une sauteuse et y cuire la pâte épicée à feu doux, en tournant de temps en temps, pendant 10 minutes le temps qu'elle développe ses arômes.

3 Ajouter le poulet et le faire revenir 2 minutes en veillant à ce que les morceaux soient bien enrobés d'épices. Verser le lait de coco, 125 ml d'eau, les moitiés de citron vert et les feuilles de citronnier en fines lanières. Laisser mijoter de 20 à 25 minutes en tournant régulièrement, jusqu'à ce que le poulet soit à point.

4 Retirer les citrons verts. Verser la sauce de poisson et parsemer de feuilles de coriandre. Servir avec les quartiers de citron vert et du riz à la vapeur.

VALEUR NUTRITIONNELLE PAR PORTION :
protides 60 g ; lipides 40 g ; glucides 5 g ; fibres 3 g ; cholestérol 195 mg ; 2 590 kJ (615 cal)

À l'aide d'un couteau de cuisine bien affûté, tailler les feuilles de citronnier kaffir en fines lanières.

Passer au mixeur les ingrédients de la pâte épicée pour obtenir une purée assez grossière.

Verser le lait de coco et l'eau avec les moitiés de citron vert et les feuilles de citron.

Avant de servir, assaisonner le curry d'une cuillerée à soupe de sauce de poisson.

CURRY AUX FOIES DE VOLAILLE

Préparation : 25 minutes + 2 heures de marinade
Cuisson : 20 minutes
Pour 4 personnes

- 60 ml de sauce de soja foncée
- 3 gousses d'ail, écrasées
- 1 cuil. à soupe de graines de sésame, grillées
- 1 cuil. à café d'huile de sésame
- 500 g de foies de volaille, parés et coupés en morceaux
- 2 cuil. à soupe d'huile d'olive
- 1 oignon, émincé
- 1 poivron rouge, coupé en lanières
- 1 cuil. à café de coriandre moulue
- 1 cuil. à café de cumin en poudre
- 2 cuil. à soupe d'huile d'arachide
- 125 ml de bouillon de volaille
- 100 g de pois gourmands

1 Mélanger la sauce de soja, l'ail, les graines et l'huile de sésame, et délayer de 2 cuil. à soupe d'eau. Mettre les foies de volaille dans un plat et les arroser de cette marinade. Couvrir et laisser 2 heures au réfrigérateur.

2 Faire chauffer la moitié de l'huile d'olive dans une sauteuse ; y mettre l'oignon et le poivron à fondre 5 à 10 minutes, à feu modéré. Retirer de la sauteuse et réserver.

3 Saupoudrer les foies crus de coriandre et de cumin, assaisonner de sel et de poivre noir fraîchement moulu. Retirer du plat et garder la marinade.

4 Faire chauffer dans la sauteuse l'huile d'olive restante avec l'huile d'arachide et y mettre les foies à revenir 3 à 5 minutes sur feu vif, en tournant fréquemment ; ils doivent rester fermes et à peine rosés à cœur. Remettre l'oignon, le poivron et la marinade dans la sauteuse. Ajouter le bouillon et les pois gourmands, laisser mijoter 2 à 3 minutes. Garnir de graines de sésame grillées et servir aussitôt, par exemple avec du riz.

VALEUR NUTRITIONNELLE PAR PORTION : protides 35 g ; lipides 35 g ; glucides 5 g ; fibres 2 g ; cholestérol 705 mg ; 2042 kJ (485 cal)

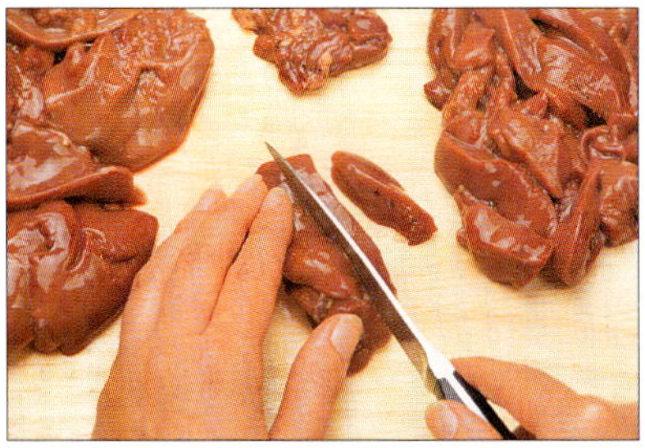

Parer et couper les foies de volaille en veillant à ne laisser aucune membrane.

Mélanger tous les ingrédients de la marinade et en arroser les foies crus.

Saupoudrer de coriandre et de cumin les foies de volaille cuits, saler et poivrer.

Verser le bouillon de volaille et les pois gourmands, et laisser mijoter 2 à 3 minutes.

POULET AU SAFRAN

Préparation : 25 minutes
Cuisson : 1 heure 20 minutes
Pour 6 personnes

- 1 cuil. à café de safran en filaments
- 2 cuil. à soupe d'eau chaude
- 2 cuil. à soupe d'huile
- 2 oignons, hachés
- 3 gousses d'ail, écrasées
- 3 cm de gingembre frais, haché
- 2 piments rouges, épépinés et émincés
- 1 cuil. à café de graines de cardamome écrasées
- 1 cuil. à café de cumin en poudre
- 1/2 cuil. à café de curcuma moulu
- 2 kg de morceaux de poulet
- 500 ml de bouillon de volaille

1 Dans une poêle, griller à sec les filaments de safran à feu doux pendant 1 à 2 minutes. Mettre le safran dans un petit bol, verser l'eau chaude dessus et réserver.
2 Faire chauffer l'huile dans une sauteuse, à feu modéré. Y mettre l'oignon, l'ail, le gingembre et le piment. Couvrir et laisser fondre 10 minutes.
3 Ajouter la cardamome, le cumin et le curcuma ; chauffer 2 minutes à feu modéré. Mettre le poulet et le faire revenir à feu vif 3 minutes, le temps qu'il soit bien enrobé d'épices. Verser l'eau safranée et le bouillon de volaille. Amener à ébullition, baisser le feu et cuire à couvert 30 minutes en tournant de temps en temps.
4 Prolonger la cuisson de 20 minutes à découvert. Retirer le poulet et le tenir au chaud. Réduire le fond de cuisson à environ 375 ml sur feu très vif. Napper le poulet de cette sauce, saler et poivrer.

VALEUR NUTRITIONNELLE PAR PORTION : protides 45 g ; lipides 15 g ; glucides 3 g ; fibres 1 g ; cholestérol 155 mg ; 1 445 kJ (345 cal)

Faire griller à sec les filaments de safran à feu doux pendant 1 à 2 minutes.

Verser l'oignon haché, l'ail, le gingembre et le piment ; mélanger tous les ingrédients.

Ajouter dans la sauteuse les filaments de safran et le bouillon de volaille.

Retirer le poulet de la sauteuse et réduire la sauce à feu vif.

POULET PIMENTÉ AU CITRON

Préparation : 20 minutes
Cuisson : 35 minutes
Pour 4 personnes

2 gousses d'ail, hachées
1 cuil. à soupe de gingembre frais râpé
2 cuil. à soupe d'huile d'olive
600 g de cuisses de poulet en filets
1 cuil. à café de coriandre moulue
2 cuil. à café de cumin en poudre
1/2 cuil. à café de curcuma moulu
1 piment rouge, haché
125 ml de jus de citron
185 ml de vin blanc
30 g de feuilles de coriandre fraîche

1 Passer au mixeur l'ail et le gingembre avec 1 cuil. à soupe d'eau, ou piler au mortier. Faire chauffer l'huile d'olive dans une sauteuse et y mettre le poulet à dorer en plusieurs fois. Le retirer à l'écumoire et réserver.

2 Mettre la pâte d'ail dans la sauteuse et chauffer 1 minute en tournant. Ajouter la coriandre, le cumin, le curcuma et le piment ; faire revenir encore 1 minute. Verser le jus de citron et le vin.

3 Ajouter le poulet dans la sauteuse et bien mélanger les ingrédients. Amener à ébullition, baisser le feu et cuire à couvert 20 à 25 minutes, en tournant. Quand le poulet est à point, faire réduire à découvert la sauce de moitié, sur feu très vif. Verser la coriandre, saler et poivrer. Servir sur du riz parfumé cuit à la vapeur (riz jasmin).

VALEUR NUTRITIONNELLE PAR PORTION : protides 30 g ; lipides 15 g ; glucides 0 g ; fibres 0 g ; cholestérol 105 mg ; 1 290 kJ (310 cal)

Faire sauter le poulet en plusieurs fois pour l'empêcher de rendre de l'eau.

Verser la coriandre, le cumin, le curcuma et le piment, et faire revenir pendant 1 minute.

Mélanger les feuilles de coriandre fraîche à la sauce réduite.

CURRY DE POULET AUX FEUILLES DE CITRONNIER

Préparation : 30 minutes
Cuisson : 45 minutes
Pour 4 à 6 personnes

- 250 ml de bouillon de volaille
- 2 cuil. à café de concentré de tamarin
- 4 piments rouges, épépinés
- 80 g de galanga frais, haché grossièrement
- 2 tiges de citronnelle, le bulbe seulement, hachées grossièrement
- 5 oignons nouveaux, hachés
- 5 gousses d'ail, hachées grossièrement
- 2 cuil. à café de curcuma moulu
- 60 ml d'huile d'arachide
- 1,5 à 2 kg de morceaux de poulet
- 410 ml de lait de coco
- 5 feuilles de citronnier (citron ou citron kaffir)

1 Faire chauffer la moitié du bouillon de volaille dans une casserole. Retirer du feu et ajouter le tamarin concentré. Réserver et laisser le tamarin se dissoudre.

2 Passer au mixeur les piments, le galanga, la citronnelle, les oignons nouveaux, l'ail, le curcuma et le bouillon de volaille restant. Faire chauffer l'huile d'arachide dans une sauteuse. Y mettre la pâte pimentée et faire revenir 2 minutes à feu doux en tournant constamment pour que le fond n'attache pas.

3 Ajouter le poulet et bien l'enrober de pâte pimentée. Cuire 3 à 4 minutes, le temps que le poulet soit doré. Verser le tamarin dilué. Amener à ébullition, ajouter le lait de coco et les feuilles de citronnier. Baisser le feu et laisser mijoter 30 minutes. Retirer le poulet et faire réduire la sauce à petit feu. Servir le poulet avec sa sauce et du riz à la vapeur.

VALEUR NUTRITIONNELLE PAR PORTION (6) : protides 65 g ; lipides 50 g ; glucides 5 g ; fibres 5 g ; cholestérol 205 mg ; 3 000 kJ (715 cal)

Peler le galanga et le hacher en gros morceaux au couteau bien affûté.

Tourner constamment la pâte aux piments pour l'empêcher d'attacher.

Verser le lait de coco et les feuilles de citronnier, puis laisser mijoter le poulet.

CURRY DE POULET AUX POMMES

Préparation : 20 minutes
Cuisson : 1 heure 5 minutes
Pour 4 à 6 personnes

1 kg d'ailes de poulet
60 ml d'huile
1 gros oignon, émincé
1 cuil. à soupe de curry en poudre
1 grosse carotte, hachée
1 branche de céleri, émincée
400 ml de crème de noix de coco
250 ml de bouillon de volaille
2 pommes vertes, hachées
1 cuil. à soupe de feuilles de coriandre fraîche finement hachées
30 g de raisins de Smyrne
80 g de cacahuètes grillées

1 Essuyer les ailes de poulet au papier absorbant. Replier le bout des ailerons en dessous.
2 Faire chauffer l'huile dans une sauteuse et y mettre le poulet en plusieurs fois. Rissoler les deux côtés 5 minutes à feu modéré. Égoutter sur du papier absorbant.
3 Faire chauffer l'huile restante. Y mettre l'oignon et le curry en poudre ; cuire 3 minutes à feu modéré, en tournant, jusqu'à ce que l'oignon soit fondant.
4 Remettre le poulet dans la cocotte. Ajouter la carotte, le céleri, la crème de noix de coco et le bouillon. Amener à ébullition, baisser le feu et cuire 30 minutes à couvert. Ajouter les pommes, la coriandre et les raisins secs ; prolonger la cuisson de 20 minutes en tournant de temps en temps, jusqu'à ce que la poulet soit à point. Parsemer de cacahuètes et servir.

VALEUR NUTRITIONNELLE PAR PORTION (6) : protides 27 g ; lipides 37 g ; glucides 20 g ; fibres 5 g ; cholestérol 42 mg ; 2 133 kJ (510 cal)

VARIANTE : dans cette recette, on peut remplacer la pomme par de la poire et le curry en poudre par de la pâte de curry.

Essuyer les ailes de poulet et replier le bout des ailerons en dessous

Faire rissoler le poulet sur les deux côtés, en plusieurs fois et à feu modéré.

Mettre l'oignon et le curry dans la cocotte le temps que l'oignon soit fondant.

CURRY DE POULET AUX ÉPINARDS

Préparation : 25 minutes
Cuisson : 1 heure 45 minutes
Pour 4 personnes

- 2 cuil. à soupe de ghee (beurre clarifié)
- 1 kg de cuisses et de pilons de poulet
- 1 cuil. à soupe de poudre de curry forte
- 1 cuil. à soupe de pâte de curry
- 1/2 cuil. à café de graines de moutarde noire
- 1/2 cuil. à café de coriandre moulue
- 1 cuil. à café de paprika
- 2 pincées de cannelle en poudre
- 1/2 cuil. à café de cumin
- 1/2 cuil. à café de curcuma
- 1 cuil. à soupe de racine de coriandre finement hachée
- 2 gousses d'ail, écrasées
- 2 cm de gingembre frais, râpé
- 1 oignon, haché
- 1 kg de pommes de terre, coupées en quartiers
- 375 ml de bouillon de volaille
- 1 cuil. à soupe de jus de citron
- 850 g de tomates entières au jus
- 250 g d'épinards cuits (frais ou surgelés)
- 60 ml de crème de noix de coco
- Feuilles de coriandre fraîche, ciselées, pour la présentation

1 Faire fondre 1 cuil. à soupe de ghee dans une cocotte et y mettre le poulet à dorer en plusieurs fois, à feu modéré, pendant 2 à 3 minutes. Réserver. Faire fondre le ghee restant, verser la poudre et la pâte de curry et les autres épices en poudre ; cuire 1 à 2 minutes à feu doux. Monter le feu, ajouter la racine de coriandre, l'ail, le gingembre et l'oignon ; cuire 3 à 5 minutes, le temps que l'oignon soit fondant.

2 Remettre les morceaux de poulet dans la cocotte, ajouter les pommes de terre et tourner délicatement pour enrober ces ingrédients d'épices. Saler et poivrer généreusement. Verser le bouillon de volaille et racler le fond de la cocotte pour y récupérer toutes les épices. Ajouter le jus de citron et les tomates, amener à ébullition, baisser le feu et cuire à couvert de 1 heure à 1 heure 30 minutes ; les pommes de terre doivent être cuites et la chair du poulet se détacher des os.

3 Retirer délicatement le poulet de la cocotte, le laisser tiédir puis le désosser. Remettre la chair en cocotte. Ajouter les épinards et la crème de noix de coco, faire chauffer 3 à 5 minutes. Parsemer de feuilles de coriandre et servir avec du riz.

VALEUR NUTRITIONNELLE PAR PORTION : protides 36 g ; lipides 20 g ; glucides 45 g ; fibres 12 g ; cholestérol 130 mg ; 2 115 kJ (505 cal)

Faire fondre le ghee, et y rissoler les morceaux de poulet en plusieurs fois.

Cuire la poudre et la pâte de curry avec les autres épices jusqu'à ce que les arômes se dégagent.

Tourner délicatement le poulet et les pommes de terre pour les enrober d'épices.

CURRY DE POULET THAÏ AUX POMMES DE TERRE

Préparation : 20 minutes
Cuisson : 30 minutes
Pour 4 à 6 personnes

250 g de cuisses de poulet en filets
250 g de patates douces à chair jaune, pelées
300 g de pommes de terre, pelées
2 cuil. à soupe d'huile
1 oignon, haché
1 à 2 cuil. à soupe de pâte de curry thaïe jaune
2 pincées de curcuma moulu
410 ml de lait de coco
2 feuilles de citronnier kaffir
2 cuil. à café de sauce de poisson
2 cuil. à café de cassonade
1 cuil. à soupe de jus de citron vert
1 cuil. à café de zeste de citron vert
10 g de feuilles de coriandre fraîche
50 g de cacahuètes grillées, hachées grossièrement

1 Dégraisser le poulet si nécessaire et le couper en gros dés. Couper de la même manière les patates douces et les pommes de terre. Faire chauffer l'huile dans une sauteuse ou un wok et y mettre l'oignon à fondre. Ajouter la pâte de curry et le curcuma, tourner 1 minute, le temps que les arômes se développent.

2 Verser le lait de coco et 250 ml d'eau. Amener à ébullition, baisser le feu ; ajouter les patates douces, les pommes de terre et les feuilles de citronnier. Laisser mijoter de 15 à 20 minutes, le temps que les légumes soient fondants et le poulet à point.

3 Verser la sauce de poisson, la cassonade, le jus et le zeste de citron vert ; bien mélanger et ajouter les feuilles de coriandre. Parsemer de cacahuètes et servir avec du riz.

VALEUR NUTRITIONNELLE PAR PORTION : protides 10 g ; lipides 35 g ; glucides 15 g ; fibres 3 g ; cholestérol 40 mg ; 1 805 kJ (430 cal)

NOTE : la pâte de curry jaune n'est pas aussi courante que la rouge ou la verte ; on la trouvera dans les magasins d'alimentation asiatique.

Peler les patates douces et les couper en cubes.

Lorsque l'oignon devient fondant, ajouter la pâte de curry avec le curcuma.

Baisser le feu, ajouter les pommes de terre, les patates douces, le poulet et les feuilles de citronnier.

CURRY DE POULET À LA BIRMANE

Préparation : 45 minutes
Cuisson : 1 heure
Pour 6 personnes

1 kg de pilons ou de cuisses de poulet
2 gros oignons, hachés grossièrement
3 grosses gousses d'ail, pelées
5 cm de gingembre frais, pelé
2 cuil. à soupe d'huile d'arachide
1/2 cuil. à café de pâte de crevette ou 3 cuil. à soupe de sauce de poisson (voir Conseil)
1 cuil. à café de sel
500 ml de lait de coco
1 cuil. à café de piment en poudre (facultatif)

ACCOMPAGNEMENTS TRADITIONNELS
200 g de nouilles de soja
6 oignons nouveaux, coupés en oblique
10 g de feuilles de coriandre fraîche hachées
2 cuil. à soupe d'ail séché, légèrement frit
2 cuil. à soupe d'oignon séché, légèrement frit
3 citrons, coupés en quartiers
4 piments séchés, frits et croustillants
60 ml de sauce de poisson

1 Essuyer le poulet au papier absorbant. Au mixeur, réduire en purée l'oignon, l'ail et le gingembre. Si nécessaire, mouiller d'un peu d'eau pour obtenir une pâte plus homogène.
2 Faire chauffer l'huile dans une sauteuse. Y mettre la purée à l'oignon et la pâte de crevette ; cuire à feu vif, en tournant, pendant 5 minutes. Ajouter le poulet et le faire dorer à feu modéré, en tournant. Verser le sel, le lait de coco et la poudre de piment. Amener à ébullition, baisser le feu et cuire 30 minutes à couvert, en tournant de temps en temps. Prolonger la cuisson à découvert de 15 minutes, le temps que le poulet soit à point.
3 Entre-temps, verser les nouilles dans un bol et les couvrir de l'eau bouillante. Laisser 20 minutes, égoutter puis transvaser dans un bol de service. Disposer les accompagnements dans de petits bols séparés. Chacun composera son assiette avec les nouilles, le poulet et les condiments de son choix.

VALEUR NUTRITIONNELLE PAR PORTION : protides 33 g ; lipides 27 g ; glucides 15 g ; fibres 5 g ; cholestérol 62 mg ; 1 827 kJ (437 cal)

CONSEIL : si l'on utilise de la sauce de poisson, la verser en même temps que le sel et le lait de coco. On trouvera l'ail et l'oignon séchés en épicerie fine. Les faire dorer à l'huile.

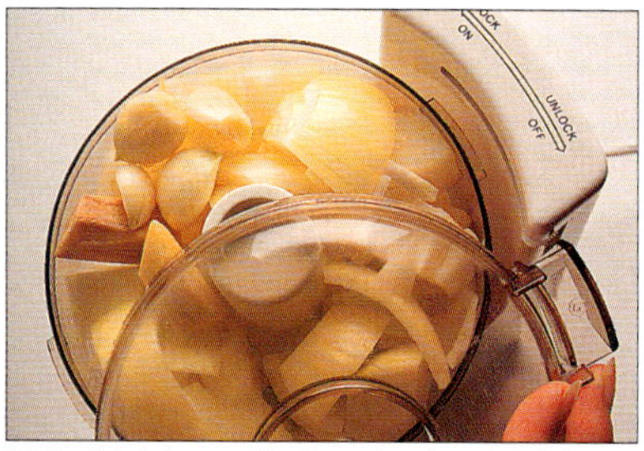
Mettre l'ail, l'oignon et le gingembre dans le bol du mixeur.

Verser sur la préparation au poulet le sel, le lait de coco et le piment en poudre.

Couvrir les nouilles d'eau bouillante et les laisser gonfler 20 minutes

POULET À L'INDONÉSIENNE AU LAIT DE COCO

Préparation : 15 minutes + 1 heure de marinade
Cuisson : 50 minutes
Pour 4 personnes

8 gros pilons de poulet ou 12 petits
2 cuil. à café d'ail écrasé
1 cuil. à café de sel
1/2 cuil. à café de poivre noir moulu
2 cuil. à café de cumin en poudre
2 cuil. à café de coriandre moulue
1/2 cuil. à café de graines de fenouil moulues
1/2 cuil. à café de cannelle en poudre
60 ml d'huile
2 oignons, finement émincés
185 ml de lait de coco
1 cuil. à soupe de jus de citron ou de vinaigre de malt

1 Essuyer les morceaux de poulet au papier absorbant. Les mettre dans un saladier de verre ou de céramique. Mélanger l'ai, le sel, le poivre, le cumin, la coriandre, le fenouil, la cannelle et 2 cuil. à soupe d'huile. Enrober les pilons de cette préparation, couvrir et laisser 1 heure au réfrigérateur.

2 Faire chauffer l'huile restante dans une cocotte. Y mettre l'oignon à dorer et à fondre, en tournant. Ajouter les morceaux de poulet et les faire rissoler rapidement à feu vif.

3 Mélanger le lait de coco, 250 ml d'eau et le jus de citron. En arroser le poulet, couvrir et laisser mijoter une quarantaine de minutes jusqu'à ce que la sauce ait réduit et que la viande soit à point. Servir avec du riz.

VALEUR NUTRITIONNELLE PAR PORTION : protides 44 g ; lipides 28 g ; glucides 4,5 g ; fibres 2 g ; cholestérol 95 mg ; 1 870 kJ (445 cal)

Bien enrober les pilons de poulet d'ail et d'épices.

Ajouter le poulet mariné aux oignons et le faire dorer à feu assez vif.

Mélanger le lait de coco, l'eau et le jus de citron, et en arroser le poulet.

POULET ÉPICÉ À L'INDONÉSIENNE

Préparation : 15 minutes
Cuisson : 1 heure
Pour 6 personnes

1,5 kg de cuisses de poulet
1 gros oignon, hachés grossièrement
2 cuil. à café d'ail écrasé
1 cuil. à café de gingembre frais râpé
1/2 cuil. à café de curcuma moulu
1/2 cuil. à café de poivre moulu
2 cuil. à café de coriandre moulue
1 cuil. à café de sel
3 zestes de citron ou 3 feuilles de citronnier kaffir
400 ml de lait de coco
2 cuil. à café de cassonade ou de sucre de palme

1 Laver les morceaux de poulet à l'eau courante et les essuyer au papier absorbant. Les dégraisser si nécessaire. Au mixeur, réduire en purée l'oignon, l'ail et le gingembre. Mouiller éventuellement d'un peu d'eau pour obtenir une pâte plus homogène. Mettre dans une cocotte le poulet, la purée à l'oignon, le curcuma, le poivre, la coriandre, le sel, le zeste ou les feuilles de citron, le lait de coco, la cassonade et 250 ml d'eau. Amener lentement à ébullition.

2 Baisser le feu et laisser mijoter à couvert pendant 45 minutes, en tournant de temps en temps jusqu'à ce que le poulet soit à point. Retirer le poulet. Jeter le zeste ou les feuilles de citron.

3 Porter à ébullition la sauce restant dans la cocotte. Baisser le feu et laisser mijoter à découvert en tournant de temps en temps jusqu'à ce que la sauce ait réduit. Disposer les morceaux de poulet sur une grille froide légèrement huilée et les griller à feu vif sur les deux côtés. Servir avec la sauce à part ou nappant le poulet.

VALEUR NUTRITIONNELLE PAR PORTION : protides 58 g ; lipides 20 g ; glucides 4,5 g ; fibres 1,5 g ; cholestérol 125 mg ; 1 778 kJ (425 cal)

VARIANTE : on peut griller les morceaux de poulet au barbecue et non au four.

Mettre dans la cocotte le poulet avec la purée à l'oignon et les autres ingrédients.

Laisser mijoter le poulet 45 minutes et le retirer de la cocotte.

Amener à ébullition, baisser le feu et faire réduire en remuant de temps en temps.

CURRY DE POULET AUX MANGUES ET À LA CRÈME

Préparation : 10 minutes
Cuisson : 20 minutes
Pour 4 personnes

750 g de blancs de poulet crus
2 cuil. à soupe de ghee (beurre clarifié) ou d'huile
2 gros oignons, finement émincés
2 piments rouges, épépinés et émincés
1 cuil. à café de gingembre frais râpé
1 pincée de safran en filaments
1 cuil. à soupe d'eau chaude
1/2 cuil. à café de sel
2 pincées de poivre blanc moulu
1/2 cuil. à café de graines de cardamome écrasées
125 ml de crème fleurette
2 mangues fraîches mûres ou 425 g de mangues en conserve, égouttées

RAÏTA AU YAOURT ET À LA MENTHE
250 g de yaourt nature
15 g de feuilles de menthe fraîche hachées
1 piment vert, épépiné et haché
1 cuil. à café de gingembre frais finement râpé
1/2 cuil. à café de sel

1 Essuyer les blancs de poulet au papier absorbant et les couper en lamelles de 3 cm de largeur. Faire fondre le ghee dans une sauteuse. Y mettre à cuire l'oignon, le piment et le gingembre, le temps que l'oignon soit doré et fondant.

2 Dans une poêle, faire griller les filaments de safran à sec et à feu doux en tournant constamment jusqu'à ce qu'ils soient croustillants. Les laisser refroidir et les écraser dans un bol avec le dos d'une cuillère. Verser l'eau chaude dessus et laisser le safran se dissoudre. Mélanger dans la cocotte les lamelles de poulet, le sel, le poivre et la cardamome avec la purée à l'oignon ; tourner pour bien enrober le poulet d'épices. Ajouter le safran et la crème. Laisser mijoter 10 minutes à découvert.

3 Peler les mangues, les débarrasser de leur noyau et couper la pulpe en tranches. Verser dans la cocotte et cuire 4 minutes, le temps que les mangues soient bien chaudes.

4 Préparer le raïta en mélangeant le yaourt, la menthe, le piment, le gingembre et le sel. Servir glacé.

VALEUR NUTRITIONNELLE PAR PORTION : protides 47 g ; lipides 28 g ; glucides 14 g ; fibres 1 g ; cholestérol 170 mg ; 2 086 kJ (498 cal)

Cuire l'oignon, le piment et le gingembre, le temps que l'oignon soit doré et fondant.

Verser la crème et le safran dans la préparation à l'oignon et laisser mijoter à découvert.

Peler les mangues, les débarrasser de leur noyau et les couper en tranches.

Accompagnements de currys

RAÏTA DE CONCOMBRE

Peler et couper en petits dés deux petits concombres. Dans un petit bol, les mélanger à 250 g de yaourt nature. Réserver. Dans une poêle, faire griller à sec 1 cuil. à café de cumin en poudre et une autre de graines de moutarde pendant 1 minute, le temps que les arômes se développent. Verser ces épices dans le yaourt avec 1 cuil. à café de gingembre frais râpé. Bien mélanger ces ingrédients. Assaisonner de sel et de poivre noir, ajouter une pincée de paprika. Servir glacé. Proportions pour 2 tasses environ.

BANANES À LA NOIX DE COCO

Peler 2 belles bananes et les couper en rondelles. Tremper ces tranches dans 80 ml de jus de citron puis les rouler dans de la poudre de noix de coco. Servir à la température ambiante. Proportions pour 2 tasses environ.

NAANS

Tamiser dans une jatte 500 g de farine avec 1 cuil. à café de levure chimique, 1/2 cuil. à café de bicarbonate de soude et 1 cuil. à café de sel. Disposer en fontaine et verser au centre 1 œuf battu, 1 cuil. à café de ghee ou de beurre fondu et 125 g de yaourt nature. Verser peu à peu 250 ml de lait et travailler ces ingrédients pour former une boule assez molle. Couvrir d'un linge humide et laisser lever au chaud 2 heures. Préchauffer le four à température moyennement élevée (200 °C). Déposer la boule sur une surface bien farinée et la pétrir 2 à 3 minutes pour obtenir une pâte élastique. Diviser en 8 parts égales et abaisser des galettes ovales de 15 cm dans la plus grande longueur. Badigeonner d'eau et disposer ces galettes, côté humide au-dessous, dans des plaques à four huilées. Dorer le dessus des naans de ghee ou de beurre fondu (il en faut de 2 à 3 cuil. à soupe). Cuire au four 8 à 10 minutes, le temps que les galettes dorent. Servir aussitôt. Proportions pour 8 naans.

CHUTNEY À LA MANGUE

Peler 3 belles mangues à peau verte, retirer les noyaux et couper la chair en tranches assez épaisses. Saler. Épépiner 2 piments rouges et les hacher finement. Mélanger 1/2 cuil. à café de garam masala et 330 g de sucre roux. Verser dans une sauteuse avec 250 ml de vinaigre blanc. Amener à ébullition, baisser le feu et cuire 5 minutes. Ajouter les mangues, les piments, un morceau de gingembre frais râpé de 5 cm et 95 g de dattes finement hachées. Laisser mijoter 1 heure. Verser dans des bocaux chauds stérilisés et fermer hermétiquement. Ce chutney peut se conserver jusqu'à 1 mois au réfrigérateur. Proportions pour 3 tasses environ.

RIZ ÉPICÉ

Rincer 500 g de riz long jusqu'à ce que l'eau reste claire. Dans une grande casserole, faire revenir 1 à 2 gousses d'ail écrasées et 2 cuil. à soupe de gingembre frais finement râpé dans 2 cuil. à soupe d'huile, de ghee ou de beurre. Mouiller de 750 ml d'eau, amener à ébullition et cuire 1 minute. Couvrir hermétiquement, réduire le feu aussi bas que possible et cuire de 10 à 15 minutes, le temps que des petits trous de vapeur se forment à la surface du riz gonflé. Éteindre le feu et laisser reposer 10 minutes à couvert. Aérer les grains à la fourchette. Proportions pour 6 à 8 personnes.

PICKLES AU CITRON VERT

Couper 12 citrons verts en 8 quartiers, saler et réserver. Dans une poêle, pendant 1 à 2 minutes, faire griller à sec 2 cuil. à café de chacune de ces épices : curcuma, graines de cumin, de fenouil, de fenugrec, et 3 cuil. à café de graines de moutarde. Retirer du feu et piler finement au mortier. Sur feu doux, faire revenir dans 1 cuil. à soupe d'huile 5 piments verts hachés, 4 gousses d'ail finement émincées et un morceau de gingembre frais râpé de 2,5 cm. Lorsque tous ces éléments sont dorés, verser 500 ml d'huile avec 1 cuil. à soupe de sucre, les quartiers de citron vert et les épices. Laisser mijoter 10 minutes à feu doux en remuant de temps en temps. Verser les pickles dans des bocaux chauds stérilisés et fermer hermétiquement. Conserver au réfrigérateur. Proportions pour 4 à 5 tasses.

SAUCE AUX OIGNONS ET À LA TOMATE

Dans un saladier, mélanger 2 grosses tomates concassées, 2 cuil. à soupe de feuilles de coriandre fraîche hachées, 2 petits oignons rouges finement émincés, 2 cuil. à soupe de jus de citron vert et 1 cuil. à café de cassonade. Assaisonner de sel et de poivre noir. Bien mélanger tous ces ingrédients. Couvrir de film plastique et laisser 15 minutes au réfrigérateur avant de servir. Proportions pour 2 tasses environ.

De gauche à droite : raïta au concombre ; bananes à la noix de coco ; sauce aux oignons et à la tomate ; pickles au citron vert ; chutney à la mangue ; naans ; riz épicé.

Index

A

Ailerons de poulet farcis 51
Ailes buffalo sauce ranch 146
Ailerons de poulet teriyaki 150
Aumonières de poulet au curry 57
Ayam panggang (poulet rôti aux épices) 176

B

Ballotins de poulet et de potiron au pesto 40
Ballottine de poulet 168
Bananes à la noix de coco 250
Biriani de poulet 132
Blancs de poulet
– à la salade de fruits 148
– farcis 105
– fumés 152
– glacés au miel 137
Bouillon de volaille 13
Boulettes de poulet
– à la thaïe 41
– au citron 88
– au curry 234
Briks de poulet
– aux poireaux 58
– teriyaki 55
Brochettes de citronnelle au poulet 44
Brochettes de poulet tandoori 148

C

Cannelloni au poulet et au potiron 120
Capelletti au poulet et à la sauce tomate fraîche 126
Chow mein au poulet 102
Chutney à la mangue 251
Cock-a-leeckie aux poireaux 17
Conchiglie au poulet et à la ricotta 122
Consommé épicé au poulet et ravioli à la coriandre 26
Coq au vin 228
Côtelettes de poulet
– à la thaïe 140
– à la sauce de maïs 142
Crêpe de poulet aux légumes grillés et à la feta 56
Crêpes fourrées au poulet et aux artichauts 172
Croûtes au poulet et aux poireaux 190
Cuisses de poulet sauce groseille 162
Curry aux foies de volaille 239
Curry de poulet
– à la birmane 246
– à la crème 235
– à la vietnamienne 233
– au citron vert 238
– au curry vert 231
– aux épinards 244
– aux feuilles de citronnier 242
– aux mangues et à la crème 249
– aux pommes 243
– thaï aux pommes de terre 245

D

Donburi au poulet 100

F

Fajitas au poulet 151
Fettucine au poulet en sauce champignon 135
Feuilleté au poulet
– et aux champignons 196
– et aux poireaux 179
– pimenté 193
Feuilletés au poulet et aux pois gourmands 181
Fricassée de poulet aux légumes 80
Frittata de poulet aux pommes de terre nouvelles et aux épinards 45

G

Glaçage
– à la groseille 156
– au citron vert et au gingembre 156
Goulache de poulet 221
Gratin de poulet aux champignons et à la crème 217

H

Hamburger de poulet
– au fromage 89
– sauce mayonnaise à l'ail 138
– sauce mayonnaise à l'estragon 147

K

Kebabs de poulet à la mayonnaise au curry 143

L

Laksa de poulet au curry 15

Lasagnes au poulet et aux légumes 117

M

Marinade
- au miel et au soja 156
- mexicaine 156
- tandoori 156
- thaïe 156

Marmites en croûte « minceur » au poulet 194

N

Naans 250
Nasi goreng 107
Nouilles
- au poulet et aux graines de soja 110
- Chiang maï 97
- frites au poulet (Mee Grob) 96

P

Pain grec au poulet, au camembert et aux canneberges 60
Pain libanais
- au poulet 60
- au poulet et au chutney 60

Pain toasté au poulet, aux tomates séchées et gruyère 60
Pastilla de poulet à la marocaine 188
Pâté de foies de volaille au jambon de Parme et aux pistaches 38
Pâtes
- cannelloni au poulet et au potiron 120
- capelletti au poulet et à la sauce tomate fraîche 126
- conchiglie au poulet et à la ricotta 122
- fettucine au poulet en sauce champignon 135
- lasagnes au poulet et aux légumes 117
- ravioli au poulet 124
- ravioli de poulet au beurre de sauge 119
- salade de poulet et de pâtes aux asperges 127
- spaghetti aux boulettes de poulet 123
- spaghetti bolognaise au poulet 134
- tagliatelle aux foies de volaille et à la crème 118
- tortellini au poulet et à la sauce tomate 128

Petits pâtés thaïs au poulet et au curry vert 198
Pickles au citron vert 251
Pilaf de poulet aux épices 131
Pilons au citron et à l'orange 144
Poulet
- à la crème 112
- à la crème et aux champignons 208
- à la majorcaine 229
- à la marocaine 216
- à la méditerranéenne 203
- à la provençale 206
- à la sauce d'huître et au basilic 98
- à l'ananas et aux noix de cajou 101
- à l'indonésienne au lait de coco 247
- à l'iranienne 204
- au basilic et à la noix de coco 218
- au beurre 236
- au cacao 215
- au citron vert 83
- au curry vert 231
- au gingembre et aux champignons noirs 92
- au gingembre, aux champignons et aux nouilles 103
- au gril 153
- au jus de citron 84
- au marsala 81
- au miel 82
- au poivre du Sichuan 106
- au safran 240
- aux abricots 206
- aux amandes et au cognac 115
- aux aubergines et à la tomate 167
- aux champignons 114
- aux champignons et au paprika 209
- aux figues et au citron 162
- aux haricots verts et aux asperges 94
- aux noix et aux champignons de paille 95
- aux nouilles de riz et au curry 93
- aux olives et aux tomates séchées 87
- aux petits légumes 225
- aux piments doux 154
- chasseur 212
- cordon-bleu 113
- croustillant 85
- de Goa aux raisins et aux amandes 86
- du couronnement 71
- en croûte de sel 160
- épicé à l'indonésienne 248
- épicé aux haricots 218
- épicé en crapaudine 166
- et brocolis au four 165
- et légumes en pot 222
- fumé au cinq-épices 174
- glacé au miel 170
- grillé à l'étouffée 139
- grillé à l'ail 155
- haché aux herbes et aux épices 111
- pimenté au citron 241
- poché aux oignons nouveaux 223
- rouge 224
- tandoori 164
- tandoori au barbecue 144

Poulet en cocotte
– à la thaïe 213
– à la tomate 226
– à l'orange 210
– aux champignons 214
– aux poireaux et au vin blanc 220
– aux pois chiches 227
Poulet rôti
– à la méditerranéenne 141
– à l'ail et aux légumes 171
– à l'orange 173
– aux épices (Ayam panggang) 176
– farci à la sauge 159
– farci au pain 161
– farci aux épices 177

Q

Quesadillas au poulet 42
Quiche au poulet et aux asperges 184

R

Raïta de concombre 250
Ramequins de poulet aux brioches 180
Ravioles au poulet 124
Ravioli de poulet au beurre de sauge 119
Rissoles
– au poulet épicé 59
– de poulet au curry 48
Riz au poulet et aux fruits de mer 130
Riz de Hainan au poulet 52
Riz épicé 251

S

Salade César au poulet fumé 63
Salade de poulet 75
– à la thaïe 76
– à l'italienne 77
– au cresson 65
– au curry rouge 64
– au sel pimenté 74
– aux crevettes et au pamplemousse 70
– aux oranges et au curry 69
– et de pâtes aux asperges 127
– du Pacifique 72
– fumé César 63
– tandoori 73
– tiède 68
– vietnamienne à la papaye verte 66
– vietnamienne au chou 67
San choy bau 50
Sandwich au poulet
– et maïs 60
– et céleri mayonnaise 60
Satay de poulet à la sauce d'arachide 47
Sauce aux oignons et à la tomate 251
Sauté de poulet
– à la citronnelle, au gingembre et au piment 104
– au citron et aux câpres 91
– au curry et aux nouilles 108
– aux noix de cajou 79
– aux nouilles et aux légumes 109
– aux pâtes 98
– aux poireaux et au sésame 90
Soupe chinoise au poulet et aux champignons 32
Soupe de poulet
– à la noix de coco (Tom kha gai) 28
– à la thaïe aux maïs jeunes 18
– à l'ananas 34
– au citron 22
– au couscous 24
– au curry 30
– au maïs 33
– aux épinards à la crème 16
– aux herbes 25
– aux légumes 20
– aux nouilles 19
– aux nouilles (rapide) 23
– aux nouilles à l'asiatique 29
– aux poireaux (Cock-a-leeckie) 17
– fumé aux poivrons grillés 31
– laksa au curry 15
Spaghetti aux boulettes de poulet 123
Spaghetti bolognaise au poulet 134
Strudel au poulet et au cresson 192

T

Tacos de poulet à l'hoummos au citron vert 54
Tagliatelle aux foies de volaille et à la crème 118
Tartelettes épicées au poulet 197
Terrine de poulet 39
Terrine de poulet tandoori 53
Tikka de poulet 37
Tom kha gai 28
Tortellini au poulet et à la sauce tomate 128
Tourte au poulet
– et à la coriandre 185
– à la sauge et à l'estragon 201
– au curry 186
– et au jambon 182
– familiale 200

V

Velouté au poulet et aux légumes 35

Y

Yakitori 46

Editor : Justine Harding
Designer : Annette Fitzgerald
CEO & Publisher : Anne Wilson

Titre original : *The Complete Chicken Cookbook*

Traduction : Barthélemy de Lesseps
Réalisation : Bookmaker, Paris
Mise en pages : Jean-Claude Marguerite
Lecture : Laurence Bourel-Laurent
Fabrication : Ursula Schümer
Impression et reliure : Leefung Asco Printers Ltd.
Imprimé à Hong-Kong, Chine

ISBN : 3-8290-6494-2

10 9 8 7 6 5 4 3 2 1